东郊巷记忆

文志祥 著

兰州大学出版社

图书在版编目(CIP)数据

东郊巷记忆/文志祥著.—兰州:兰州大学出版社,2012.10

ISBN 978-7-311-03985-1

Ⅰ.①东… Ⅱ.①文… Ⅲ.①传记文学—作品集—中国—当代 Ⅳ.①I25

中国版本图书馆 CIP 数据核字(2012)第 251375 号

责任编辑 饶 慧
封面题签 张文锦
封面设计 管军伟

书　　名 东郊巷记忆
作　　者 文志祥 著
出版发行 兰州大学出版社 (地址:兰州市天水南路 222 号 730000)
电　　话 0931-8912613(总编办公室) 0931-8617156(营销中心)
0931-8914298(读者服务部)
网　　址 http://www.onbook.com.cn
电子信箱 press@lzu.edu.cn
印　　刷 兰州新华印刷厂
开　　本 710 mm×1020 mm 1/16
印　　张 24
字　　数 330 千
版　　次 2012 年 12 月第 1 版
印　　次 2012 年 12 月第 1 次印刷
书　　号 ISBN 978-7-311-03985-1
定　　价 48.60 元

(图书若有破损、缺页、掉页可随时与本社联系)

序

张栋杰

“人生几何"。从生命的短暂来说,人生恰似一场梦。有哲人说过,人来到这个世界上走一遭,应该想方设法活得自如,活得轻松,活得舒心,尽可能地挖掘生活中每一点美好的时光,让自己的一生,精精神神、实实在在、健健康康地活着。如果我们每一个人都能守住自己的清纯本性,展示自己的人格风采,那么世界将会变得多么精彩。真可谓,“清水出芙蓉,天然去雕饰”。近读志祥老友新作《东郊巷记忆》一书,并嘱我作序,我竟顿然生出这样一番感悟。

《东郊巷记忆》一书,是志祥同志继《情满陇原》、《映日荷花》、《今生有缘》之后又一力作。蓦地看去,似乎将会述说东郊巷的风雨沧桑,历史变迁。然而细细读来,不得不感佩作者的独出心裁,通篇都是对自己在位于兰州市东郊巷的甘肃省总工会、甘肃工人报社工作生活三十多年的美好记忆。而正是通过这些美好的记忆,生动而又真实地记录了甘肃经济社会发展的潮起潮落,记录了甘肃工人运动和工会工作拼搏奋进,记录了作为全省工人阶级喉舌的《甘肃工人报》的创刊与崛起,记录了企业界各类时代精英和先进模范创造的辉煌业绩,记录了用满腔真诚与企业家、劳动模范、工会干部、一线职工结下的深厚情谊,记录了志祥同志在甘肃工人报社这个平凡的岗位,锲而不舍、孜孜以求,坚忍坚守、无怨无悔的奋斗足迹。我们不能不说,这是志祥老友倾注了满腔的心血、才华、智慧而留下的一份难得的历史档案,从中也让我们依稀触摸到一位工会工作者、新闻工作者,痴情于自己所从事的事业的燃烧不息的激情,感悟到其淡泊名利、默默奉献的心路历程。因此,我为志祥老友《东郊巷记忆》

新作的问世而欣之、贺之……

据我所知，志祥同志在甘肃乃至全国工人报刊系统是颇有些名气的，在甘肃工会系统，尤其是企业界是颇有一些影响的。与众多的企业家、劳动模范、生产工人有着极为广泛而密切的联系。在我们的交往中，最强烈的感受就是，志祥同志对工会工作、对企业、对先进模范、对企业家似乎情有独钟，仿佛有着天然的挥之不去的情结。到基层采访，他言必讲工会，事事处处不忘了解工会；深入企业采访，他进车间、到一线，走矿山、入井下，眼睛盯着企业，心里想着企业。每当企业改革发展取得辉煌业绩，他挥笔疾书，热情讴歌；每当企业生产经营遇到困难，他奔走呼号，建言献策；他在全省工会系统有着广泛的人脉关系，有着众多的“铁杆”朋友，有着不小的感召力和影响力。说他是甘肃工会系统和甘肃企业界的“名人”似乎也不为过。常也听人说，志祥同志是位社会活动家，但在我看来，他是凭着先为企业着想、勤为企业服务、善为企业谋划、力为企业排难的一片真诚，才被企业所认可与看重的。难怪志祥老友几次著作问世，大都是工会干部或企业界朋友作序赋跋，足见他与工会和企业界朋友的感情之深厚，友谊之弥足珍贵。

我与志祥同志相识二十年有余，工作交往中，我从他身上强烈体味到了他对企业那火一般的热情。不管我是在长庆采油二厂担任厂长之时，还是在长庆油田公司总经理助理的任上，以至我担任中石油庆阳石化公司总经理期间，虽然工作岗位几经变化，但我们之间的友谊却没有因为这些变化而变化，反而就像一坛陈酿老酒越酿越浓。特别是自我到庆阳石化公司担任总经理以来，志祥同志一天都没有放下过对庆化的关注：企业经营遭遇困难，举步维艰，他为我们急过忧过；企业整顿告捷，他为我们鼓过呼过；企业炼油突破百万大关，他为我们祝过贺过；企业300万吨装置投产，他更是歌过颂过。这几年，在庆化实现跨越发展取得每一个辉煌业绩之时，都有志祥老友呕心沥血的精彩记录，都有他饱含激情吟唱的感人诗章。有时候，一个平实的故事能让人心生感动，因为这份感动里有一种境界在萌动。不知有多少次，我被志祥同志对庆化的那份情，对我个人的那份爱所感动过，感慨过。在当今时代，没有对企业、对工人的挚爱，又何以至此呢？这不正是一个工会干部、一个新闻工作者，必须而又十分难得的境界吗？

与志祥同志交往二十余载，令我更为感佩的是，他对工作的那种执著和勤奋，从记者到总编辑，他在甘肃工人报社整整耕耘了三十多个春秋，默默坚守，默默奉献，笔耕不辍，不离不弃。在他心里装的似乎除了《甘肃工人报》再无别的，言必讲《甘肃工人报》也仿佛成了他的职业操守。我曾与不少人说起过志祥同志，大家无不为他的敬业精神所叹服，为他那种心无旁骛的实干劲头所感动。正因为如此，在他的带领下，《甘肃工人报》走过了30年的如歌岁月，由当年的一张周一四开小报发展到今天的周五对开大报，跻身全省乃至全国报刊之林。就如同"文总编"成为他的名字一样，越来越广泛越深入，影响着甘肃的工会系统和广大的企事业单位。

今年，党的十八大胜利召开，又是甘肃省总工会成立62周年，《甘肃工人报》创刊31周年。志祥同志新作《东郊巷记忆》，回顾自己在东郊巷的成长经历，记录曾给过自己教育、帮助、支持的领导、同事和朋友的桩桩往事，抒发热爱工会工作，痴情新闻事业的殷殷情怀，很有一些意义。细细品味每篇文章，字里行间，渗透着志祥同志艰辛耕耘的职业精神和于平淡中追求卓越的人格魅力。他嘱我作序，我不想就书文一一点评，只是想通过说说与志祥同志交往中的一些感受和我们多年建立的深厚友谊，让人们从中感悟其可贵的敬业精神和事业上的成就，进而获取教益、受到激励。这也就是我欣然答应为《东郊巷记忆》一书作序的所思所在。最后我想以网络近日流传的一些短信，作为序的结尾和对《东郊巷记忆》出版发行的祝贺，也作为我与志祥老友情谊的写照：

何谓知己

没有约定有默契　没有表白有灵犀

没有解释有寓意　没有意外有惊喜

没有承诺有继承　没有亲情有情义

没有相伴有相依　没有冲动有涟漪

没有所求有给予　没有承诺有信誉

没有结党有结义　没有往来有惦记

衷心祝愿我的老朋友——志祥同志快乐幸福，再有新作问世。

2012 年秋

（作者系全国劳动模范、庆阳市人大常委会副主任、中石油庆阳石化公司总经理）

不变的称谓

范　康

在我的记忆里，"文总编"这个称呼已经说不清楚用了多长时间。也许从我认识文总编的那一天起就一直在使用，既没有随着他的职务变化而变化，也没有由于我与他的熟识而改变。

"文总编"好像注定要成为我生活的一部分，无论是上班工作，抑或是与人交往，说起我工作的单位，几乎没有几个人不接着问一句："文总编是在你们那里吧。他最近还好吗？"正因为此，有一次我曾经很冒昧地与文总编开玩笑说："您干脆把姓名改成文总编算了，知道文总编的人比知道您姓名的人多多了。"不料文总编笑着说："姓名只不过是一个符号，只要工作方便，叫着顺口，怎么叫都无所谓。"

与文总编相识始于我到省总工会工作。那时候，文总编在省总工会工作已经十余年，有参军当兵、当记者、作编辑的经历，也已经走上了甘肃工人报社的领导岗位，其地位、能力和影响远非一个新进机关的人所能企及。所谓相识，很多时候是几乎每天都可以看见他在报纸上写的文章，是他在省总工会重大活动现场上的忙碌，是他出没在办公楼楼梯口的匆匆忙忙的身影，是夜晚他的办公室亮着的灯光，是休息天他办公室敞开的门。作为一个初来单位的新人，我所能做的只是远远地看着他，犹如看一座丰碑，一面旗帜，一个未来。

由于喜好文字的原因，我对于"产量"极高的文总编有着发自内心的尊敬和崇拜，心中总是期望着有一天也能够像他一样，游刃有余、自由自在地驾驭文字，表述自己的所见所闻、喜怒哀乐、内心世界、情感经历。每每看到他书写的大篇幅的新闻报道、人物通讯、出访杂记，特别是《情满陇原》、《映日荷花》、《今生有缘》三本通讯和报告文学集相继问世之后，我常常禁不住暗自阅读、揣摩、模仿，以企能在文字上有更多的长进，有与他交流、探讨的基础。

随着年龄的增长和阅历的增多，尤其是工作岗位和工作性质的变化，我与他有了更加深入的接触，对于他兢兢业业的工作劲头、循序善诱的教育方法、勤奋细致的写作热情，有了更多的了解。我时常想，一个人的精力到底有多强，一个人的能量到底有多大，一个人的文思到底有多长，他哪里来的热情和激情？几十年来，我很少不看见他在办公室伏桌疾书，很少不看见他休息天出入在办公室，很少不看见他在报刊上侃侃而谈。书写对于他似乎只是一种形式，一种激情宣泄，一种娱乐消闲。必须审阅的报纸，重要的活动报道和政论文章的撰写，年轻记者的培养，人员事务的管理，对外联络……这该需要什么样的毅力、精力、体力啊！2010年初秋，他因公随团出访日本一个星期，竟然一口气书写了8篇出访见闻，详细介绍出访过程中的所见所闻，记录访问过程中的轶闻趣事，抒发对中日友好关系的感怀。后来我开玩笑问他："您是随团出访，还是随团记者，哪里来那么多的时间记述您经历过的事情和走访过的地方？"他听后哈哈一笑，"这是你没有当过记者，如果当过记者，你就懂得其中的奥妙了。一个记者必然要养成随时记录和收集资料的习惯。有了记录和资料，还愁写不出东西来？"

2008年初，由于多种机缘，他知道了我有两本压在箱底的小说初稿，就在春节前的忙碌里专门找我："春节放假闲暇，把你的小说给我看看。"一副笑脸，满腔热情，像是要拜读名作经典。我诚惶诚恐，急忙从柜子里找出小说的初稿，掸掉上面的灰尘。"看来你确实不想让她见天日了，"他边说边笑，爱抚地盯着手中沉甸甸的书稿，"写这么长的东西不容易啊。"春节过后不久，他约我到他的办公室，一见面就兴奋地说："两本书都不错，我正在读第二遍。能出版。""您给修改修改吧！"我诚惶诚恐。闲暇之时寄托情感的文字竟然让他如此重视，我真的没有想到。"意见肯定要提。有些意见我写在稿件上了，你不要见怪。修改不对的地方，你改回来。"他满怀希望地看着我。"你了解不了解出版社的情况？"随后，他为我约请出版社，谈书稿，谈设计，谈费用……让我在箱子底下压了两年之久的小说得见天日。这件事情过去许久了，我既没有对他说一句感谢的话，也没有做一件感谢的事，所有的只是内心的祝福。

也许正因为此，我一直喜欢也习惯称他为“文总编”，不论是他担任报社副总编的时候，还是担任报社总编的时候，乃至后来担任省总工会副巡视员，我仍然一如既往，难以改变。这个称呼也许只是一种习惯，也许包含了太多的期冀、太多的情感。一直以来，我都称呼他为“文总编”。许多时候在我看来，他既是一位长者，也是一位朋友。正如我曾经在一篇文章里提到的：“之所以说他是长者，因为他有比我更高的智慧；之所以说他是朋友，因为他有更加耐心细致的关爱。”我觉得这个称呼里既有对长者的尊重，也有对朋友的亲近。

听说他的《东郊巷记忆》要付梓了，我想写一点文字，作为对他深深的祝福。

（作者系甘肃省总工会副巡视员）

岁月如歌

何明星

文志祥先生的《东郊巷记忆》,以追忆往事、怀古启新的手法,通过对记忆的打捞捕捉和对往事的追溯回味,表达了作者追求完美人生的精神境界和深厚的人生感悟,完美地再现了先生在《甘肃工人报》作记者、当编辑、任总编、主持和领导甘肃工人报社工作、在省总担任领导的心路历程及如歌的岁月。

我与志祥先生相识、相知、相交已十多年了。十多年来,通过工作的交往,情感的交流,在他身上,我领悟到了做人的道理、处事的技艺,也学到了不少有益于工作的知识和方法。对我来讲,与志祥先生的相识,是我人生最大的收获、最大的快乐。他那诱人的人格魅力、渊博的学识,在我心目中,既是可敬的师长、德高望重的领导,更是一座闪光的丰碑。

志祥先生是一个典型的西北汉子、性情中人,有时候他的超脱和倔强常人难以理解,但是,他对新闻工作的执着与忠诚也是常人难以想象的。我敬佩他的"老黄牛"精神,把毕生的心血和精力用于新闻事业,讴歌党的丰功伟绩、祖国的繁荣昌盛、甘肃工业的发展和职工的时代风采,为唱响甘肃工业发展的主旋律,增添着动人的音符。

作为新闻工作者,志祥先生有着良好的职业操守。客观真实、勇于担当是新闻工作者最起码的职业道德。他无论是当记者、作编辑,还是负责整个甘肃工人报社的工作,始终把这一职业操守贯穿在采访、写稿、编撰的全过程,从而使《甘肃工人报》真正成为社会各界了解企业、了解工会、了解职工的明亮窗口,成为展示职工风采、传承工人阶级优秀品质的华丽舞台,成为广大职工群众倾诉情感、交流思想的温馨港湾。也正因为这样，志祥先生把办好《甘肃工人报》作为自己的人生追求，视为自己的生命，精心培养、倾心呵护并照亮着这张全省职工群众共同的“名片”。可以说，志祥先生的心路历程，是和《甘肃工人报》的成长密不可分的。

作为一位记者，志祥先生的作品渗透着质朴的美感。在多年记者生涯当中，书写了大量的新闻报道、人物通讯、出访杂记，已出版《情满陇原》、《映日荷花》、《今生有缘》等文集，是甘肃工会系统和新闻界名符其实的“高产”、“多产”作家。常言道，文如其人。在志祥先生的新闻报道和文学作品里，读者会领略到浓浓的生活气息和质朴的美感享受。之所以有这样的感受，是因为作者在看待事物和分析问题的时候，往往有着博大的胸怀，以一颗温柔之心贴近现实，又有一种充满责任的理性审视与穿透，这样一种审美与研究并重的文学创作，既传承怀古，又启迪未来；既呈现现实，又充满艺术想象；既有倾心的关怀，又透着理性解剖的锐利之光；既洋溢着诗意，追寻着启示，又闪耀着阳光的呼唤。不难想象，当这样的作品呈现在读者面前时，我们唯有美的享受。

作为领导干部，志祥先生有着难以割舍的工人情结。在志祥先生的职业生涯中，不仅有着难以忘怀的军旅经历，而且经过多年的磨砺，成为一名影响广泛、有着深厚功底的资深记者、编辑，也是一位德高望重的领导干部。在他眼里，工会就应该是职工的温暖之家，工会干部就应该是职工的亲朋挚友。他是这样想的，更是这样做的。他的笔下，有产业工人创造奇迹的精彩描述，有产业工人无私奉献的感人场景，有产业工人夯筑共和国经济基础的辛勤汗水。他的身影，经常出现在火热的工地、繁忙的车间；他的足迹，走遍了全省大大小小的企业，也穿行在八百米深处的采煤工作面；他的爱心，伴随着送温暖工程的推进，让许多困难职工家庭感受到了阳光的温暖。

新闻关注的问题有现实的时效性，而文学所反映的问题都有历史的传承性，将现实的时效性与历史的传承性有机结合，才是有深度和广度的人文情怀，这是《东郊巷记忆》要留给人们的启迪与记忆。

（作者系窑街煤电集团公司党委常委、工会主席）

文如其人的文总编

张玉平

兰州东郊巷留在我记忆里的，除了整条巷子各种甘肃风味的小吃，如一推车叫卖的天水呱呱，一想起就口水直流之外，便是坐落在巷子南口的甘肃总工会办公大楼；记忆更深处，便是高居大厦八层之上的甘肃工人报社；记忆再深处，便是整天正襟危坐在这层某一房间的报社掌门人——文志祥总编。欣闻志祥老兄又一部新作《东郊巷记忆》一书出版，在勾起我对东郊巷的回望之时，与志祥老兄多年来交往的情景一幕幕闪现在眼前……

我和文总编的友谊刚好超过二十年。1991年盛夏的一天，在历史的坐标上，或许只是一个小小的标点，但它又是那样一个弥足珍贵的时刻。那一天，从陇东专程赴兰州寻求与《甘肃工人报》合作的我初识了还是《甘肃工人报》副总编的文志祥。那一天，当时还没有过而立之年的我被文总编的热情所陶醉。从那一天开始，“文总编”成了他的专属称谓——尽管他后来高升为甘肃省总工会副地级领导，但“文总编”一直成为我及认识他的人对他发自内心的敬称。据文总编讲，那天也是《甘肃工人报》和国有大企业密切合作，携手共进的开端。似乎我的无意闯入，成了他落实省总工会领导“依托大型企业推进全省工会工作整体上水平”的灵感触发点。我也一直以此为荣，以此沾沾自喜。

文总编和现在流行的“高富帅”不沾边，平民之家，寒门出身，凭着对事业的执著和勤奋拼搏精神，在看似平凡的工作岗位上，默默坚守，无怨无悔，在东郊巷留下了一串串令人感佩的脚印……

文总编不大能喝酒，从不抽烟，不大好动也没其他特别的爱好。在我的印象中，文总编最大的嗜好就是写稿、改稿。他对《甘肃工人报》有着太深的情缘，当副总编时见他审定每一期报纸的每一篇稿子，当总编、当报社掌门人时，他仍最早去办公室，最后一个离开办公室；甚至在他升任副地级领导后，偶尔赴兰州去办公室看他，几乎每次都见他仍端坐桌前，一丝不苟地审稿。省总工会历届领导都很器重文总编，各地市各企业工会领导都很敬重文总编，这其中以我的体会，除了文总编为人的真诚热情之外，所有人都被他几十年如一日的敬业精神所打动，都对他心怀一种发自内心的感动与尊敬。

不大能喝酒不影响文总编待人的真诚与热情。去兰州出差的机会不是很多，但每次去兰州，只要文总编知道，他总要尽一下地主之谊。文总编请客独具兰州特色：兰州牛肉面——“金鼎”、“马子禄”甚至白塔山脚下一对老夫妻开的“半坡”牛肉面都在他的带领下品尝过；中档有兰州涮羊肉，吃到满头冒汗肚儿圆也就200元左右；当然也去高档酒店，如兰州饭店之类，但一桌菜点下来，在客人强烈要求下，也多是兰州麻酱酿皮、甜醅子等小吃之类，可吃性强，吃后念念不忘。

文总编待人真诚随和，朋友众多。长期从事工运事业的文总编，除各地州市的工会干部和新闻界的朋友外，更多的，是众多企业界从事工会工作的干部。《甘肃工人报》以它的贴近现实生活、贴近一线工人为特色，可以说这份报纸订到哪里，他的朋友就交到哪里。文总编爱女大婚之日，天南地北的朋友欢聚一堂，高朋满座。感慨之余，细细想来，总编奇好的人缘，除了真诚热情之外，与他几十年如一日与人相处，与企业相处，先替他人打算，先替企业着想的行事作风大概不无关系。

真诚、幽默、随和；认真、严谨、敬业——二十余年，自己工作岗位虽多次变动，但和文总编的友谊却如陈年佳酿，愈久愈浓，细细想来，这与文总编的人格魅力和工作作风对自己潜移默化的影响不无关系！

文总编姓文，一生从文，为人温文尔雅，处事文质彬彬。千金一位，起名文晶。现女从父业，在北京新华社做记者，爱婿也和我有了关系——在中石油北京总部任职。在2012年这个传说中不平静的盛夏，在炎热的古都长安，我不揣浅陋，挂一漏万，写下这些文字，作为我对文总编《东郊巷记忆》一书出版的祝贺，也表达一个老朋友对一生勤奋劳作的文总编真诚的祝福：祝愿笔耕不辍的文总编花甲之后再扬人生风帆——和夫人安老师相扶相携，快乐安度属于自己的人生第二个春天。

你的朋友张玉平，祈望于终南山下！

（作者为中石油长庆油田公司工会副主席）

祝贺文忠祥新作
《东部巷记忆》出版

又见文忠祥新作问世，欣喜非常。记忆中，他总是忙碌于自己喜爱的工会工作：在基层，在企业，在总工会办公室，在职实校园第一线。其实，他的精神家园是如此丰富，他把对于人生的挚爱意糅于深情的回忆，与人共赏。其亦格外感人至深。这既是他个人的记忆，也是熟悉他的朋友们的共同记忆，更是几十年白银工运人生的珍贵记忆。让我们在共同回顾中细细品味，让我们在记忆里向他致以美好的祝福！

在[illegible]陇原上，

我们总能看到一个跛着脚的乡亲，
在贫困的年代，
我们总能听到献给劳动者的歌唱。
辉煌时，她是你的欢乐，
落寞时，她是你的依傍；
年轻时，她是你的甜蜜，
年老时，她是你的珍藏。
当一个民族有了记忆，
希望之光将永远在你前方；
当东郊巷有了记忆，
朋友们再也不会把你遗忘！

温建文
於2012．金秋

（作者为白银公司党委副书记）

目　录

楔　子

初夏。一个周日的清晨。

穿过被称之为“兰州客厅”的东方红广场。空气中簇簇鲜花、片片绿地吐放的幽幽清香扑鼻而来，令人顿觉心旷神怡。一排排、一队队身着红的、黄的、蓝的、绿的、白的各色服装晨练的人们，在悠扬动听的乐曲声中或踏歌起舞，或舒展筋骨，构成一幅色彩斑斓而又温馨和谐的绚丽图景。我徜徉其间，流连忘返，深为这清晨的美好时光陶醉，也油然而生几分幸福之感。

信步前行，在距广场东边不足千米的一个名为“东郊巷”的路口，我禁不住停下脚步，正面宽阔的马路上车辆川流不息，再向东郊巷深处望去，却淡出些许静谧。蓦然心头涌现一股挡不住的感慨，引我进入深深遐思之中……

不经意间，就在这条宽不过40米，长不过千米的东郊巷里，我已经走了近四十个春秋，在这里我度过了青春年华，度过了大半个人生；在这里留下了我永远挥之不去的许多记忆；也就是在这里，我与甘肃的工运事业、工会工作结下了不解之缘，同样留下了我刻骨铭心、难以割舍的忠诚与热爱。

1976 年 7 月，从由部队转业被分配到位于东郊巷的甘肃省总工会工作的那天起，我就一直没有离开过这儿。记得那时的东郊巷叫做农民巷。初到这里，我还曾为这个地名生出一些好奇，难道这里原本就是农村，或许这里住的大都是农民，顾名思义才得出这么个地名。虽然打问过一些老同志，谁也没给出个准确的说法。但也从各种各样的说法中，我知道了这里在新中国成立前曾是兰州郊外的乱坟滩，也曾经是旧时军队的校兵场，也被称为东校场。后来改为东郊巷也许就是缘此而来。那时的农民巷实际上就是一个人行便道，巷道的北边尽头正对着兰州军区的大门，巷道内只有两所学校，省总工会和新华社甘肃分社两个机关单位，几乎见不到一幢高楼，只有每天学生上学放学那阵，让小巷充满了人气和喧闹。平时，农民巷就像它的名字一样，清冷、偏僻，俨然就是一个城中的"乡村"。

进入 20 世纪 80 年代，改革开放的春风吹遍祖国大地，兰州市也在日新月异的变化中改变着模样，昔日的农民巷同样悄然发生着变迁。80 年代初期，随着经商大潮的涌起，农民巷竟然成了一个大市场，卖菜的、卖瓜果的、卖日用杂货的小商小贩，有的摆着地摊，有的搭设个铺面，整天叫卖声不绝于耳，把个小巷常常搞得水泄不通。到了 90 年代，农民巷便成了兰州市有名的小吃一条街，紧挨着省总工会和新华社两个单位的外墙，搭建起一个挨着一个的饮食小店，牛肉拉面、羊肉泡馍、酿皮子、麻辣烫、糖油糕等小吃真是应有尽有，昔日的那份清静甚至偏僻，完全被整日的人声鼎沸和浓浓的市场氛围所代替，以至让巷内的机关、学校和居民怀念和呼唤曾经的闲适与冷清。

进入新的世纪，农民巷更让人刮目相看，巷内一座座高楼拔地而起，往日的各种小商小贩的地摊没有了，经营各种小吃的店铺拆除了，换来的是政府改造加宽了农民巷的道路，昔日坑洼不平的路面全部成了平展展的柏油马路，并将原来穿过农民巷的一条小胡同打通，拓宽铺设成一条宽阔的柏油大道，还在大道两旁修建了整齐划一的店铺，使农民巷与之相互交错，成了兰州市闻名遐迩的饮食一条街，以浓郁的现代都市气息吸引着南来北往的宾客，农民巷也改名东郊巷，印证着这时代的变迁。

40年，在历史长河中不过是一朵小小浪花。可对一个人来说，却是饱尝人生况味的漫长岁月，这期间幸福的喜悦、奋斗的艰辛、事业的跋涉、生活的磕绊，必然留下难忘的印记。就是在东郊巷这条小道上，我已走过了近40年，寒来暑往，无法计算也难以知道，我究竟沿着小道走了有多少路程。一路走来，尽管平淡却也踏实。我快乐有一份自己心仪的工作，我庆幸遇到了不少的好人，我知足没有因自己的懈怠而碌碌无为。如今，当年走进东郊巷的毛头小伙，现已两鬓挂霜。每每伏案深思，记忆如同穿越了时光的隧道，从前的人，从前的事，总是浮现在眼前。我满怀拳拳感恩之心，饱含深深思念之情，在记忆的屏幕上搜寻着那些关爱、帮助、扶持和有恩于我的人，搜寻着我所经历过的一桩桩不容忘却的往事。唯愿"东郊巷记忆"以寄托我深深的情思。

一

一个偶然的机会，让我与工会工作结下了不解之缘。在人生的漫长道路上，或在你人生需要做出抉择的十字路口，一个偶然的机会，一次邂逅相遇，有人会伸出温暖之手，牵着你走向一片广阔天地，直至终生而倾心挚爱的事业。我就是在一个偶然的机会，遇到我过去不曾相识的人，竟让我与工会工作结下了不解之缘，而且一干就是近 40 年。

那是 1976 年的 3 月，我从地处西北边陲的大漠深处，也就是后来被称之为“东风航天城”的解放军二十四医院转业。原本联系好要到甘肃人民广播电台工作，由于人事变更，安排工作的事出现了意外。然而就是这个意外，却让我度过了人生充实而又快乐的时光。

在人们看来，大凡事业有成的人都是有贵人相助的。细细品味此话不无道理。古往今来，由于贵人的相助与提携干出一番大事业的仁人志士真是不知其数。我不敢说自己事业有成，但细细想来，在我人生的每个关键时刻，也无不得益于好心人的关心与帮助……

至今我还记得 1968 年 3 月当兵时的那段情景。

这年是“文革”以来的第一次征兵，由于当时学校都在停课闹革命，一些在校学生都把未来的出路寄托在这次当兵上，我所在的学校报名参军的同学很多。本来我压根儿就没有当兵的念头，因为按我的学习成绩，以后考上大学还是有希望的。从上高中，考大学就成了我的理想。可同学们纷纷报名参军的情况，搅得我的心就像开闸的江水翻腾不停，又看到学校停课闹革命也不知何时是个头，于是参军的意念也不时在心头萌动。加上几位相好同学的再三鼓动，我竟背着家人也走到了征兵报名点。可谁知竟在接兵解放军那儿卡了壳，理由是还不够征兵的年龄。不知为什么，就在这个时候，我似乎铁了心非当兵不可。接兵的解放军也是个年轻人，说一口河南话，看上去也只有二十来岁，我几乎每天都找着他软磨硬泡，正巧征兵办公室有位亲戚从中帮忙，接兵的那位解放军终于松了口。有天我再去找他时，他详细问了我的一些情况，对我说，听说你喜欢写文章，还有点文艺特长，部队也需要这样的人，你的事我们会考虑的，你就等着吧。没过两天，征兵办公室的亲戚悄悄告诉我，当兵的事已经定了，还一再叮咛我到了部队问到年龄，该如何说，我也默默记在了心里。就这样，我总算当上了兵。记得送兵走的那天，所有新兵都站在大卡车上，与送行的亲人挥手告别，我的母亲、姐姐也挤在送行的人群中，可带兵的那位解放军硬是不让我站起来，我几次挣扎着要站起来，都被他压了下去。等到车子开出县城他才让我站了起来，我气呼呼冲着他说，为啥非让我蹲着。还没等我把话说完，那位带兵的解放军一脸微笑，并挤了挤眼说，为啥你还不明白，说完还和我并肩坐了下来。我望了望他似乎心里也明白了什么，便再也没有说话。毕竟是头一回远离家人，行前又没有再看见母亲，心里不免泛起些许惆怅，随着汽车的摇晃，禁不住陷入深深沉思。

也许是那位接兵同志的介绍，也许是档案中专门有什么记载，到部队我被分配到地处宁夏银川的解放军六十二师医院卫生教导排，成了一名卫生兵。那位接兵的同志和我一起都到了卫生教导排，还成了我们新兵二班的班长。这时我才知道他叫王平，1965 年当兵，是河南孟县人，虽说刚满 23 岁，可已经是三年的老兵了。

在卫生教导排的日子里，也许是知道我年龄较小的原因，王平班长对我处处关照有加。记得到新兵班的第三天，医院为我们新兵配发皮大衣。当我领到大衣时却发现上边有一个大洞，嘴上不好说什么，心里却怪不是滋味,坐在床边上嘴噘得老高。王平班长看见后连忙把发给他的大衣换给了我,还笑着说,正好我穿这件太小,你穿这件正合适。当时我傻乎乎地一笑,忙不迭地就穿起大衣乐了起来,还对着门后的镜子照了又照。大凡新兵到部队后,都要进行为期三个月的新兵训练,每天不是练正步走,就是越野比赛。让我最为紧张和害怕的就是紧急集合,要么是深夜正在熟睡的时候,要么就在凌晨还没有睡醒的那阵,突然一阵急促的哨声把人惊醒。每当这个时候,王平班长都会站在我的床头,不是一个劲用手摇着还睡意蒙眬的我,要么就是帮着我打背包、穿衣服,常常是拉着我朝集合地点跑,总怕落在后面。遇上远距离跑操,按说班长是要跑在前面的,可王平班长跑着跑着就来到我的后面,一面给我鼓劲,一面还时不时用手托托我肩上的背包,他是在想为我减轻一点重量,每当此时我心里有一种说不出的感动。尽管气喘吁吁,还是铆足了劲咬着牙往前跑,直到跑到终点。王平班长不是冲我一笑,就是拍拍我的肩膀,我能体味到他那满是赞许的目光,更能感受到他时时对我的那份关照之情。

刚到部队那阵,到工厂参加义务劳动,去农村帮助夏收也是常有的事。可每当这个时候,王平班长往往都会把我留在家里,理由是帮助班里整理内务,打扫卫生。开始我二话没说就留了下来,不是为班上的战友整理床铺,就是把室内卫生搞得清爽整洁,有时还把有的战友脱下的脏衣脏袜通通洗得干干净净。约摸队伍快归来时,就为全班每个人把脸盆的

水、茶缸的水盛得满满的，静静等候着战友们的归来。说实话，这样一天下来也并不感到轻松。记得有一次，又安排我们这些新兵到附近农村帮助老乡收麦子。担心班长再把我留下值勤，我便趁早找到王平班长说："班长，明天帮老乡收麦我也想去……"班长看了看我，笑着说："那就去吧，去了可别累得趴下。"于是第二天上午我就和战友们一道来到农村，这天要干的活一个是帮助收割麦子，一个是往地里送肥料。我们卫生教导排共4个班，两个班挑粪，两个班割麦。我们班的任务是要把一里地远的粪池里的肥料一桶桶、一担担送到大片的菜地里，还要浇到一畦一畦的蔬菜上。活儿既脏又累，最不好干的就是从靠近一个厕所的粪池里打捞稀糊糊的肥料了，尽管臭气熏人，可战友们谁也没有吐半个脏字。那天有的人一次挑两个桶往地里送粪，班长安排我和另一个战友两人抬一桶，即便这样来回跑上十多趟，说不累是假的。等到中午回到营地，战友们一个个洗了把脸就一头扎在床铺上，动也不想动一下，我又何尝不是这样。留在家里值勤的战友把饭菜打来了，我似乎一点胃口也没有，还是趴在床上一动也不动。此时，王平班长来到床边，摇了摇我说："怎么样？吃不消了吧，快起来吃饭。"部队就是部队，也不是你想吃饭就吃，你不想吃就不吃。我禁不住伸了伸又酸又困的胳膊和腿，冲着班长笑了笑，这当儿我总算明白了，怪不得每当外出劳动班长总要我留下来当值勤，他是在有意关照我啊！

就在新兵训练生活结束的时候，要组织一次政治学习讲用会。那时的政治学习主要以学习毛泽东著作为主，还结合进行有关中国革命史教育，让我记忆最深的就是这一段系统学习了有关毛主席投身革命和领导中国革命斗争的事迹。一天晚上班务会议结束后，王平班长专门找到我说："过两天医院要召开新兵政治学习讲用会，你作点准备代表我们班发个言。""我行吗？我怕说不好。"还没等我说完话，班长就打断我的话茬："咋不行，招兵时就听说你作文写得好，现在不就用上了，就这样吧，抽空作点准备。"王平班长一脸认真，我只好点头答应。没过两天讲用会就召开了，一共有四个人发言，我排在了最后一个，那是我到部队后第一次在大会上发言。这天，参加会议的不光是我们卫生教导排的新兵，还有医院

的干部战士。院长、政委等领导坐在第一排听着每一个人的发言。轮到我发言时开始还有点紧张，讲着讲着也就放松了，我看到医院的院长、政委不断点着头，有时两个人还交谈着什么。坐在中间的王平班长似乎显得格外高兴，也不时点着头像是给我鼓劲。等我发完言后，场上响起一片掌声。我也不知道是怎么回到自己的座位上的，心怦怦一个劲地跳。记得政委在总结讲话中还特意提到了我，说我的发言语言生动，富有真情实感。听政委这么说，我当然心里乐滋滋的。散会后院长葛文还专门叫住我，拍了拍肩膀说："小鬼讲得不错。"其实我已经多次听到过葛文院长在全院大会上的讲话。他可是个标准的军人，任何时候一身军装整整齐齐，风纪扣扣得严严实实，一脸严肃露出军人的威严，难得见到一丝微笑。所以平常医院上下不管是干部还是战士，似乎都有点怕他。就是院里召开的大会上，他讲起话来也是干净利落，往往是批评多于表扬，批评起人和事来，那个严厉劲儿让在场的每个人都会生出几分胆怯，整个会场上静得掉个针的声音都能听得到。没想到我的发言竟然博得院长的难得一笑，这不仅让我兴奋了好几天，就连王平班长也乐得合不上嘴，好像脸上多了几分光彩。

没有过多久，就迎来了我参军后第一个"八一"建军节。一天刚吃过晚饭，战友们都汇聚在医院简易的操场上打篮球。我虽然平常不大爱玩，此时也围在球场外看热闹。突然王平班长把我从人群中喊了出来："快跟我来，政委叫咱俩快去。""政委叫我们，啥事啊？"我有点惊奇地问。"我也不知道，看样子挺急的，政委就在医院大门口等着呢！"说着王班长拉上我急匆匆向医院大门口奔去。大老远我们就看见政委站医院门口，他个头不高，穿件白衬衣，显得颇有精神。我也早就了解到政委姓胡，上海人，因为咽喉疾病曾做过手术，留下了后遗症，说起话来不仅声音嘶哑，有时还上句接不上下句。但举止文雅，风度翩翩，浑身都透出股文人气。

见到我们走过来，胡政委也忙迎了上来，操着他那特有的浓浓上海语调："看打篮球呢！"尽管当时我们只穿着衬衣，没有戴军帽，可王班长和我几乎同时向政委敬礼,胡政委还给我们一个敬礼后说:“咱们随便走走吧。”说着我们就一起沿着医院旁边的一条公路走去。记得那天傍晚格外闷热,公路两旁高高的白杨树叶一动也不动,偶尔有几辆汽车过后,倒能带来些许凉风。路边尽是农田,水汪汪的菜地里一片葱绿,飘散着阵阵清香。但让人实在难忍的是,不时有蚊虫扑来,胡政委和我们一样,时不时用手拍打着脸上、手上的蚊子,没走多远我们三个人几乎都在脖子上、手背上、脸上留下了蚊子叮咬的小包。胡政委边走边说:“马上‘八一’就要到了,医院准备搞个联欢晚会,新兵教导排能不能搞几个小节目到时演一演。”说着政委还对着我说:“我看过新兵们的档案,你是不是还有点文艺特长,怎么样?能不能搞个节目,最好能搞个反映我们医院或新兵生活的节目,这样看起来亲切感人。”望着政委满是希望的目光,我悄声说:“过去在学校那都是同学们闹着玩,在正规场所演出恐怕……”还没等我把话说完,王平班长忙接上话茬:“请政委放心,我们一定完成任务。”接着又冲着我说:“咋啦,要不是看到你有点文艺特长,你这个兵还当不上呢,这次就露一手吧!”看着班长的那股斩钉截铁的劲儿,我又能再说些什么呢,只好说:“那我就试试吧!”此时政委和班长都不约而同地露出了笑容。

不知不觉我们已经走出了离医院很远的一段路程,挂在天边的太阳已经落下,蔚蓝蔚蓝的天空撒满一片连着一片红色的晚霞。公路两边的农田里传来阵阵青蛙的清脆叫声,白杨树梢也似乎在微微飘动,随着薄薄夜幕轻轻落下,天气也凉爽了许多。我们走在返回医院的路上,走着走着我仿佛也来了点灵感:“政委,我们新兵中有个同志,为了抢救危重病人带头献血,医院给的献血营养补助费他也不要。听说有个同志母亲有病,他又以那位同志的名义,专门把自己积攒的津贴费寄去,直到这位同志的母亲回信,谁也不知道这钱究竟是谁寄的。我想就以这件事编个小剧,赞扬战友之间的阶级友情,也夸夸我们新兵中的好人好事,不知……”没等我说完,胡政委高兴地连连点头:“好、好,就编这个节目,这是发生在我们身边的事,演出来让大家都受教育,感受我们解放军这个大熔炉的温暖。”王班长更来了劲:“这个节目编好了准受欢迎。”他们的话

又一次给了我信心和勇气。这天晚上我几乎整夜失眠了，满脑子都构思着编节目的事儿。后来没用两天时间节目就编好了，是以小戏曲的形式排练演出。正好新兵中有人会拉二胡，也有人会吹笛子，这个节目就以《战友情》为名，用陕西风味的眉胡戏演出，演员也是包括我在内的几位新兵。演出是在医院的一个大会议室进行，没有舞台，也没有任何幕布，但大家演得很认真，也很投入，全院的干部战士都参加了联欢晚会，院长和政委坐在了最前面。那天晚上医院其他科室也都表演了节目，多的是独唱、合唱，唯独我们新兵演出的节目是自编自演，得到大家不少好评，演出中间还几次响起掌声。演出结束后，院长和政委还和我们几个演员一一握手，我又一次看到了严肃的葛文院长难得的笑容，而且笑得非常开心，几乎是放声大笑。那天晚上最开心的当算是王平班长了，一回到宿舍他就冲着我说："怎么样，露脸了吧？你等着吧，往后医院有文化活动方面的事，可少不了你的。"说着他往床上一倒，双手抱着头，靠在被子上自言自语说起来："这个兵还真是带对了，我也算是为医院办了件好事啊！"

还真像王班长说的那样，过后不久，全师组织文艺会演，并从师直各单位组织一些文艺骨干观摩演出。胡政委又一次找到我，派我代表医院去师部观摩文艺调演，还派院里一位通讯员用摩托车把我送到离医院十多公里的师部，我和来自各单位的同志们整整观摩了一个星期的文艺调演，也真算开阔了眼界。回到医院后我专门将观摩情况向胡政委作了汇报，他鼓励我要在医院的各项文化活动中好好发挥作用。打这以后，医院成立军人俱乐部我参加了，医院组建通讯报道组我也参加了。不仅常为医院的黑板报、广播室写稿，也开始为兰州军区的《人民军队报》和《宁夏日报》投稿。党的九大召开后，胡政委要我把医院组织学习大会公报的情况写成报道，投到《人民军队报》和《宁夏日报》。结果这篇报道很快就被刊登了。这可是我写的稿件第一次变成了铅字。可也就是这第一次，为我后来在部队从事通讯报道以至成为一个专职新闻工作者奠定了基础。我要衷心感谢的是王平班长把我从一个不懂事的学生娃破格带到了部队，又为实现个人爱好提供了机遇和条件。尽管我不知道他现在何处，一切是否都好，但每每想起自己成长之路，这位当年高个儿，圆圆脸上一对酒窝，一双大眼睛的河南籍老班长的音容笑貌，依然深深印在我的脑海里。

卫生教导排学习结业后，我被分配在六十二师医院成了名卫生员，我也打心眼里爱上这份工作。当时是部队战备最为紧张的时候，备战备荒，准备打仗的口号叫得很响，又是野营拉练，又是战场救护演习，几乎是那个年头的家常便饭。医院也常把一些卫生员、医生配属到野战部队，以提高战争时期医疗救护的本领。也就是在这种情况下，我被配属到了一个执行特殊任务的高炮部队卫生所。据说到这个部队政审要求很严，说是要查祖宗三代，不允许有丝毫的马虎。能被配属到这里工作，我当然有了一份骄傲和自豪。临离开医院时，胡政委还特意来送行，并说盼着你再能回来。这时王平班长虽然已经不再为我们当班长，而在医院分配了别的工作，还是专门来帮我打背包、收拾行李。

到达新的部队后，我才知道确实是在执行特殊任务，部队驻扎在位于中蒙边界额济纳旗的红柳丛中，干部战士不是住在帐篷里就是住在临时挖的地窝子里，主要任务就是配属这里守备部队和工程兵的战备施工，守护如今被称为东风航天城的安全。虽然生活条件十分艰苦，但战士们为能执行这一特殊任务，都感到无上光荣。受这种氛围的感染，我也同样没觉得有多么苦和累，反而倍加珍惜这难得的机会。

说来也巧，就是在这个高炮部队，又让我遇上了一位河南籍的首长，正是由于他的关心，让我人生之路发生了重大转折。

这位首长叫闫长泰，河南省南阳市人，高高的个子，微胖的身材，说起话却慢声细语，脸上常常挂着一丝微笑。时任这个高炮部队的政委。卫生所设在一个搭起的帐篷里，有一位医生，一位医助，我们三个人就住在这个帐篷里。我每天的任务就是给来看病的战士们发个药、打打针，有时也随着医生到连队班排巡巡诊，工作也不怎么忙乎。时间长了我便经常

与通讯员、文书等泡在了一起，有时还帮他们作个电话记录。后来一旦有了上级电话，通讯员便喊着让我去接听作记录，我也往往接听完电话后，把上级的电话记录重新整理一遍，抄得清清楚楚后再由通讯员送给首长们传阅，久而久之接听电话似乎成了我的一项工作任务。看到我整理的电话记录语句流畅，字迹清楚，闫政委为此还没少表扬过我。当他知道我还给报社投过稿，也鼓励我为部队写点通讯报道。尽管当时部队驻扎大漠戈壁的红柳丛中，但宣传工作一点也没放松，战地宣传栏、黑板报办得多姿多彩，我也经常把战士中间的好人好事写成稿件，刊登在黑板报上。然而就是这些小事，竟然成了我又一次工作调动的重要原因。

在高炮部队执行任务不到半年，我们就移防至宁夏中宁县，驻扎在一个叫鸣沙公社的地方。还没有过两个月，一天下午通讯员推开我们卫生所的房门："快，政委让你到他那去一下。"说罢他便急匆匆地走了。原以为是政委生病了，我背上药箱就走。来到政委住室兼办公室门前，我刚喊了声"报告"，闫政委就开了门，满脸笑容地把我迎了进去。我一进门就说："政委，是哪里不舒服吗？"他连忙摆摆手说："不是，不是，接到上级通知，要从基层部队医务人员中，选调一些年轻、有文化的人充实到几个野战医院中去。我们研究过了，几位领导一致推荐了你，到正规医院去，对你今后的发展也大有好处啊！怎么样，没意见吧？"我被这突如其来的消息一下子懵住了，半晌也不知说什么，只顾一个劲地点着头。政委看着我的高兴劲儿，接着又说："那就抓紧准备准备，明天让食堂多做两个菜，我和卫生所的同志为你送送行，后天就到兰州军区报到，具体去哪个医院到时就知道了。"等政委说完，我就举起手敬了个礼，连声说："谢谢政委，谢谢政委！"说完就飞也似的朝卫生所跑去。

第三天一大早，我就登上了由银川开往兰州的火车，按通知到位于兰州市白银路的兰州军区第二招待所报到。记得那时正值仲春季节,兰州街头树木吐绿,微风习习。约摸下午4点钟,我搭乘公共汽车径直来到军区二所,一走到服务台登记处,只见一个高挑个,脸庞清秀,看上去30岁开外的青年军官急忙迎了上来。他说一口浓浓的陕西话,问了我的情况后,我才知他是军区专门安排接送我们的干部。他还告诉我说:这次军区从基层部队共抽调30多名医务人员,一部分人要分到驻陕西临潼的二十六医院,一部分人分到驻河西边陲的二十四医院。而且从他的口气里,我似乎感到从我们这个部队抽调的15人,很可能要分到陕西去。想到要到自己的老家去,我的心里别说有多高兴。晚饭时节,从各个部队抽调的人全都到齐了。虽说我们这个部队就15人,大都是基层连队的卫生员,但真是来自五湖四海,有江苏的,有四川的,有云南的,还有广西和贵州的,大家为着同一个目标而来,一吃过晚饭便成了有说有笑的战友。

第二天,那位带队的干部叮咛我们都在房间等候,他要去军区机关办理调配手续。记得还没过一个小时,带队的干部又和一个年轻军官来到我们中间。他们每人手里拿一份名册,各自开始点名,并分别把自己点到的人列队走进各自的房间。我是被头天就见到的那位带队干部点名的,等我们15人都走进房间后,他说我们15人分配到二十四医院,具体位置在河西走廊的边防地区,配属这里的边防部队执行守边任务。说着还把火车票一一发给我们,并要求尽快做好准备,晚上7点钟就上火车。听说要去西部边防,我不禁犯起了嘀咕:“刚从边防回来没几天,怎么又要到戈壁滩上……”然而,军人就得服从命令,我和战友们同样满怀喜悦当晚就踏上了西去的列车。

二十四医院位于巴丹吉林沙漠的腹地,坐落在一望无际的茫茫戈壁滩上。说是医院,从医务人员的办公室、手术室到病房,几乎都是清一色的干打垒,据说还都是医务人员自己打土坯盖起来的。走进二十四医院的那天起,就意味着我军旅生涯又揭开了新的一页。

调配到二十四医院后,以我们15个人为主,并抽调医院内部的一些年轻护士组建了一个医训大队。那时包括军队院校在内都停止招生,不管是工厂还是科研单位,乃至部队的医院,所需技术人才大都由自己通过办个什么班或者办个什么学校来培养。我们这个医训队就是在这种大形势下组建的。说是医训大队，主要为医院培养医生，可教学设备几乎一无所有。教室是干打垒的土房子，桌椅实际上就是学员们自己动手，用土坯垒起的泥台子，授课的老师也就是当时医院的医生轮流教学。尽管如此，我们每个人都十分珍惜这一难得的学习机会，大家学习得都很认真而又刻苦。就我来说，当时对学习医学充满兴趣，应该说学习成绩还是蛮不错的，尤其是内科学习成绩在医训队一直名列前茅，对诸如肾脏病、心脏病、肝脏病的病历分析的作业往往被老师作为范文在学员中进行讲解。回想起来，如果没有后来的变化，也许我还能成为一位救死扶伤的内科医生。

就在我一门心思学习医学知识，憧憬以后当一个优秀的医生之时，一天，突然我被人通知到了医训大队的队部。走进队长办公室时，除队长外还有位矮个儿、胖乎乎，穿着四个兜的军官。经队长介绍他是医院政治处的干事，我也似乎平常在医院见到过，总觉得很有点眼熟。这位干事笑起来几乎眼睛都能眯成一条缝，开口说话才知他也是“老陕”，一口地地道道的陕西关中话。“最近，我们看了你们这批学员的档案，了解到你还有写新闻报道的爱好和特长，还在报纸上发表过稿子，往后医院有关新闻报道的事希望你能参加，我今天来就是说说这个事。”还没等我开口，一旁的医训队长却先开腔：“这是好事，没想到我们学员中还有个秀才。”面对他们我只能连连点头说：“我怕做不好，过去写的也就是些小豆腐块。”那位干事和我握握手：“没有豆腐块，那有大文章，好了，往后咱们多商量，一起干。”说着他就离开了队部办公室。后来，这位干事也确实叫过我几次，还分配过一些新闻报道的任务，我们之间混得也越来越熟。每当星期天，他的那间办公兼卧室的土坯房便成了我常去的地方。

光明如梭，很快一年半时间的医训队学习结束了。结业后我虽然被分配到了医院临床业务岗位，但常常三天两头被抽调到医院政治处帮忙，不是写新闻报道，就是写经验材料，要么就是写领导讲话，就连医院搞个什么活动，演个文艺节目，也少不了要写个快板呀、唱词呀等等。久而久之，医疗工作竟成了我的副业，写材料、搞报道似乎成了主业。记得有一天，医院驻地某部要联合医院召开一个声势浩大的什么批判大会，医院领导要在大会上发言，政治处便把为院领导写发言稿的任务交给了我，而且要求第二天上午必须完成。当时心里确实有点胆怯，可又不好推辞，也不能推辞，只好硬着头皮接受了任务。熬了整整一个晚上，发言稿写完后天已经大亮，我便急匆匆找到那位干事，他连看也没看一下，拉着我就向院领导那儿奔去。那位院领导接过稿件一边笑着说："辛苦了一个晚上吧！"一边戴上眼镜，点上一支烟就坐在办公桌前看了起来，还说你们快去吃早饭，看完材料有事再找你们。等我们吃完早饭，再见到领导时，他笑着说："稿子还不错，立即送打字员打印。"这时我才如释重负，悬着的心总算放了下来。下午召开的大会就设在当地的一个大操场上，驻军部队组成一个个方队，大约有 2000 来人参加了大会。主持会议的是位部队首长。第一个发言的是位副师职干部，我们医院领导的发言排在第二位，应该说他的发言还是很出彩，发言中间曾几次在现场引起共鸣，不时爆发掌声。大会结束后，我能感到院领导对这次发言甚是满意，一见到我就说："小鬼，稿子写得好，有气势。"我虽然只是笑了笑没说什么，但心里还是美滋滋的。

过了不久，我基本上就离开了医疗岗位，而整天都在院政治处工作，主要任务就是搞新闻报道，期间陪同解放军报社、人民军队报社、光明日报社等新闻单位的记者，上级宣传部门或报道组的同志，随着医院派往牧区、边防的医疗队，下牧区、进帐篷，到基层连队进行过不少采访活动，既学到了不少东西，也写了不少稿件，经常有反映二十四医院的稿件在人民军队报、解放军报以至地方一些报纸上见报、电台上广播。后来，医院有了重点报道稿件，就派我专程到兰州，向人民军队报、甘肃日报、甘肃广播电台送稿，那位干事还要求我稿件不发表先不回医院。因此，一段时间我都奔波于医院与兰州之间，不是跑人民军队报社，就是到甘肃日报社、甘肃人民广播电台。时间久了也便认识了几家报社的编辑，上稿率越来越高。最令我难忘记的是，在不断向甘肃人民广播电台送稿的过程中，解放军节目组的同志们给了我很大关照，并建议我到电台编辑部学习一段时间。恰巧这时，甘肃广播电台要从工厂、农村、部队抽调一批通讯员到电台帮助工作，那个年月还把这叫做什么邀请工农兵占领上层建筑。就这样在几位热心人的动员之下，并以电台名义为医院出具了有关商函，征得医院同意后，1974 年秋天，我就来到甘肃人民广播电台，分配在政文组工作。这个组主编两个节目，一个是解放军节目，一个是理论学习节目。我先在解放军节目组工作了一段后，又到了学习节目组工作。当时在我们这批人员中部队的同志共有三个，其中还有一位来自兰州军区空军某部队，编辑部的老师们对我们几个当兵的总是给予了特殊的关爱和尊重。

由于我在电台工作那阵，既随着老记者采访，又在老编辑的指导下编稿，工作全身心投入，播出了不少稿件，因而也受到电台领导的表扬。不知不觉在电台已经度过了一年多的时间。1975 年底，我正准备返回部队时，在一次欢送我们的会上，当时电台的一位领导突然问我："将来愿不愿到电台工作？"我一时真不知该如何回答。身边的几位老编辑忙搭腔："来吧，来吧，就到这里来工作，领导都看上你了。"我一时又高兴又激动，脱口而出："愿意，愿意，我愿意到电台来工作。"电台的这位领导也是位解放军，身板瘦削，圆型脸庞，说一口四川话，是甘肃省军区当时派往电台支左的一位师职干部，主管电台宣传业务。经他这么一说，让我产生了早日到地方工作的念头，心想能到省广播电台工作真是一个难得的机遇。就在我离开电台的头一天，我还专门找到了这位都被大家称为李局长的领导，说起到电台工作的事。李局长快人快语，说只要部队同意你转业，我们一定接收。我仿佛吃了定心丸，回到部队后整天想的都是转业到地方的事。总算取得医院同意，1976 年 3 月，我怀着到甘肃人民广播电台工作的满腔希望和热情，脱下穿了 8 年的军装。医院还派一位叫吕大福的协理员送我到兰州，帮助办理有关工作安排的一些事情。吕大福也是陕西人，在部队时我们就非常熟悉，关系也很好，有他专程送行我打心眼里高兴，也深为医院领导对我的关心而感动。

谁料来到兰州，当我们再到甘肃广播电台找那位李局长时，这里的领导和人事已经发生了很大变化，原来支左的李局长返回了部队，广播局和电台领导中换了不少人，到电台工作一下子成了泡影。曾经认识的

一些老编辑在为我惋惜的同时，也都劝我别着急，等电台领导班子稳定了再说。

面对这种情况，我只好住进了甘肃省委组织部招待所等候分配。正好招待所的李所长我们曾相识。那还是在电台工作那阵，我随一位老记者专门采访过李所长，还为他们写过稿件。这位李所长是位抗美援朝时期的老兵，也是个热心助人的好人。凑巧的是他也是位河南人，就是在这位河南热心人的帮助下，才为我后来的工作铺平了道路。

住在招待所的那段日子里，少不了常会见到李所长。一天上午，我又来到李所长的办公室，只见他正和一位五十岁开外的老同志交谈。一见我，李所长忙对那位老同志说："哎，你们那里要不要人，他是刚从部队下来的，在广播电台干过，能写文章……"老同志打量了我一眼，说了声："回去问问吧，看他们要不要人。"说完也便告辞了。后来从李所长那里知道，这位老同志姓樊，是省总工会的汽车司机，专门给领导开车。原以为李所长委托的事，也就是同他随便说说，我并没有放在心上，更不要说抱什么希望了。

过了三四天后的一天下午，突然一位楼层服务员敲开我的房门："快，李所长在办公室等你呢！"我急匆匆赶到位于招待所一楼的李所长办公室时，除李所长外还有两个干部模样的人。他们都面带笑容，两人的目光不停在我身上转来转去，我的心也怦怦跳个不停，不知道究竟发生了什么事。李所长也没有作介绍，两人中一个操陕北口音的大高个儿，问了问我的一些情况，并说道："听说你在广播电台干过，文章写得不错，我们顺便来看看。"还没等我说什么，他们便起身与李所长告别，临出门还与我握了握手，可什么也没有说就离开了。他们走后李所长才告诉我："他们是省总工会的，两人都是组织部的干部，大高个叫王正义，是樊师傅向工会推荐了你，他们今天是专门来目测你的。""工会是干什么的？"我禁不住问道。李所长只说是个群众团体。我不知怎么一下子想起了部队成立的军人俱乐部，便脱口而出："是不是就是专门组织工人打打球，演演节目搞个娱乐活动什么的？”李所长笑了笑说：“也许干的就是这些事吧。”我们彼此一笑，谁也再没有说什么。

又过了几天，我似乎对这次见面都有点淡忘。一天上午大约10点钟，我正在招待所院子的报栏前看报，李所长突然喊我。走进办公室，上次见到的那个大高个也在，他说：“我们已经研究过了，接收你到省总工会工作，明天上午就到省总工会报到，先到组织部找我。”这当儿李所长和我都有点惊讶，李所长忙不迭地说着感谢的话，我却愣愣地站在一旁，一时没了话说。大高个又说：“省总工会恢复组建不久，正需要人，更需要一些年轻的同志，欢迎你和我们一道工作。”说着还用劲握了握我的手。李所长让我一直把他送出招待所大门，我一直目送他消失在茫茫人流之中……

也就是在这天晚上我失眠了，我暗暗庆幸遇到了李所长，庆幸遇到了樊师傅，庆幸遇到了大高个，这么顺当就为我安排了工作，我从内心深深感谢他们。

这天晚上让我一夜无眠的还有，工会工作到底干些什么，我去了能干好吗？能适应吗？明天去报到，迎接我的将会是什么呢？我辗转反侧，直到天快亮时，才蒙蒙眬眬有了一些睡意……

二

1976 年 7 月 16 日，我第一次走进了东郊巷，第一次踏进了甘肃省总工会的门槛，从此再也没有离开过这里……

在似睡非睡的蒙眬之中，我被一阵紧似一阵的刷刷雨声惊醒。

推开住房的窗户，只见大雨就像断了线的珠子倾盆而下，甘肃省委组织部招待所的院子里都已泛起了水泡。抬头望去，天空堆积着块块铅色般的云层，不时被一道道银白色闪电划破，还伴着一阵阵隆隆的雷声炸响。显然这是场突来的暴雨，也是我到兰州遇到的第一场大雨，不免有点惬意和惊奇。

想到这天上午要去甘肃省总工会报到，我急忙收拾好房间，洗漱后便出了门。夏日的天气真是说变就变。当我来到招待所大院，此时已雨过天晴，金色的朝阳洒满一地，积水的地方还一闪一闪放射出五颜六色的光彩。兰州夏天的清晨凉爽宜人，加上刚刚下过雨还颇有些许凉意。此时李所长已带领几个服务员在院子里忙碌着，有的在清理院内的积水，有的在清除飘落在院内的纸屑和杂物。我早就知道李所长是个闲不住的人，每天早上 6 点钟就上班了。凡是住所的客人，清晨 6 时刚过就能听到一阵阵的清扫声，那准是李所长又在打扫招待所的院子。每天清晨人们总能看到他在卫生间清理卫生的身影,让全所职工和许多客人常常称赞不已,我也常被他的这种精神所感动。

与李所长打了声招呼,我连早饭也没顾上吃,就离开招待所向省总工会赶去。雨后的兰州,空气中弥散着一股湿漉漉的潮气,道路两旁洒满雨滴的树叶在阳光的映照下,仿佛珍珠般闪烁着一道道色彩。被称为东岗西路的马路上车来人往,马路两边东来西去的自行车流仿佛两条望不到头的长龙,成为这座城市清晨的一道亮丽风景。尽管正是上班高峰,但道路上丝毫看不到交通拥堵的情况,上班的人们,有骑自行车的,有步行的,有乘公交车的,来往车辆中除了一些小汽车、大卡车外,最多的还是公共汽车,因为那个年头,还没有出租车,连个蹬三轮车的也没有。按说东岗西路当时已是兰州市的一条东西向主干道, 路面还是很宽阔的,可这里仍依稀可见早先的偏僻和荒凉, 后来才听说这里也曾是兰州郊外。因此,道路两旁几乎见不到现代都市的高大建筑,沿途尽是一片连着一片、一排挨着一排的低矮平房,不少平房还显得陈旧破烂。没有一般城市所特有的喧闹,信步走去令人生出些许清静平淡之感,陡增对这座城市的几分眷恋。

其实,省委组织部招待所到省总工会也就十来分钟的路程。穿过东岗西路当时唯一现代化的建筑, 被人们称为反修馆的甘肃省政府礼堂,再往前走不足 500 米,就是当时名为农民巷的路口。那时的农民巷实际上就是一个不大宽敞的小胡同。巷道中间一条水泥路在阳光的映衬下,仿佛懒洋洋地伸向尽头,道路两边刚被雨水淋过,斜坡还留有水流淌过的痕迹。也许是时间过早的原因,整个巷子来往行人寥寥无几,透出一股城市少有的静寂。

往农民巷北面前行不足 50 米,猛地让人眼前一亮:一座颇具欧式风格的五层大楼别有一番景致。大楼坐西朝东,灰砖青瓦。尤其是大楼的门脸和窗户设计精巧,图形别致,给整个小巷平添了浓浓的现代化气息,也俨然成了巷道的一道风景。这就是甘肃省总工会的办公大楼。后来才听说这是 20 世纪 50 年代,兰州市建筑的为数不多的几座大楼之一,图纸还是由前苏联专家设计的。

记得当天早上，当我站在这座大楼前，面对“甘肃省总工会”的牌子，想着今后将要在这里工作、生活，一时间心情久久难以平静，但对工会究竟干什么，仍是似知非知，脑子里总是理不出个头绪，只能是猜测着，揣摸着。走进办公楼，传达室的一位老师傅急忙迎了出来，老师傅看上去五十多岁，瘦矮个，长型脸，一口地道的兰州话，举手投足倒显得干净利索。知道我的来意后，老师傅立时多了一些热情，忙笑着说：“你先坐这等一会儿，上班还早着哩。”说着便拿起暖水瓶一边向外走一边说：“你坐着，我去打壶水，马上就回来。”还没等我应声，他已经向楼道外面走去。这当儿我顺手翻着桌子上的几份报纸看了起来。不一会儿楼道里响起了一阵脚步声，我想准是老师傅打水回来了，忙起身朝门外走去，接过了老师傅手中的暖水瓶。一进屋内老师傅又是忙着要给我倒水喝，又是拿起一块抹布在室内的窗台、桌椅上擦了起来，一看就是个闲不住的麻利人。交谈中我知道了老师傅姓付，在省总工会传达室值班兼收发已经好些年了，也算得上是工会的老人了，因而说起工会的事滔滔不绝。似乎在与他的交谈中，我开始悟出了工会工作的一些道道，心头不时泛起一些兴趣和遐想。

老付师傅告诉我：“离上班还有 30 来分钟，过一会儿上班的就来了。”看得出他是怕我着急。我接过话茬说：“老师傅，我先到院子转一转，等上班了再过来。”付师傅真是个热心人，指着楼道旁的一道门说：“就从这出去，后院子是个花园，好看着哩。”走到院子果然另是一番天地，院子虽然不算太大，但一个用绿色栏杆围起的花园十分引人注目。花园里以牡丹为主的花卉争相吐艳，还有一片黄花在阳光的照耀下泛起一片橙黄橙黄的光。花园里还有一畦畦韭菜、小葱，挂着晶莹透亮的水珠，令人多

少感受到了一些田园似的风光。特别是花园中间的一棵梨树杆粗叶茂，被雨水淋过后显得油绿油绿，枝头上挂满沉甸甸的果子，静静地掩藏在碧叶之间，一束阳光洒在圆圆的树冠上，随着微风发出“沙沙”响声。偶尔有几只小鸟落在枝头上，懒懒地停上一会儿又鸣叫着展翅飞去。挨着大树不远的地方，一个葡萄架俨然是一个黄绿相间的长廊，密密麻麻的葡萄树叶直扑扑一直落在地上，架子上一串串还未成熟的葡萄就像绿珍珠悬吊在枝头。此情此景真让人有点心旷神怡，深为闹市中能有这么一片幽雅休闲之地而感叹。

当我为花园的景致所陶醉而流连忘返之时，一个年近六旬的老人拿着喷雾器走了进来，先是给几处的鲜花喷洒农药，接着又拿个小铲子为几畦菜松了土，还把那棵梨树下散落的一些树叶和杂草收拾得干干净净。从打走进花园，老人一直都在忙着干活，并没有发现我的存在，直到我走到他身边喊了声“大爷”，老人才抬起头来。布满皱纹的脸上露着笑容，一边点着头，一边说：“昨晚下了场雨，花开得更鲜更好看了，你今天可是头一个来赏花的。”老人一口浓浓的兰州方言，说话中间仍然没有停下手里的活，一看就是个很地道的务花工。显然他是把我当做来逛花园的人了。于是我与老人攀谈起来，原来老人姓王，从省总工会成立起就做勤杂工，后来有了这片花园他就成了一名务花工。从王师傅的介绍中得知，别看省总工会这么个小小花园，却成了农民巷一大景观，每到夏秋季节，周围来这里赏花休闲的群众真不少，特别是每年深秋有不少人还从老远地方赶来这里观赏菊花。看得出说到这些时老人颇有几分得意，嘴角上、眉宇间都堆满抑制不住的笑容。

深深吮吸着花园里清香四溢的空气，我沿着花园边上的栏杆继续向大院深处走去。花园正对面是一幢三层小楼,看上去小巧玲珑,与前面的办公大楼遥遥相对,从建筑风格上看同样不乏欧洲情调,又有花园相衬,似乎更有一些情趣。就在小楼不远的拐角处,一座小礼堂映入眼帘,从外观上看,小礼堂建筑堪称别致,菱形窗棂,悬空的阳台,显得别具一格,整个院内的建筑浑然一体,相得益彰,工会组织当年的气派也可见一斑。

漫步在工会大院内,一股对工会向往之情在我心头油然而生,想到新的工作和生活将从这里开始,内心深处泛起丝丝甜蜜。大雨过后的太阳似乎格外清亮金黄,整个工会院内都笼罩在金灿灿的阳光之中。此时三三两两的人陆续走进办公大楼,上班的时间已经到了。我便走进办公大楼,按照头天老王交待的,来到位于三楼的老王的办公室。我轻轻敲了两下门,屋内便传来“请进! 请进”的回应,从那浓浓的陕北口音中,我已经听得出这就是老王的声音。推开虚掩的房门,我一眼就看到老王就坐在正对房门的一张办公桌后。我看了看屋内, 大约有 20 多平方米的面积,足足摆满了五六张办公桌。此时屋内只有老王一人,其他人还没有来上班,看得出老王早就到了办公室。当我进屋时,老王正拿着一个馒头一面吃一面看案头的文件,整个屋子里散发着一股异味。见我进来老王忙站了起来,放下手里的馒头笑着说:“馒头里夹了点臭豆腐,是不是闻到了一些味道。”我只是笑没说话。接着老王就指着他对面的一张办公桌说:“你来了先坐这儿, 待熟悉一段时间再分配到其他部门去工作。”我连连点着头。这当儿办公室陆续来了几个人, 看上去都是年过五十岁的老同志。老王把我一介绍给他们, 我站起来向他们点头致谢, 他们每个人也都满脸笑容, 连连说“欢迎,欢迎”,让我感受到

了亲切与温暖。就在这时老王拨起了桌子上的电话，听得出他是在和有关人员通话，联系有关我住宿的事儿。放下电话后老王告诉我说："总务上的人这会儿外出办事了，下午再安排你住宿的事。"说着还顺手递给我一本书，"到工会了就得对工会工作有点了解，抽空看看这本书，学习一些工会的基本业务知识。"接过书我就仔细翻阅起来，从目录上看都是些工会工作的基础知识，对我这样一个对工会毫无了解的人来说真能用得上。过了一阵老王又说："上午部长出去开会了，下午来了后再去见见部长，他会给你介绍有关情况的。"老王的和蔼可亲让我少了一些拘束，交谈中他问了我在部队和家乡的情况，也许都是陕西人的缘故，从他的话语中我感受到一分长兄般的亲情。

由于是老王同志把我领进了省总工会，上班后又和他同在一个办公室，办公桌还是面对面，所以平时与老王的交往自然要比别人多。我也把他当做老大哥，不管是工作上还是生活上有什么事，总忘不了要找这位老大哥说说。在越来越多的交往中，我也知道了老王原来在甘肃省委工作过，"文革"后恢复组建工会时调到了省总工会，一直在组织部工作。时间久了我与老王成了很好的朋友，星期天、节假日我几乎成了他家的常客，有时一下班上他家蹭饭也是三天两头常有的事。老王两口子都是热心人，时不时地还帮着张罗我找对象的事，在我心里他们比我的亲人还要亲，这份亲情至今深深埋在我的心中。

80年代初，老王就被提升为省总工会组织部的副部长，那时尽管我已被分配到其他部门工作，可与老王之间的关系越来越亲密。不久老王又提升为省总工会组织部部长，之后一年多的时间，老王去了北京，说是到中央统战部帮助工作。一年之后又重新回到了甘肃省总工会。大约到90年代初老王又调到了省上一个部门工作，这期间我们虽说也有电话往来，但见面的机会远比过去少多了。令我至今遗憾的是，一次出差归来，突然得知老王已经去世，可我竟然连他的追悼会都没能参加，悲切之情长时间都无法从心头抹去。

尽管从老王把我领进省总工会，我在这里已经度过了近40个年头，但我无法忘记：在省委组织部招待所第一次见到他时的一脸笑容；走进省总工会第一天上班他给我那本书时双眼寄予的希望；春节期间他非拉上我去他家吃年夜饭；他急着为我介绍对象，他送给一张张那年头难以求到的电影票，以至帮着我操办婚礼……这一桩桩、一幕幕情景，至今萦绕在我的脑际，成了我常常对往事的幸福回忆和对友人们无尽的思念……

三

走进省总工会上班的第一天晚上，我参加了有关材料写作的讨论会，当场安排由我执笔的一篇文章很快就刊登在了《甘肃日报》上。

就在我到甘肃省总工会报到的那天下午，一见到老王，他就说："走，先去见见部长。"部长的办公室就在老王那间办公室的隔壁。推开房门进去后，一位满头白发、身穿件银灰色中山装，一看就是位老干部的人正在看着案头的文件。这就是时任省总工会组织部部长钟廉清。还没等老王开口，钟部长就笑着说："是新来的小文吧！"说着眼睛一眨也不眨地打量着我。这时老王走了出去，钟部长慢悠悠地和我交谈起来。他也是一口纯正的陕北话，说起话来慢声细语。从面相上看他当时最多五十岁挂零，但浑身上下都透着沉稳和持重。问了我的一些情况后，钟部长说："'文革'中工会组织也被解散了，近几年刚恢复重建，许多工作都刚刚开始。欢迎你们这些年轻的同志到工会来，你经过在部队的锻炼，相信会把部队的好作风带到地方上来。"望着钟部长慈祥而又亲切的面容，我禁不住激动地说："请首长放心，我一定努力工作。"临离开时我双脚立正敬了一个标准的军礼，钟部长微笑着一直送我出门。

后来还是老王告诉我，钟部长是位老工会，原在西北总工会工作，新中国成立之初甘肃省暨兰州市总工会成立时，才从西安调到了兰州，一直在省总工会工作。记得我到省总工会不久，钟部长就提升为省总工会副主席。在之后的接触中，我总是对这位老工会怀着深深的敬意。也许是长期从事组织工作的原因，他平常话语不多，说起话来总是慢条斯理，显得小心谨慎。就像他的名字钟廉清一样，在我的印象里他可真是个一尘不染的老领导。当了副主席之后，外出开会总还骑个自行车，生活上十分俭朴。至今在我的脑海里还留着有关他的不少难以忘却的记忆：

记得有一次，已经担任省总工会副主席的钟廉清与机关的十多名干部，一起到远离兰州的省总工会农场劳动，他和大家一起打通铺，住在一间简陋的房子里，吃的也是自家带来的几样咸菜。

记得一个星期天的大清早，我正在院子的花园里转悠，突然看见钟廉清副主席带着个小孩在后院的猪圈里忙乎着。我忙走过去看个究竟。原来，那年头省总工会也养着几头猪，机关干部每个星期天轮流到猪圈义务劳动。这天他也是来义务劳动的，还说带着小儿子来，就是为了让孩子自小就热爱劳动，自小就受到锻炼。

还记得在出席中国工会十一大从北京返回兰州期间，钟廉清在河南三门峡火车站不慎摔倒，造成小腿骨折，当时我们随行的几个人把他扶到软坐车厢后，小腿已经肿得厉害。尽管他的头上、脸上已经满是密密的汗珠，可从没有哼出一声。晚上几个人轮流照顾他，他却怕麻烦大家，硬是说他没有事，非叫几个人去休息……

现在钟廉清从省总工会副主席岗位退下来已经有十多个年头，我也常能见到他满头白发拄着拐杖散步的身影。有时相遇他还依然是说话慢声细语，依然是那样沉稳，不苟言笑。一年冬天，得知他的老伴病逝，我专门去他家吊唁，这也是我到省总工会后第一次上他家。令我没有想到的是，一个工作了几十年的高级干部，整个家里见不到一样时兴的家具，桌子、凳子、床头、柜子还是上世纪七八十年代的老样式，他的清贫深深刻在了我的印记里。

记得到省总工会第一天下午，从钟廉清部长办公室出来后，老王就

带着我来到办公楼一楼。一走进总务室的门,老王就说:“老芦,上午说的人来了，你帮着安排一下宿舍吧。”被称为老芦的人也是一头白发。当他抬起头时，只见他五十岁开外，方盘脸上刻着深深的皱纹。老芦操着浓浓的山东口音说:“好，这就去办。”说着从身旁的铁皮柜拿了串钥匙,带着我就出了房门。

跟着老芦我们一起来到早晨看到的那幢小楼的最后一个单元,走进楼道后,老芦打开一间正对着楼口的房门说:“就先住这里吧，以后有机会还可再调整。”这是一间不大的房子,最多也只有六七平方米,一张三屉桌子,一个单人床,就几乎把房子占满了。虽然面积小,但室内摆置得体、清爽,倒令人甚感惬意。房子还有个后门,外面是一个长长的屋檐,窗户下水泥砌成的地板,是个纳凉、休息的好地方。看到这些我心里暗暗高兴,不住地说:“谢谢领导,谢谢领导!”老芦笑着说:“可别叫我领导,往后就喊我老芦好了。”说着便与我闲聊起来。当知道我老家在陕西长武县时,老芦竟然拍了一下大腿,吃惊地说:“真是巧了,我还在你们长武县待过几年哩。”这么一说立时拉近了我们之间的距离,真仿佛有点他乡遇故人的感觉。老芦告诉我说,他在兰州空军某部当兵时,曾在设在长武县一个叫鸭儿沟的雷达站待过两年多时间,对长武县再熟悉不过了。什么我读书的学校啦,我家在县城的地方呀等等,他似乎都清清楚楚。听他这么说,我也笑着说:“那咱们还算半个老乡了,往后少不了麻烦你。”老芦点起一支香烟嘿嘿一笑:“什么麻烦不麻烦的,有啥事尽管说。”接着从那串钥匙上解下房门上的钥匙交给我,“走,再到食堂那儿看看,往后就在那里搭个伙,几个单身都在这里吃饭。”

食堂就设在礼堂的一楼。一走进食堂,就看见一位高高个子、胖胖身材的老师傅正在和面。老芦一进门就开了腔:“王师傅, 晚上吃什么饭啊? ”王师傅一面和着面,一边抬起头来说:“还能吃什么,拉条子呀,怎么,你晚上来吃吗?我可没有和上你的面。”说着放下手中的面团,接过老芦递过去的一支烟抽了起来。老芦把我介绍给王师傅:“这是新分配来的同志,今后就在这里吃饭。”王师傅的目光在我身上盯了好一阵子,忙说:“好啊,好啊。”这时我才听出王师傅说着一口武威话。也就是从这天下午起,我在这个食堂里吃了近四个年头的饭。其实在这里吃饭的没有几个人,除了省总工会几个单身职工外,还有省妇联、省贫协的几个人,因为那时妇联、贫协与工会在同一个楼上办公。尽管吃饭的人加起来也不足10个人,可王师傅还是变着花样为大家改善生活。他有一手好厨艺,最拿手的就是揪面片、拉条子。现在我还记得,每当拉面条时,他的双手和肚子几乎同时都在抖动。王师傅是个热闹人,爱开个玩笑,每每吃饭时就成了我们最开心、最高兴的时间。特别让我感动的是,有不少次星期天我因回来晚了,误了开饭的时间,可王师傅常常总是等着我回来,有时免不了几句嗔怪,但总是等到我吃完饭他才离开。记得80年代初,机关食堂就停办了,往后就很少见到王师傅。有一次在农民巷路口偶然见到他时,只见他架着双拐,一步一步向前挪行,我连忙上去向他问好。此时的王师傅比过去老了许多,也瘦了许多,见到我他还是一脸笑容。原来他患糖尿病已经多年,不仅久治不愈,而且还出现并发症。我也祝他多多保重,争

取早日康复。就此一别我再也没有见到过王师傅,再后来得到的就是他已经去世的消息。如今,当年省总工会机关食堂的原址早已被新的建筑所代替,可每每路过此地,总会勾起我对往事的回忆,王师傅风趣、幽默的笑容,拉面条时那颇有些舞蹈动作的样子,便会浮现在眼前。也许现在省总工会知道他的人没有几个,但我却常常念想着他,因为我吃着他做的饭度过了四个年头的单身日子。人常说吃水不忘掘井人,何况是吃饭,岂能忘了做饭人呢?

也就是在到省总工会的第一天下午,老芦带着我刚走出机关食堂,就见老王在院子里连连向我招手,我加快脚步急忙走了过去。老王说:“晚上8点钟,省总领导召集几个人开会,专门研究写材料的事,让你也参加。”一听这话我立时犯起难来:“我初来乍到,啥情况都一抹黑,能参加吗?”还没等我说完话,老王笑着说:“正因为刚来,才让你参加呢,了解了解工会工作的情况也好啊。”说着老王还告诉我二楼会议室的具体地方。

兰州的夏天天黑得特别晚,快8点钟了,太阳还高高挂在天空,蒸烤得大地火辣辣的。因为是头一次参加领导召集的会议,我还是早早就到了。因为离开会时间还早,我便到院子里的花园里乘会儿凉。也许当时正值吃晚饭的时间,整个大院静悄悄的,花园里除过偶尔有几声沙沙的树叶声外,显得格外的静寂。我站在那棵大梨树下,一片树荫遮挡带来的阴凉,让浑身都有了些许清爽和凉意。8点还差几分钟的时候,我来到了二楼北头的会议室。这时门已经打开了,我敲了敲门,一个正在往茶几上摆放茶杯的小伙子转过身,笑眯眯迎了上来。只见他个头不高,身材微微有些发胖,圆嘟嘟的脸上挂满微笑,一双大大的眼睛显得非常有神。一见到我,他笑着说:“请问,你是……”还没等他说完,我就说:“我姓文,是今天才来报到的。”他听后忙说:“知道了,知道了,前些天就听说了。我姓高,今后就叫我小高吧!”小高名叫高益群,当时是省总工会一位领导的秘书,讲一口漂亮的普通话,也是个单身汉,就住在院子后边的小楼上,只是他住在另外一个单元。由于都是年轻人,小高比我大两岁,后来我们平常来往较多,也就成了很好的朋友。加之当时又都是单身汉,一有空就聚

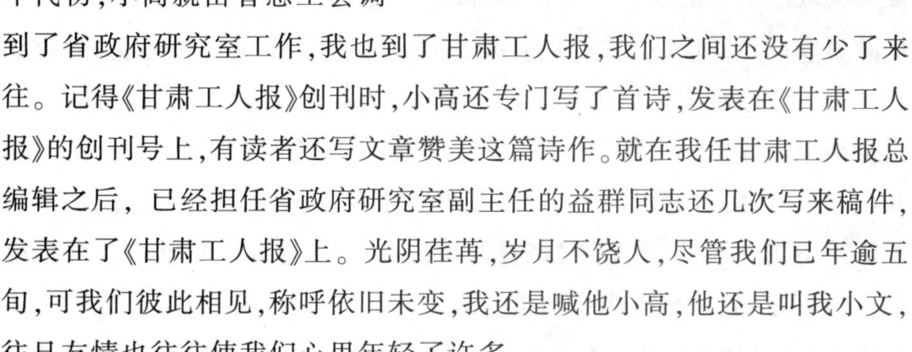

在一起聊天。小高酷爱读书，写得一手好文章，尤其写个领导讲话什么的真是拿手好戏。我也常常向他请教有关机关文书的写作问题。大约是在80年代初，小高就由省总工会调到了省政府研究室工作，我也到了甘肃工人报，我们之间还没有少了来往。记得《甘肃工人报》创刊时，小高还专门写了首诗，发表在《甘肃工人报》的创刊号上，有读者还写文章赞美这篇诗作。就在我任甘肃工人报总编辑之后，已经担任省政府研究室副主任的益群同志还几次写来稿件，发表在了《甘肃工人报》上。光阴荏苒，岁月不饶人，尽管我们已年逾五旬，可我们彼此相见，称呼依旧未变，我还是喊他小高，他还是叫我小文，往日友情也往往使我们心里年轻了许多。

这天晚上，小高一边说着话，还一边给我递过一杯茶来。我正想着问问晚上研究什么材料，小高却先说了起来："晚上省总领导召集几个人开个小会，主要是要以省总工会的名义给《甘肃日报》写篇文章，听说你在部队从事过新闻宣传，还在省电台干过，这不就让你也来一起商量。"正说着当时主持省总工会工作的领导走进会议室，我与小高都站了起来。小高忙把我介绍给这位领导："这就是新来的小文。"说着又对我说："这是张主任。"我还是按在部队养成的习惯，双脚立正行了个军礼。这位张主任握着我的手笑着说："好，好，小伙子很年轻啊！"说着便在中间的一个沙发上坐下来。不大一会儿又有几个人来到会议室，张主任便主持开会，研究起了写材料的事。

原来，当时全国还处在"文革"的后期，政治运动的火药味依然很浓。正是为了配合当时正在进行的一项运动，需要以省总工会的名义写一篇文章，并力争在《甘肃日报》刊登出来，以表明工会对这一运动的态度。大家你一言我一语谈了起来，从文章的主题、结构、涉及的具体内容，谈得非常热火。我认真听着每个人的发言，还不时作着记录，心里虽然也暗暗琢磨着这篇文章究竟该如何写，但考虑自己刚上班第一天，啥都不清楚，就一直没敢说一句话。倒是那位张主任突然冲着我说："小伙子，说说你的想法。"我立时紧张起来："我刚来，得好好向大家学习，说不上有什么想法。"这时小高快人快语："主任让你说，就说说吧。""怕是说不好。"我还是自言自语说着，又看了看坐在沙发上的张主任。他依然笑着说："没什么怕的，说错了也不要紧。"于是我只好说："那我就说几句吧。"其实此类有关政治运动的表态文章，我在部队时也写过，应该说大同小异。我便从对运动的认识，工会在这场运动中担负的责任和应有的态度，工会在运动中应该进行的重点工作等几个方面，把自己对这篇文章的写法一一说了出来。我也注意到，就在我发言时，张主任不时点着头，在座的其他几位同志也都投以赞许的目光。等我发完言，张主任站了起来说："小伙子说得不错，思路很清晰啊！"其他几位也都说：这篇文章就按照这个思路来写。我一时不知是紧张还是激动，头上、手上都冒出了汗水。张主任又说："怎么样？年轻人，这篇文章就由你先来写，然后大家再来讨论。"看着大家充满信任的目光，我又能说些什么呢？接着小高把一套文件塞给我："看看这些文件，了解点有关精神，我看你准能写好。"我只好笑着点了点头："那我就先学着写吧，完了再请各位老同志修改。"

就在这天晚上，也是我住进省总工会宿舍的第一个晚上，我失眠了，几乎一夜无眠，满脑子都是写文章的事。好不容易熬到天亮，我一大早就来到办公室，找了几份《人民日报》、《甘肃日报》看了起来，了解当时运动开展的情况和宣传报道的重点。由于一个晚上几乎打好了腹稿，看完报纸我就埋头写了起来。当老王来到办公室时，我已经写满了好几页纸。了解情况后，老王倒兴奋起来，"上班第一天就把这么重要的任务交给你，行，行，一定要完成好。"似乎他显得比我还高兴和自豪。还朝着我挤了挤眼："正好，上午我出去办点事，你就抓紧写吧，免得我在这儿干扰你。"说着就离开了办公室。

整整一个上午，我都在埋头写稿，还不到下班时间文章就写完了。我又反复看了几遍，把一些改动较多的地方抄清楚，急忙找到小高办公室，把文章交给他。小高惊讶地说："这么快就写完了？"说着一页一页翻看起来。还说："我这就送领导审阅，下午你等我的回话。"离开小高办公室，我的心里一直犯嘀咕，连中午饭都没了胃口，一直担心着文章是否通得过。下午上班一会儿，小高就打来电话："小文，快到我办公室来一下。"我来到小高办公室，一进门小高就说："文章主任已经看过了，认为很好，就是把工会的有关内容再加上一些，我已经按领导要求加好了，现在就送打字室打印后，马上送甘肃日报社。"我连忙说，送甘报社我去，在部队时我常去报社，还认识几位老编辑。小高一听更是眉飞色舞，连说："那太好了，那太好了！"当天下午我就拿着打印好的稿件去了趟甘报社，庆幸的是这篇文章第三天就在《甘肃日报》二版发表了。那天小高叫上我，拿着刊登了以省总工会名义发表文章的报纸，去见张主任。他看到后满脸笑容，还连说了几句夸奖的话，我也深为自己到省总工会迈出的这第一步而暗暗高兴。

四

到省总工会一个多月后，我参加了省总工会举办的工人理论队伍培训班，还联合甘肃电视台录制了这期一线工人理论学习的专题节目。并带领十多名培训班学员深入玉门油田学习调研，与企业职工一起联系实际，学习理论，专门召开学习理论心得交流座谈会。期间，突闻毛泽东主席逝世，在玉门油田设置的吊唁大厅，我与培训班的学员们一道参加了吊唁活动，我们每个人都流下了止不住的悲痛的泪水。

刚到甘肃省总工会工作那阵，在全国范围内刮起一股宣传生产一线工人登上讲台，学理论、搞批判之风。一时间，省总工会便酝酿也要办一期工人理论队伍培训班，以适应这一形势的需要。没过多久，就办起一期有三十多人参加的理论学习培训班。那时，我还在省总工会组织部工作。一天早上刚一上班，钟廉清部长对我说："省总办理论队伍培训班，抽你去工作一段时间，对你了解工会工作也大有益处。"我二话没说，满口答应。

第二天，记得就是8月下旬的时候，兰州的天气还是格外的热，我便找到了培训班的有关负责同志，了解具体工作任务。实际上培训班由主持省总日常工作的领导主要负责，具体事务和日常工作则由高益群和另一位姓徐的同志承担。见到小高后，他兴冲冲告诉我："是领导点了名，要让你参加这期培训班。"接着他又对我说："培训班共有三十多个人，都是来自全省各大企业的一线工人，打算分成两个班，由我当其中一个班的班长，另外一个班是由一位姓王的女同志当班长。”

这天下午，就有学员前来报到。学员们的住宿就安排在大院后面那幢小楼的第一个单元，当时这里也曾作为省总工会的招待所。记得由我负责的那个班的十几名学员，来自兰化公司、兰州炼油厂、兰州石油化工机器厂、兰州钢厂、兰州铁路局、白银八〇五厂和白银公司等企业，大都是一些年轻的工人，一个个朝气蓬勃，其中也有两个近五十岁的人。他们都是企业生产一线岗位的职工。从与大伙的交谈中，我强烈地感受到他们对能到省总工会学习培训既高兴又自豪。得知我是从部队刚转业到地方工作，也许那年月人们对解放军的敬意与爱戴，让我感受到了他们的别样热情。当他们一个个喊我“文师傅”时，开始还真有点不习惯，一听见“师傅”二字就感到别扭。后来听多了不但不再别扭，反而有了几分亲切。学员们就在省总工会机关食堂就餐。那时没有什么会议饭、招待饭，更没有什么宴请之类的风气，大伙吃饭也都是自己买饭票，凭饭票在食堂打饭吃。那些天可真让食堂王师傅忙乎了一阵子，虽说他做的还是几样家常菜，主食除了蒸米饭，就是拉面条，但毕竟一下子多了二三十个人吃饭，王师傅一天三顿饭下来还是十分辛苦的。有时也能见到总务科的老芦，和花园的王师傅到食堂帮忙，帮助摘菜，洗碗，样样都干。

培训班学习的都是与当时政治运动有关的内容，省总工会还为每个学员配发一些学习材料，并从外单位请人给大家作了几次辅导。别看这些都是来自生产一线的车工、翻砂工、冶炼工、电工、泥瓦工等等，不仅学习起来肯用功、善钻研、爱思考，讨论发起言来还真说得头头是道，理论上是一套一套的，那口才、那激情，常常让我感佩不已。于是，在我所带的这个班，我建议大家把自己的学习体会写成文章，并在学习的教室里办了个专栏全部张贴出来。这样另一个班也办起了学习园地，学员中形成了比学习、比发言的浓

厚氛围。一天上午,省总工会主抓此项工作的领导专门来到学员中间,蛮有兴致地了解学员们的学习情况。得知大家学习的劲头很足,又翻看了学习专栏里张贴的心得体会,更是笑得合不拢嘴,他说:“谁说我们工人就只能拿榔头,出苦力,我们照样能写文章,照样能搞大批判。”说着还转过头对着我说:“你不是在电台干过吗?应该联系一下,把我们这个培训班报道出去。”从他的话语与神态中看得出,显然是把这次培训班视为得意之作。按照领导的要求,我很快就与省广播电台和省电视台联系。听说是报道工人理论队伍的情况,电台和电视台的同志都来了兴趣。尤其是电视台的同志立即就策划起来, 提出搞一个工人学理论的专题节目,我当即连声赞同。当我把这一情况向省总领导汇报后,他们无不高兴地说:“这是好事啊,抓紧办,越快越好”,还明确由我负责落实。我与高益群及负责另一个学员班的老王同志很快就进行了商量。电视台新闻部的同志对这次报道非常重视,特意到省总工会研究现场录像的具体问题,共同商定在省总工会礼堂的会议室,举行工人学习理论的专题讨论会,由电视台现场录像。我们从两个班的学员中共选了8个人,作为讨论会的重点发言人。70年代,电视还不十分普及,听说电视台要来培训班录像,学员们一个个显得格外高兴。尤其是8个准备在讨论会上发言的学员心情更是激动,精心写起了自己的发言稿。有几个人还把写好的发言稿交给我,非要我帮他们改一改。我也毫不推辞,对每个人的发言稿都认真看了一遍,有的还确实提出了一些意见,有的也动手作了修改。当我把这些发言稿交给高益群同志审定时,他却连连摇手说:“我就不看了,这方面你比我有经验。”

没过两天,名为“甘肃省总工会工人学习理论座谈会”就举行了。那天,省总工会机关的一些干部也参加了座谈会。培训班的学员们个个都显得格外精神,每人都拿着学习笔记本早早到了会场。记得电视台那天也来了好些个人,在会场上架起了两三台设备,足以证明对这一报道的重视。座谈会上,发言的工人倍来精神,声音洪亮,很有气势,真有一股子工人阶级的虎气。会场上那气氛、那激情让在场的人无不叹服,电视台的同志更是连声叫好。记得好像是在座谈会后的第三天晚上,电视台就播

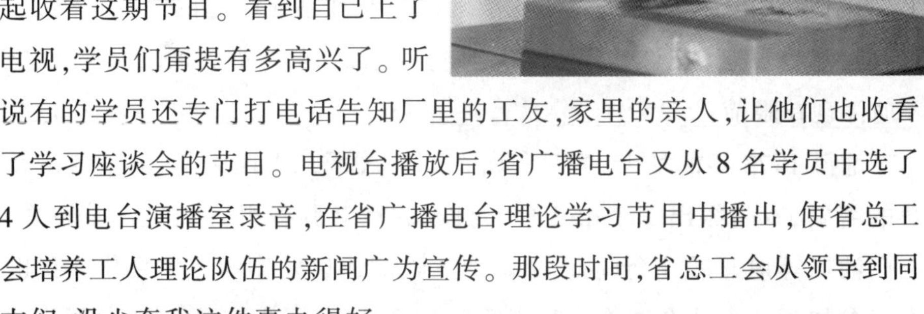

出了实况录像。那天晚上，有省总工会机关的同志，有培训班的学员们，大家挤在省总工会办公楼一楼的放有电视的会议室里，一起收看这期节目。看到自己上了电视，学员们甭提有多高兴了。听说有的学员还专门打电话告知厂里的工友，家里的亲人，让他们也收看了学习座谈会的节目。电视台播放后，省广播电台又从 8 名学员中选了 4 人到电台演播室录音，在省广播电台理论学习节目中播出，使省总工会培养工人理论队伍的新闻广为宣传。那段时间，省总工会从领导到同志们，没少夸我这件事办得好。

按培训班的安排，集中一段理论学习后，要组织学员们深入基层，开展理论宣讲，带动各企业重视培养工人理论队伍的工作。当时将学员队伍分为两路，一路由我带领深入玉门油田，一路由老王同志带领到张掖、武威一带的铁路企业。这里我不得不说一说这位老王同志。刚到省总工会工作不久，我就认识了这位年近半百的老王同志，她叫王砚茹。记得她当时在工会女工部工作。她留给我的第一印象是待人十分热情，别看快五十岁的人了，走起路来还是一路小跑，说话办事干脆利落。就在我们一起办培训班期间，老王同志可没少关照我，知道我是个单身汉，时不时从家里带个牛奶糖呀、小吃呀，总会塞给我几个。后来尽管我们不在一个部门工作，业务上来往也不多，80 年代初她也就退休了，但她待人的热情，她对我初到工会时的关心，深深嵌在我的脑海里。因此，现在有时偶尔见到她，我总是忘不了向她问好。记得一次，我在农民巷见到她时，她还推着自行车，那时她已经是七十来岁的老人，依然是一脸笑容，依然是快人快语，身板依然硬朗，就连头发也似乎只有些许花白。我忙对她说："这么大年纪了，还能骑自行车，可得小心啊！"她却笑着说："没事，身子骨好着呢，我也是为了锻炼身体。"分手时，我还是说："毕竟上岁数了，还是小心点，上街最好不要骑自行车。"她冲我一笑："好，好，谢谢关心啊！"可当我们握手告别，我再回过头看她时，她仍然骑上自行车走了，只不过她骑车的速度要比别人缓慢得多。

我带着十多名学员是坐火车赶往玉门油田的。记得当天晚上，我们是9点钟左右从兰州站踏上西行列车的。上火车后，把一切都安顿好后，学员们都各自在自己的铺位上休息了。可那天晚上，我躺在火车的卧铺上，眼睛望着车顶，耳里听着车轮滚滚的声音和不时响起的汽笛长鸣，一点儿睡意也没有。也许是我曾两次到过玉门油田的缘故，过去的一些往事不时浮现在眼前：

记得1973年的秋天，当时我所在的解放军二十四医院，为了政治教育的需要，专门派出一个由5个人组成的社会调查组，到酒泉、嘉峪关、玉门油田等地开展社会调查，了解地方经济建设发生的巨大变化。我也有幸参加了这次社会调查。我们第一站到达的是酒泉，通过酒泉军分区与酒泉地委有关部门联系后，安排我们到酒泉的金塔县、三合公社等处深入村社、农民家庭，了解生产生活情况。那时“左”的东西盛行，所到之处无不告诉我们的是对“文革”的称赞。一天，安排我们到一户老乡家吃饭，虽说自己得拿钱和粮票，可老乡们还是尽力做些好吃的招待我们，无非就是炒个鸡蛋，或者洋芋丝什么的，主食也就是当地的手擀面。老乡一家人的热情令我们十分感动，每当给我们盛上面条时，做饭的大娘站在一旁，面带笑容看着我们吃饭，还不时地往每个人碗里夹着菜。她身边的小男孩大约五六岁的样子，紧紧抓着她的衣服，眼睛一眨也不眨地看着我们，还不时用嘴咬着手上的大拇指。我们几个人再三让他们一起吃饭，大娘只是说，不急，不急，我们过会就吃。但从孩子的眼里，我们明明能感受到，大娘是舍不得让孩子吃上一口的。也许为了我们这顿饭，用了她们一家几天才能吃上的白面、鸡蛋和菜。可我们谁也不好问些什么，说些什么。好在我们一起有几个女同志，她们随身带的挎包里都有些零星小吃，临走时，几个人都拿出一些糖块递给一直站在大娘身边的小孩。小孩先是怯生生地望着大娘不敢拿，直到大娘笑着说：“还不谢谢解放军叔叔和阿姨。”小孩才接过了手中的糖块，我也顺手把身上的一支圆珠笔送给了小男孩，他拿着蹦蹦跳跳就跑远了。也不知为什么，这么多年过去了，我永远没有忘记小男孩望着我们吃饭时那一双又大又圆的眼睛……

要说那次社会调查，记忆最为深刻的当数玉门油田了。过去我听说过有个玉门油田，详细情况却是一无所知。直到那次去油田后，才知道这里是我国最老的油田，是中国石油工业的摇篮，铁人王进喜就是从这里走向大庆油田的。记得在玉门油田，我们参观了新中国成立前石油工人住的破窑洞，踏访了玉门油田第一个矿井老君庙油矿，还到了几个钻井和采油的作业现场。热情的主人还安排我们参观了距玉门几十公里外的花海农场，介绍了油田职工自力更生、艰苦奋斗的感人事迹。这次社会调查结束后，我们写出了专题调查报告。由于报告由我执笔，所以在医院召开的调查汇报大会上，我代表调查组作了汇报发言，在医院上下引起了强烈反响。也正是通过这次社会调查，玉门油田在我脑海留下了挥之不去的印象。

人生往往总会有一些意想不到的机缘。令我没有想到的是，我第二次走进玉门油田竟是在送一位伤病员去酒泉解放军第二十五医院的途中。

那是 1974 年深秋的时候，我随部队医疗队深入到位于中蒙边界的马鬃山边防部队巡回医疗。这时，有一支地方水文队也为解决边防部队的生活用水问题，正在这里钻探打井。一天晚上，已是深夜 11 时左右，我们居住的边防部队营部的房门响起一阵急促的敲门声，我一骨碌从床上爬起来，打开房门一看，原来是营部的通讯员。他连门也没进就说："打井队发生了火灾，有人被烧伤了……"没等他把话说完，我就抓起药箱飞也似的出了门，与通讯员一起朝着打井队驻地跑去。

深秋的戈壁，夜黑得伸手不见五指，一阵接着一阵的风呼呼刮个不

停,裹着浓重的寒意扑面而来。好在打井队离边防部队驻地不是很远,约摸十分钟我们就来到了打井队的作业现场。只见几顶帐篷里灯光还亮着,显然是大家还都在为抢救伤员的事忙乎着。有几个人正在帐篷外急燎燎等着我们的到来,一见到我几个人几乎同时激动地说:“可把你们盼来了。”说着就把我和通讯员一起领进了帐篷。只见一个人直挺挺躺在床上,痛苦地呻吟着。我仔细看了看伤情:伤员面部、手上都被烧伤,若不及时处治,很容易引起感染。我当即为伤员涂上烧伤膏,并做了必要的包扎后,便对打井队的负责人说:“烧伤病人必须马上送医院治疗。”听完我的话,打井队的负责人久久没有说话,双眉几乎拧成了疙瘩。原来这个打井队来自张掖平原堡,全队十多个人,也没有配属医务人员,又远离单位,送伤员到医院去面临不少实际困难,就连送伤员的车辆也没有。看到这种情况,我对通讯员说:“送伤员的事我们来想办法,请他们做好准备,最好当晚就走,越快越好。”于是我与通讯员又急匆匆赶回部队驻地,向有关领导作了汇报。部队领导当即决定,派一辆吉普车连夜将病人送往酒泉二十五医院,并由我陪同前往。就这样,午夜1时许,我们就驱车向酒泉疾驶而去。

一路上,伤员时续时断的呻吟声紧紧揪着我的心。司机是位年轻的战士,车开得又稳又快,还不时地询问着伤员的情况。当天边露出曙光之时,司机告诉我到了一个叫公婆泉的地方,距酒泉还有好几百公里呢。太阳已经升得老高了,我们的车辆继续在戈壁滩上疾驶,沿途几乎见不到一处村舍和人烟。大约早上10时左右终于来到了一个公路养护道班,附近还有个小小的商店。司机似乎与道班的养路工很熟,停下车后便端来两缸开水,又从小商店里买来两包散装的饼干,这时我们三个人都有些饥肠辘辘,我连忙扶着伤员喝了几口水,又把几块饼干塞到他尚能动的手里。他肯定是头天晚上也没能吃上饭,拿起饼干就吃了起来。中午时分,我们到达了玉门镇。司机告诉说:“这里有边防部队的接待处,中午就在这里吃点饭再赶路。”于是,我们便来到了部队的接待处,说是接待处,实际上就只有一间房子,两个战士,主要任务是负责为部队采购蔬菜、食品等物资,遇有顺车再带回部队。平常两人也是自己做饭吃。我们的到来，让两个战士立时忙了起来，一个忙着和面，一个忙着洗菜，这里的菜，除过几棵大葱，也就是几棵白菜。不一会儿，就炒了一盘醋熘大白菜。和面的战士，动作麻利地揪了一锅面片，然后把炒好的白菜往面里一倒，一锅热腾腾的汤面片冒出诱人的香味。当时，伤员仍然躺在车里的后座上，我首先端碗面片要喂着他吃，可他说什么也不肯，硬是要坐起来，斜靠在座位上坚持自己吃，还怪不好意思地说："太麻烦解放军了，往后要好好感谢你们啊！"后来我也知道伤员的老家就在酒泉，在酒泉住院有家人照顾方便多了。

吃完饭我们也不敢停留，告别两位战士，离开玉门镇继续赶往酒泉。可走出玉门镇大约一个来小时，眼看就要进入玉门市了，也就是玉门油田的所在地，司机突然停下车来，说是车出故障了。他打开车头上的盖子，查看了好一阵，头上冒出密密汗珠，当时他好像说是车轴出了问题，再也无法跑了。这里前不着村，后不着店，路上来往车辆也很少，我一时真是着起急来。还是司机沉着冷静，他说："看来只能到玉门油田求援了。"好在这里距玉门市还很近，我们便站在公路边拦挡车辆。那年月解放军挡车还是比较容易的，终于一辆大卡车开过来了，还是一辆玉门石油管理局的车辆，司机是位四十多岁的老师傅。当我们说明情况后，老师傅也打开车头的盖子看了看说："必须到汽修厂修理。"于是热心的老师傅便把我们的汽车一直拖到了玉门石油管理局修理厂。修理厂的领导热情接待了我们，并说这事还得向局长汇报一下。他又带着我们来到了玉门石油管理局机关。记得当时一个高个儿的人接待了我们，了解情况后，当即说马上安排专人抓紧修理，如果时间来不及，先由修理厂派车把病人送到酒泉，等汽车修好后再开过去。听到这话我感动得真不知说啥好，离开时我与司机几乎同时向他们行军礼表示感谢。就这样，由玉门石油管理局派汽车把我与那位伤员送往酒泉二十五医院。第二次走进玉门油田，玉门人热心助人的风格给我留下了美好的记忆。

真没料到，我第三次走进玉门油田时，已经是甘肃省总工会的工作人员，而且是带着工人理论队伍来到这里调研考察。来到玉门油田后，管理局工会的同志为我们的各项活动做了十分周到的安排，又是到生产现场实地考察,又是与一线工人进行座谈。记得有一天晚上,还在玉门油田水电厂由企业与我们工人理论队伍联合召开座谈会,共同交流学习理论心得,水电厂一些工人理论骨干的发言让我们也受到了很大教育。在玉门油田期间,安排我们住在据说当年专门为苏联专家修建的招待所里,房间全是木地板、席梦思床,条件还是很好的。那时招待所房间还没有电视。一天中午,突然油田的大喇叭上广播下午中央广播电台有重要新闻,请大家注意收听。"文革"的年月里,动不动就有重要新闻广播,当时我们满以为又有毛主席的最新指示发表。不一会儿局工会的领导也急匆匆赶来说:下午就不用下基层,刚才通知有重要新闻广播,等听完广播后再说,我们也都赞同。大家守在房间里期待重要广播的时刻。记得好像是下午4点时,广播终于响了。出乎我们意料的是,广播里首先播放的是一段哀乐,然后播音员用低沉悲伤的声音播出了毛主席逝世的消息。噩耗传来,我们十多个人顿时都惊呆了。播音结束后,我们每个人都静静地在屋子里站着,谁也不说一句话,大家久久地沉默着,沉默着,每个人都流着眼泪,突然我们当中不知是谁说了声:"毛主席怎么能去世啊!"立刻我们的房间里响起一片哭声,我们每个人都哭出了声。这天下午,我们聚在一起没了说话声,就连晚饭谁也吃不下去,整整一个晚上大家都沉浸在无比的悲痛之中……

好不容易熬到了天亮,一大早我就走出了招待所。只见整个油田树枝上、大楼上、一些高大建筑物上,都挂上了白花、挽幛,笼罩着一派悲哀

肃穆的气氛。正在我静静沉思之时，局工会的领导走了过来说："上午10点，油田在工人文化宫举行哀悼毛主席仪式，请调查队的同志一起参加。"我连忙返回招待所把这一消息告诉了大家。我又派人到了局工会专门找来白纸，大家守在一起动手做起了白花。上午9时30分，我们十几个人排着队，带着自己做的白花，来到了油田设立的悼念厅。一到大门口，工作人员又为我们每个人佩戴上黑纱，我们排成一行站在悼念厅中央，望着毛主席的巨幅画像，听着悲伤的哀乐，我们和在场的每个人一样都流下了止不住的悲痛的泪水，有的甚至放声大哭。我永远也不会忘记，就在毛主席逝世的第二天，我在古老的玉门油田与玉门油田的干部职工一起参加了悼念毛主席的活动，用泪水寄托了对毛主席的无限深情……

就在参加完悼念活动的当天晚上，我们一行十多人就乘火车返回兰州，次日上午，一到兰州我又与省总工会机关的同志一道投入了一系列的悼念活动中。

五

大约到省总工会四五个月之后，我被分配到省总工会宣传部工作。部长张汉民是位从全国总工会调到甘肃的老工会，他的夫人也来自全国总工会机关，巧的是她也姓文。期间他们给了我很多帮助、关爱甚至是器重，让我深深感到我遇上了一位好部长。

就在悼念毛主席去世的那些日子里，省总工会也确实忙乎了一阵子。按上级要求，每个单位二十四小时都得安排值班，还为每个值班人员配发了枪支。我和几个单身同志，几次被安排值夜班。那时正值9月天，每到晚上还是颇有些寒意。工会还专门为我们配发了黄军大衣和手电筒，要求晚上必须在机关院内来回巡逻，令人多少感受到当时气氛的紧张。

记得就在悼念毛主席逝世的活动结束不久，一天早上刚上班，钟廉清部长就把我叫到了他的办公室，他仍是那样不急不慢地说："按省总领导的意见，也考虑到工作需要和你的特长，决定分配你到工会宣传部工作。"说到这儿，钟部长用征询的眼光望着我，接着又说："宣传部可以说是工会的门面，年轻人到这里工作是大有作为的。"我一边点着头一边说："部长放心，我一定会好好干，不辜负组织的希望。"

离开钟部长办公室后，我刚一推开我所在办公室的门，老王似乎正等着我，"部长给你谈了吧，要安排你到宣传部工作。"还没等我在办公桌前坐下来，老王就笑着说。我刚点了点头，老王又说道："宣传部是省总工

会目前人最多的一个部门，好几个人都是工会的老人，工作很有经验。把办公桌的东西收拾收拾，下午就到宣传部去上班。”这时，办公室其他几个同志也都围拢过来，你一言我一语的，不是说宣传部有多好，就是说宣传部工作多重要。说实话，虽然在组织部工作了还不到半年时间，突然要到另一个部门，还真令我有点依依不舍。

宣传部办公室就在省总工会机关的一楼。由于都在同一个机关，前几个月工作中也打过一些交道，因此这天下午一上班，我就直接前来报到。来到一楼北面尽头的一间大办公室时，只见门虚掩着，开启的门缝里透出一束亮光。我轻轻推开房门，迎面的是位五十开外的女同志，瘦小身材、瓜子脸，一头齐耳短发，上身一件米色开襟羊毛衫，下身一条银灰色裤子，身披一件深灰色外衣，一副老花镜架在鼻梁上，正在整理案头一大堆文件。听见有人进来，她连忙抬起头，并顺手取下眼镜笑着说：“知道你要来，办公桌都已安排好了。”说着还指了指屋内尽头的一张桌子说：“就先坐在这儿，部长说等有了新的办公室再做调整。”我一边点着头，一边朝着办公桌走去，并环顾了一下整个办公室，四周都放着柜子，加上四五张办公桌，把本来很大的一间房子挤了个满满当当。这时，正在整理文件的女同志说：“张部长和部里几位同志前几天都去农场劳动了，听说明天就回来，这几天就剩下我一个人了。”我也忙站起来说：“现在有什么需要帮忙的吗？”她却连连说：“不用，不用，就是一些文件归整归整，没有什么大事。”只见她一会儿装订文件，一会儿又在登记本上做着记录，一刻也没有停下手来。

其实，还没到宣传部之前，我就知道这位女同志叫夏仁雅，家就住在省总工会对面的新华社甘肃分社，爱人是甘肃分社的社长。在机关大伙都称她夏大姐。尽管她在宣传部做一些管理资料、文件之类的内勤工作，但由于她为人热情，处事待人很讲原则，而且还有较高的政治理论水平，

因此，平时大家都对她十分尊重。夏大姐看上去身体不大好，可工作起来却很认真，平常办公室打扫卫生、提个开水什么的她都是带头去干，每天总是把办公室搞得清清爽爽，大家看完报纸她也总是整理起来放在报架上。办公室的同志们，也都把她看做是管家人，有什么事也都愿意找她商量。夏大姐就像个黏合剂，把部门的同志都紧紧凝聚在一起。要是在工作中大家发生一些争执，或意见不一致的时候，不管是谁都希望夏大姐来评评理，也往往是夏大姐说番话，争论双方不管是谁有理，便都不再说些什么。其实夏大姐并非和稀泥，她说起话来总是是非分明，因此让大家心服口服。常常就是她的一句话，让一时争得面红耳赤的场景顿时烟消云散。

在后来的工作相处中，我更体味到夏仁雅大姐是个极富爱心的人，日常生活中对我们年轻人总是特别的关爱。到宣传部工作不久，她便和部门的几个同志老是关心着我的婚姻问题，三天两头总要问问情况，也没少张罗着给我介绍对象。就在我与现在的爱人刚谈对象那阵，一年春节她特意让我们到她家过年，说是请我们吃过年饭，其实就是帮我拿主意。我们结婚时，虽然没有请客吃饭，大操大办，可婚礼仪式还是要举行的。夏大姐不顾体弱多病，前前后后帮我忙了好几天。我的女儿文晶出生后，夏大姐更是没有少关心。记得孩子百日那天，她把我们一家三口接到她家，又是吃饭，又是给孩子送礼物，她的老伴夏公然社长也忙得不亦乐乎，还特意为女儿照了百日纪念照片，至今这张照片我们还保存着。现在我已经记不清夏仁雅大姐哪年退休的，退休后她很少到过机关。开始我们在农民巷还见到过她，再后来，就听说她与夏社长一起回到浙江老家了。这些年来，虽然没有关于夏仁雅大姐的一点消息，可随着岁月的流逝，回首往日的生活，我总是深深思念着夏仁雅——这位在我工作和生活的道路上，曾给过我不少帮衬、关心的可亲、可敬的老大姐。

到省总工会宣传部工作的第三天早上，还没到上班时间我就来到了办公室，其实夏大姐也早就上班了。一见到我她就说："张部长昨天晚上已经从农场劳动回来了，一会你就能见到。"我笑着点了点头，就忙着与夏大姐一起打扫办公室卫生。就在我弯着腰正在拖地的时候，张部长已经站在我们面前。我还没来得及抬起头来，张部长带着一口浓重的湖北乡音笑呵呵地说："欢迎你到宣传部来工作。"说着还紧紧握了握我的手。从他充满喜悦和信任的眸子里，我感受到了亲切与真诚。

张汉民部长我早就认识，工作也曾有过接触。因为不在一个部门工作，过去很少有说话的机会。看着他走出我们的办公室，我便放下手中的拖布，跟脚进了部长办公室。一见我进屋，他就笑着说："你可是我要到宣传部的，听说你在部队就搞宣传，往后工会宣传工作是有些干头的。"说着用手指了指桌旁的椅子让我坐下来。我一边落座一边说："刚到工会工作，什么也不懂，今后还请部长多帮助、多关心，我一定努力向大家学习，把工作干好。"张部长满意地点着头，脸上始终都挂着慈祥的笑容，还蛮有兴致地与我聊了起来。他问了我一些部队工作时的情况，尤其对老家还有什么人，祖籍在哪里，家乡的文姓是否很多似乎颇有些兴趣。在交谈中，我也了解到，张汉民部长是湖北武汉人，早先在全国总工会轻工业工会工作。他的爱人也姓文，是河南省许昌人，原来在全国总工会做财务工作。上世纪60年代初，由于遭受三年自然灾害和当时"左"的路线的影响，甘肃省内的严重灾情，引起党中央极大关注，并派出中央工作团赴甘肃解救饥荒，解决问题。张汉民部长当时就随中央工作团一起到了甘肃，后来也就按中央的决定，与工作团的一些同志一起留在了甘肃，再也没回到全国总工会。留在甘肃后，先是在甘肃省委党校工作，后来又曾调到甘肃省物资局所属的一个公司工作。这时，他的一家全都到了兰州，夫人文秀英也与他安排到同一个单位工作。1971年，工会组织恢复重建时，由于

张部长曾在全国总工会工作过，因此又调到了省总工会，参与了甘肃省总工会恢复重建的各项工作。从此便与甘肃工会结下不解之缘，直到退休再也没有离开过甘肃省总工会，没有离开过农民巷。张部长有三个孩子，记得一个儿子当时在白银一家企业子弟学校任教，年龄还长我一岁。两个女儿，大女儿在兰州金融系统工作，小女儿在兰州钢厂工作。张部长的家就住在省总工会院内的家属楼上。知道这些情况后，我对眼前的这位老工会，油然而生几分敬意。特别是当知道张部长的夫人与我同姓时，真有点他乡遇故人的感觉，一丝亲情禁不住涌上心头，也似乎感悟到了张部长对我姓文那掩饰不住的兴趣。

在以后的工作中，我深深感受到张汉民部长是一个工作作风十分严谨的人，工作起来一丝不苟，要求十分严格，容不得半点马虎。凡他经手的材料，连个标点符号的错误也不放过，有时挑剔起文字材料来，到了近乎苛刻的程度。因而部门的几个同志，每当把自己写的材料送给张部长审定时，没有一个心里不犯嘀咕的，也没有一个人所写的材料没有被挑出毛病的。那还是我到宣传部工作不久，部里安排我们下企业了解职工的思想动态。记得部里一位叫赵振民的老同志，带着我去了兰州通用机器厂、兰州棉纺厂、兰州手扶拖拉机厂、兰州炼油厂、兰州钢厂等企业。那个年月可比不上现在，下基层单位还派个车辆，或者要去的企业，要么派车接送，要么安排宴请什么的，凡是到企业，下基层，近一点的就自己骑自行车或走路去，远一点的就乘公交车或长途车去，更谈不上企业接待宴请的事。有时实在太远赶不回单位，非得在企业吃饭，也只能是到职工

食堂，自己拿钱、拿粮票吃个便饭。就是跟着老赵同志下基层的那次，记得一天上午，我们乘公交车先是来到位于兰州市七里河区的兰州通用机器厂了解情况，忙完工作后已是中午11点钟左右。按原计划这天下午我们还要去兰州手扶拖拉机厂，虽然也在七里河区，可与兰通厂却是相反的方向。离开兰通厂后，我们便商量随便找个地方吃点饭，然后再去兰州手扶拖拉机厂。那时候也不像现在饭馆遍地都是，所有饭馆不是国营就是集体的，找个吃饭的地方并不容易。走出兰通厂大门，道路两边看不到一个饭馆，我们只好沿着道路边，一边走着一边找着。当时正是兰州的冬天，满天灰蒙蒙，地上雾腾腾，还不时刮着阵阵寒风，一个劲地顺着脖子往身上钻，寒风迎面扑来，脸上更是生疼生疼的。也许是老赵同志在兰州待久了，早上出门时就穿着一件长长的大衣，还围了一条长长的驼色毛围巾。看见我还只穿着从部队下来时的黄军衣，也没有戴个帽子，围个围巾，他便关心地问道：“冷了吧，你穿得太少了，看脸都冻青了。”说着就要把自己的围巾从脖子上取下来让我围上。我一边连忙推辞，一边笑着说：“不冷，不冷，我年轻扛得住，过去在部队时，比这冷多了，我们都不怕。”嘴里是这么说着，可心里却在想：部队待的地方冬天比这寒冷不知要多几倍，可那时外出，皮大衣、皮帽子、皮毛鞋又是多么防寒啊，今天就穿个薄衣、薄裤、单皮鞋，还光着个头，不挨冻才怪哩。

约摸走了近半个小时，都快要到兰州西站一带了，终于看到了几个饭馆。老赵同志带着我走进一家卖饺子的小店，还好里面吃饭的也没几个人，本来不大的店铺中间还放着个火炉子，一进屋内，一阵热气迎面扑来，顿时让人暖和了很多。我们找了个紧挨火炉的地方坐了下来。心细的服务员也许看到我们太冷了，先是端上两碗冒着热气的饺子汤说：“先喝点热汤驱驱寒，饺子马上就上。”我俩都被服务员的热情打动，连忙点了饺子,还要了两个小菜。等到吃完饺子,加上一碗热汤下肚,浑身上下已经热乎乎的。可当我们掀起门帘走出饺子馆时,天空却飘起了零零星星的雪花,本来就雾蒙蒙的天,更像铺上了一层厚厚的幕布,黑沉沉地压了下来。这里距我们要去的兰州手扶拖拉机厂还有不短的一段路程,巧的是又不通公共汽车,我们只好走着去。那时下企业,到基层,似乎也不像现在提前几天给企业不是打电话,就是发通知,而是说去就去。所以当我们来到手扶拖拉机厂时,厂部还没有上班,厂工会的门也是紧锁着。我和老赵两个人就在厂办公楼一楼的台阶上坐了近一个小时,一直等到下午的上班时间。在这里了解完情况也就快到工厂下班时间了。兰州的冬天,天黑得很早,等到我们离开兰州手扶拖拉机厂时,夜幕已经重重落下,天空依然飘着一些不大的雪花,房顶上、马路上也依稀能看见一些薄薄的积雪。好在厂门前就有直通市区的公交车,但车站上候车的人已经黑压压的一片,好不容易等来一辆车,我和老赵也夹在拥挤的人群中,硬是你推我拉挤上了车,一直站着到达了西关什字。下车后又只得再转乘1路公共汽车。这里等车的人更是挤得水泄不通,一连等了几辆,我与老赵都没能挤得上去。又有一辆车开过来时,我们总算挤上了车,可两个人头上都布满了细细的汗珠。这也是我头一回尝到兰州公共汽车的拥挤,头一次感受到了群众出行的乘车之难。回到农民巷的时候,天已经黑透,雪花还飘飘洒洒地下着,整个农民巷掩映在稀稀疏疏的灯光之中……

也就是通过这次随赵振民同志一起下工厂调查,使我对老赵有了一些了解。他高个头,方盘脸,戴副眼镜,举止儒雅,说起话来总是笑容可掬,普通话中略带地方口音。虽说当时已年近五旬,可看起来要比实际年龄年轻得多,浑身透出股成熟男人的潇洒气质。他待人的真诚与热情,至今都令我难以忘记。记得我们一起下工厂的那天,一回到农民巷的路口,老赵就说:“走,跟我一起到家里吃饭去。”“不了,食堂有饭,就不麻烦了。”我连忙推辞说。老赵抬起手腕看了看手表说:“已经6点多了,食堂哪还有饭,就不要客气了。”说着就拉着我朝他家走。看着老赵的一片真诚,我既感激又不好再说什么,只好跟着他一起走。老赵的家就住在省总

工会旁边，一幢临马路的家属楼上。刚一敲响房门，开门的是位齐耳短发、满脸笑容的女同志，尽管她腰系围裙，卷着紫红色毛衣的袖子，但不乏职业女性的特有气质。她连忙接过老赵脱下的大衣，看见有客人来，便忙着招呼我。当她把两杯热茶送到我和老赵面前时，老赵介绍说："这是我爱人老魏，是学校的老师。"我忙喊了声"魏老师好"。老赵又对爱人说："这是我们部新来的小文，今天下工厂可把我们冻坏了，快弄点热饭让我们暖和暖和。"魏老师连连说："你们先喝点热茶，知道今天冷专门做了一锅面，马上就好。"说着就到厨房忙去了。不一会儿她又冲着老赵说："你也不早点打个招呼，我好有个准备，家里连个菜也没有。"老赵说："那就有啥吃啥吧，小文也不是外人。"魏老师淡淡一笑，给我们茶杯里添了点热水，还摆上两个糖果和瓜子盒后，又忙着去做饭了。老赵也几次到厨房帮着爱人一起忙活。这当儿我打量了一下老赵家的住房，记得好像是个三居室住房，面积拢共也就六七十平方米。屋内也没有几样时兴家俱，白墙面、水泥地，看不出有什么装饰，连台电视机也没有，倒是大立柜、高低柜、写字台几样旧式家什摆放有致，屋内清爽、淡雅，书香味浓郁，墙上镜框里几幅少女的照片楚楚动人，一看就知是老赵的女儿，整个屋内令人感到温馨、清静。

不大一会儿，老赵就在桌上摆上一碟碟热腾腾、香喷喷的炒菜，什么西红柿炒鸡蛋、大肉炒白菜、醋熘洋芋丝，还有几样自己腌制的小咸菜和一盘花生米。一看这情景，我有点不好意思地说："还说没菜，弄得这么复杂,太麻烦你们了。”老赵喜滋滋地说:“麻烦什么,真是没啥像样的菜,就凑合着吃点吧。”说着还从旁边的柜子里拿出瓶陇南春酒,又在桌子上摆了两个酒杯,一边斟酒一边说:“今天冷,咱们喝两杯。”我忙说:“我从来没喝过酒,也不会喝酒。”老赵挤了挤眼说:“少喝点,没事。”这时,魏老师端来两碗叫人一看就馋的热面片,一碗递给我,一碗递给老赵,还一个劲地说:“不知合不合口味。”这时,老赵问起女儿们为什么还没回来,魏老师说:老大说学校有事回来要晚一点,老二下午4点钟就放学回家了,说是约好要到同学家里去玩,把老三女儿也带去了。这时我才知道,老赵家里有三个女儿,还笑着向他们说:“家里有三千金,其乐无穷啊!”

老赵两口子都是实诚人,吃饭时多次说:“你现在单身,往后有空就到家里来,想吃点什么就说,自己家里方便着呢。”我总是感激地说:“少不了给你们添麻烦。”有了这次在老赵家的晚餐,后来我也几乎成了他们家的常客,尤其是年节假日,老赵总忘不了喊上我上他家去吃饭。有年春节老赵约了单位几个同事去他家做客,当然我也在被邀请之列。吃饭时有一道油炸元宵的菜,我连说好吃。没想到我就这么随便一句话,老赵竟然记在心里。又有一次再到老赵家吃饭时,他特意做了道油炸元宵,老赵还说:“你不是最爱吃这道菜嘛。”一句话倒让我不好意思起来,却也感受到了老赵的有心。在省总工会宣传部工作那几年,老赵在我心里一直都是位可亲可敬的老大哥,他对我很关心,我有啥事也总是找他商量。1979年,我结婚的事就是老赵帮着操办和张罗的。那些天里,就连新房如何布置,婚礼怎样举行,都是老赵跑前忙后操心的。举行婚礼时又是老赵当起了司仪。虽然三十多年过去了,老赵为我们主持婚礼时风趣、幽默的情景至今让我记忆犹新。后来,因工作需要,老赵调任省委组织部招待所副所长,虽然离开了省总工会,但我们之间的来往还依然保持着。一年冬天,我正在白银参加省总工会召开的一个会议,突然传来老赵同志患病去世的消息。当天中午我就赶回兰州,连饭也顾不上吃,直奔他家而去。在临时设置的灵堂里,我站在老赵的遗像前,默默哀悼,久久悲痛无语,往日与老赵交往的情景不时在眼前晃动,直到魏老师含泪走到我身边,我才从悲伤和记忆中回过神来。然而,连续多日我还是沉浸在对老赵同志的思念之中,他的爽朗笑声,他说话的风趣,他办事的利落,总是随着我的思绪翻转不停……

话题还是回到那次我与老赵同志的下工厂调研。结束下工厂调研的第二天,早上一上班,张汉民部长就叫老赵和我去了他的办公室,先是了解了调查的情况,然后要我们把调查的情况尽快搞成材料,并看了看老赵和我,问道:“你们俩谁执笔写啊?”还没等我们开口,张部长对我说:“我看就让小文执笔吧。”这时老赵也说:“对,对,就让小文写。”我有点为难地说:“我怕是写不好,会误事的。”张部长和老赵几乎同时说:“先写吧,完了大家一起研究。”离开张部长办公室,老赵拍了拍我的肩膀说:“没问题,你放心去写,部长是想摸摸你的底呢。”

早就听说张部长是个对文字材料要求十分严格的人,让我执笔写调查情况的材料,当时我的心里还真有点打怵。听老赵说张部长是想摸摸我写材料的底,更让我多了一些担心。我不禁暗暗想:一定得用点心思把这份材料写好,不能头一仗就打了哑炮。于是,整整一个上午我坐在办公桌前,把调查时的笔记本看了又看圈了又圈。中午下班后,在机关食堂吃了点饭,连宿舍也没有回,便一头钻进办公室,又是拉材料提纲,又是选择典型事例,直到下午上班,办公室的同志都来了,我还在一动不动地思考着写材料的事。整整一个下午,我满脑子都是有关材料的结构、框架以至标题等等。直到下班总算理出个头绪后,我便打定主意:“来个通宵大战,确保完成任务。”

那天晚上,天气格外寒冷,一弯冷月挂在天空,仿佛给大地泻下薄薄的银霜,更增添了几分寒气。我没有回宿舍,而是在办公室里赶写材料。整个办公楼内,除了我所在的一楼办公室露出点灯光外,安静得令人不免有些孤寂。偶尔,透过窗户能听到呼呼的

刮风声,看到院内随风摇曳的树影。我埋头写着材料,一刻也没有停下笔来。也许是下午认真构思的缘故,我的思绪就像涨潮的河水,一发而不可阻挡。等到一口气写完材料时,东方已经泛起了鱼肚白,天慢慢亮了。我放下手中笔,站起来伸了伸腰,尽管整整一夜无眠,可我却没有一点儿倦意。我又把写完的材料从头到尾仔细看了一遍,个别地方还做了修改后,才伏在桌前休息了一阵。突然办公室的门开了,我抬起头一看,夏大姐和老赵几乎同时进了办公室。一进门老赵便说:“怎么,昨晚开夜车了?”我一边点头,一边拿起写好的材料送到老赵手中:“我先写成这个样子,请您先看看。”说罢,我便提起水壶去打开水。夏大姐又和往常一样,忙着搞起了卫生。等我打完水回到办公室后,老赵的神情格外高兴和激动:“小文还真是个快手,我粗粗看了一遍,材料还真不错,就送部长看吧。”我让老赵去送给部长,老赵却坚持要我去送,还说可以当面听听部长的意见。

拗不过老赵,我只好怀着一颗悬着的心,敲响了张部长办公室的门。随着部长一声“请进”,我顺手推开房门。张部长这时也正好写着什么,看我进来便放下了手中的钢笔。还没等他开口,我就双手把材料递到他的面前:“材料写出来了,不知道行不行……”说这句话时,我觉得自己从脸上到全身都是热辣辣的,心就像揣了只小兔子一样,一个劲地乱跳,两只手上也都汗沁沁的,真是紧张极了。张部长拿起材料说了声:“这么快就写完了!”然后便仔细一页页翻阅起材料来,由起初的一脸认真,慢慢绽开了笑容,似乎也忘了我就在他的办公桌旁,还不时喃喃自语:“不错,不错,条理很清晰啊!”听到部长这句话,我悬着的心总算放下了,也不由得暗暗有点得意。张部长趁着点燃一支香烟的当儿,看到我还在桌旁站着,便高兴地说:“材料写得不错,文字很流畅,材料详略得当,好啊!”说着他还站了起来,深深吸了口烟说:“我再细细看一遍,过会儿有事再找你。”我连连点着头说了声“请部长多多指教”,便离开了张部长的办公室。

回到办公室,我仍然抑制不住满心的喜悦。老赵一见我就问:“怎么样?部长通过了吧!”我笑了笑说:“部长说写得不错,不过他还在细看,通得过通不过,还说不定呢。”老赵挤了挤眼睛说:“我看差不多,要是通不过,材料就退给你了。”听老赵这么说,我心里美滋滋的,坐在办公桌前,激动的心情久久不能平静……

突然一阵清脆的电话铃声响起："小文，到我这来一下。"电话是张部长打来的。放下电话我就来到部长办公室。一进门张部长就说："材料我又细细看了一遍，有的地方做了些改动，总的看，材料还是不错的。"稍停，张部长话头又一转："不过，今后搞材料还要再细心点，稍有疏忽就会闹笑话的。"接着他翻开材料，指着几处划着粗杠的地方对我说："这个地方应该是用逗号怎么能用成顿号呢？这里引用的几个数字也让人产生疑义，显然是标点符号点错了，本来企业产值是几千万元，标点一错竟成了几十万元，这不闹笑话吗？再核查一下……"张部长一连指出了几处由于粗疏而造成的歧义，给了我深深的触动。细细想来，过去写材料，我很少注意标点符号的问题，往往是一段话一点到底，让人看不清是逗号还是顿号。经部长这次一说，标点符号从此深深印在我的脑海里，从那以后，我也一改多年来写稿一个点标到底的习惯。也就是这一次，让我感受到张部长工作的严谨和扎实的文字功底，打心眼里敬佩这位老工会、老部长。

也许是头一份材料令张部长满意的缘故，在后来的日子里，我时时能感受到他对我有着一份特殊的偏爱，往往把部门一些与文字有关的工作总是交给我去做，还为我创造了不少的工作机会和条件。随着时间推移，我们之间交往也越来越多，除了上下级这层关系，似乎彼此间多了一些友情和亲情。当我还是单身时，星期天、节假日喊我去他家吃饭几乎成了常事。尤其是每年春节除夕之夜，他必定让我到他家一起吃年夜饭。直到我结婚成家，有了孩子后，张部长夫妇还没有忘记叫上我们一家大年三十晚上和他们全家一起过年，也总是要给女儿发份压岁钱。后来张部长离开宣传部，到了省总工会生产部、研究室，以至退休，我们还一直保持着密切联系，因为我忘不了在我们相处的日子里，张部长和他们全家对我的帮助、关心，这番情意我和我的家人会一辈子铭记的。记得一年春节，张部长一家去了女儿所在的河北过年。大年三十晚上，部长爱人专门打来电话，向我们祝福春节。我爱人接过电话，两人还没说几句，不知是思念，还是过于激动，电话两边竟然都哭了起来。春节过后张部长一家回到兰州，还没有忘记给女儿文晶补上早已准备好的压岁钱。2011年正月初九，女儿文晶出嫁，尽管我们没有怎么操办，但我与爱人包括女儿一起商量，无论如何也得告知张部长老两口，女儿文晶从小到大他们没少疼爱过。就在女儿出嫁那天，年已八十高龄的张部长兴冲冲来了。一见到张部长，女儿一声“张爷爷”的亲切呼喊，两人便紧紧相拥在一起，我看到了老人家脸上写满了幸福和微笑。我与爱人为老部长敬酒，他高兴地说："我都八十多岁了，像这些事近几年很少参加，但文晶结婚我非来不可。”一番话说得我们夫妇热泪盈眶，我深深记着老部长和他的一家给予我们的这一份弥足珍贵的友情、亲情……

六

分配到省总工会宣传部工作不久，我便亲历了粉碎“四人帮”那个令国人震惊激动的岁月，还曾代表省总工会在省直机关召开的揭批“四人帮”大会上发言。并就粉碎“四人帮”后职工的思想动态，深入一些厂矿企业做了大量调查，写下了不少情况反映，有的被全国总工会和省委有关方面编发，报到中央和省委领导参阅。时任中共中央组织部部长胡耀邦和时任甘肃省委书记宋平都分别在我所写的情况反映上做出过批示……

到省总工会宣传部没几天，我就对工会工作产生了浓厚的兴趣，因为我强烈地感受到，工会宣传工作与我所喜欢的新闻报道和写作工作不仅相似，而且工会就是一个取之不尽用之不竭的新闻富矿。因此，我便打定决心要在这里好好干一番，而且凭着年轻人一股子热情和盛气，每天都沉浸在兴奋和忙乎之中，似乎满眼都是吸引我的新闻，手头总觉得有写不完的稿件。

一天早上，我还是与往常一样起了个大早，看到离上班的时间还差一个钟头，便走进院内花园转悠了一阵。此时，深秋的朝霞透过花园里已经发黄斑驳的树叶，给园子里染上一抹淡红色的光辉。虽说兰州深秋的清晨已有丝丝凉意，但徜徉于花丛绿草之中，令人觉得心旷神怡。

突然传达室的付师傅一边朝着花园走来，一边喊着："小文，你的电报，加急的呢！"我顿时从欣赏清晨秋光的陶醉中猛醒过来，急匆匆向着付师傅跑去。"好像是老家来的加急电报。"付师傅一边说着一边把电报递到我手里。我着急得连句感谢的话也没顾上说，就慌忙打开电报："母病故，望速归。"顷刻，犹如晴天霹雳迎面袭来，我的脑子几乎成了一片空白，泪水已经溢满了眼眶。拖着沉重的脚步走到办公室时，好在上班的同事们还没有到，我禁不住趴在桌子上呜呜哭了起来，而且陷入了深深的自责之中……

在我 12 岁的时候父亲就去世了，是母亲一手把我拉扯大。由于我是家里最小的孩子，哥哥在外省工作，两个姐姐都已出嫁，所以自小父母对我疼爱有加。父亲去世后，我与母亲的生活就靠哥哥每月寄回的 15 元或 20 元来维持。虽说不上富裕，但那个年月每月有 20 元左右的生活费，在一个小县城日子还是过得去的。哥哥待我也特别有情意，除了每月给母亲和我寄生活费外，有时还单独为我寄上 5 元或 10 元的学习费，这样我手头平常都会有一些零用钱。我就用这些钱订了《中学生》、《萌芽》等杂志，常让一些同学羡慕不已。母亲平常对我更是关心备至，有好吃的总是留着让我吃，在穿戴上也从不亏待我，在平常本来就不宽裕的生活费中，还三天两头要塞给我一些零花钱，买个学习用品或看个电影什么的。从懂事起，尤其是从父亲去世后，我就把对母亲的爱深深埋在心底里，并常以优异的学习成绩作为对母亲的回报。我从小作文写得好，竟成了母亲经常向街邻炫耀的地方，还动不动带着我帮一些邻居的大叔、大妈代写家书。在妈妈的眼里，我往后肯定是个能上大学的料，因而供我读书就成了她的整个心思。那年我是背着妈妈去报名当兵的，待到一切都定下来后，我才把要当兵的事告诉了她。就在离开家的前两天晚上，我约上几个平常要好的同学，一起到我家向妈妈说了我要去当兵的事，妈妈立时满眼热泪,久久都没有说出话来。最终只能是千叮咛万嘱咐我,到了部队一定要好好干。在我当兵的第四个年头,我曾经回家探过一次亲。那也是一连两次收到家里姐姐发来的电报,说是母亲病重,要我速回。为此,部队领导批准我回家探亲,我也归心似箭,终于回到了离别四年的家乡。

我是那年初夏回家探亲的,到家的时候已是下午4点钟的时分。我家离长途汽车站不远,就在县城中心的南大街。一下汽车我也顾不上天气炎热,提上行李就急匆匆往家里赶,心里不停地思量着见到母亲的样子。来到家门口时,我禁不住定了定神,也想着给母亲一个惊喜。大门是虚掩的,我轻轻推开门,只见母亲白上衣黑裤子,正坐在靠院墙的那棵杏树下择着青菜。杏树上已经挂满透出淡黄色的杏子,圆圆的树冠给母亲身上遮上了重重的阴凉。再细看去,母亲头上的白发更多了,显然比四年前苍老了许多。"妈,我回来了!"听到我的声音,母亲这才抬起头来,一看到是我,她连忙把手中的菜甩到地上,急着就要站起来。我忙放下手中的行李,蹲在母亲面前,紧紧抓住了母亲的手:"妈,我回来看你啦!"此时,只见母亲已经泪流满面,不住地说:"回来就好,回来就好,总算盼回来了。"虽说母亲热泪盈眶,可脸上还是溢满笑容。"妈,不是说您有病,治好了没有?"我不禁问道。"能有啥病,你看这不是好好的吗?不说我有病你能回来吗?"听母亲这么说,我也只能是笑了笑,又能说些什么呢?回到老家的那些天里,母亲每天都是乐呵呵的,一天到晚总是有说不完的话,还

带着我不是走这个亲戚家，就是上那个朋友家，仿佛干啥都来了心劲儿。也让我深深感受到了浓浓的母爱。

这次探亲是我军营生活八年间唯一的一次回老家。1976年转业到地方工作后，也曾几次动过回老家的念头，也几次写信告诉母亲，要回家看望她老人家，可总是推了又推，心想等工作稳定一段后再说。不料这次回家竟是在母亲离开人世之后。接到电报的当天晚上，我就踏上了兰州至西安的列车，由于走得匆忙，我是买了张硬座票上火车的，整整一个晚上，我几乎没能眯上一眼，母亲的影子一直在我脑子里打转转。

第二天，火车到达西安时已经是上午9点多钟了，比正点时间整整晚了近3个小时。那个时候，交通没有现在这样方便，由西安开往我老家长武的汽车每天只有一趟，而且是早晨6时30分就发车，我也只好在西安等上一天。记得那时西安到处都是防震棚，不管是街道两旁，还是一些空旷地带，随处都可以见到星罗棋布、各种色彩的帐篷前或坐或躺着的人群，给人一种似乎地震随时都有可能发生的感觉。好不容易终于熬过了在西安的一个晚上，第二天早上5点多钟，我就赶往名为玉祥门的西安长途汽车站，搭上了开往长武的班车。西安距长武三百多公里路程，要是放到现在，也就三个来小时就到了。可那个时候路况很差不说，还尽是一些翻山路，汽车最多每小时就跑个四十来公里。就这样一路上摇摇晃晃，到达长武时已是下午4点多了。走出汽车站，我沿着石子铺成的公路径直向家里奔去。在离家还有几百米远的时候，就已经看到大门上贴着挽联。我的心里登时一阵酸楚，尽量控制着没有让眼泪淌下来。快到家门前时，第一眼看到的就是两个姐姐。她们一见到我，都情不自禁地哽咽着说："就等你回来了，妈临咽气前还喊着你的名字呢。"说着俩人都哭出声来。其实在我还没有到家之前，早先回到老家的哥哥和两个姐姐已经把母亲的后事料理好了，也就是等着我回来送母亲入葬了。到家的第二天大清早，我们便按老家的习俗安葬了母亲。至今我还记得，那天清晨天格外的蔚蓝,一片片火红的朝霞烧红了半边天际,院子那棵杏树上,枝叶染上淡淡黄中透红的颜色,枝头上几只小鸟在啾啾鸣叫。随着一阵噼噼啪啪的鞭炮声响起,我和送葬的亲人们一起,扶着母亲的灵柩缓缓向墓地走去。待到母亲的灵柩缓缓下入墓穴之时,在场的亲人们无不失声痛哭,我的眼泪也顺着两腮奔涌而下,心里就像堵上了一块巨石,深为没有再见上母亲一面而悔恨,久久站在母亲的墓前没能说出一句话来,有的只是流不尽的泪水。虽然已经过去了近四十个年头,但此情此景有时出现在我的梦中,有时浮现在我的眼前,永远沉淀在我的记忆里……

料理完母亲后事的第三天清晨,熟睡中的我,突然被一阵接着一阵的锣鼓声、鞭炮声和口号声惊醒。职业的习惯让我知道,那个年头,只要是敲锣打鼓、鸣放鞭炮、高呼口号,准有什么大事发生。可那几天忙于母亲的后事,加上那时电视、广播、报纸在小县城很难听到和看到,似乎什么消息都闭塞。听着接连不断的锣鼓声、口号声,我一骨碌从床上爬起来,冲出大门就朝大街中心走去。只见街道上已有一些游行队伍,打着“热烈欢呼党中央一举粉碎王张江姚‘四人帮’反革命集团”的横幅标语,并不断高呼着口号。沿街两边的一些机关单位、商业门店也燃放着鞭炮。在县城中心的一面墙壁上,有人正在写着巨幅标语:打倒王洪文、江青、

张春桥、姚文元。我一看写字的人是我上初中时的一位同学,连忙凑到他身边探听究竟。老同学相见,自然少不了一番亲热,几句寒暄之后,我迫不及待地问起了原委。这位叫朱猛虎的同学立时来了几分神气,带着十分激动的口吻说:我们也是昨天晚上才知道的,以华国锋为首的党中央一举粉碎了王洪文、张春桥、江青、姚文元"四人帮"反革命集团,现在把四个人都抓起来了。老同学说得神气活现,我听得心里直打鼓,一时间竟说不出是惊还是喜。"我还得到汽车站那边写标语去,过后咱们再聊。"老同学甩出这句话后,和几个人一起夹起纸张,提着一个装着黑墨的小桶,向我招了招手就走了。直到他们消失在我的视野里,我还在原地站着陷入深深沉思之中。也许多年来关注和从事新闻宣传工作的缘故,此时此刻我急切地想要知道粉碎"四人帮"的有关情况,更为看不到报纸、听不到广播而犯急。我几乎跑遍了县城的主街区,从县邮局到县委、县政府门前,竟然没有能见到一个报栏,更谈不上有出售报纸的地方。就在顺着街道急切寻找的时候,突然县城中心的高音喇叭响了起来,广播的就是关于粉碎"四人帮"的消息,而且是不断反复地广播着。街中心的道路旁、台阶上,商店门前,挤满了黑压压的人群,大家都在静静听着广播。我几乎是屏住呼吸,把播送的消息听了一遍又一遍,在人们争相议论声中,我同样感受到了难以抑制的喜悦和发自心底深处的一丝快意。

听了广播,我仍有点不解渴的感觉。突然眼前一亮,县文化馆就在我的正前方。"文化馆准有报纸",心里想着我便朝文化馆走去。来到门前只见挂着的牌子上赫然写着"上班时间　上午 10 时至下午 4 时"。我干脆就在门前静静等了起来。文化馆的门终于打开了,我们几个等在门外的人都忙不迭地进入馆内。"同志,有今天的报纸吗?"一进门我就忙着向一位女工作人员询问。她抬起头来看了看我说:"今天的报纸还没有到,我们也着急等着哩。"说完,她又朝我笑了笑:"知道今天抢着看报的人多,已经派人到邮局去拿报纸了,没准正往回赶呢。"看得出她也是满肚子都装着高兴。女服务员的话说得我心里热乎乎的,连连向她点头以表谢意。果然如女工作人员说的那样,不大一会儿,一位三十来岁的工作人员,抱着一捆报纸气喘吁吁走了进来,尽管额头上沁着密密的汗珠,可脸上却

挂满笑容。女工作人员也赶忙迎了上去，两人很麻利地打开捆着的报纸，《人民日报》《陕西日报》《解放军报》《光明日报》等报纸一下子展现在大家的面前。女工作人员顺手便抽出一份《人民日报》递给了我，我连个谢字也没顾上说，就打开报纸如饥似渴地看了起来。映入眼帘的首先是一排黑体大字：以英明领袖华主席为首的党中央一举粉碎王洪文、张春桥、江青、姚文元“四人帮”反革命集团。报纸用了整整一个版的篇幅详细介绍了抓捕“四人帮”的情况。就在文化馆长长的阅览桌旁，我整整坐了两个来小时，把那张《人民日报》看了一遍又一遍，差点都要把报纸上的一些话都背了下来，回到家时已经快中午1点钟了，才知道家里人到处找我吃午饭呢。可这会儿我哪顾得上吃饭，满脑子尽都是粉碎“四人帮”的事。

粉碎“四人帮”这在当时真是天大的新闻，我哪还有心思在老家待下去。母亲的后事已经料理完毕，没过两天我就赶回了兰州。一到省总工会机关，上上下下都在忙乎开展揭批“四人帮”的运动。这个时候主持省总工会工作的领导已经发生了变化，一位叫洛林的副主任开始主持省总工会的全面工作。在那些日子里，每天除了学习、开会外，机关也有不少人忙于写大字报，张贴宣传标语，联系实际批判和肃清“四人帮”的流毒。机关内部也一扫往日的沉闷空气，人们久被压抑的热情仿佛一下子迸发出来，机关楼上楼下，楼里楼外，走到哪里都是一片欢声笑语。省总工会机关也相继召开了几次揭批“四人帮”的会议，正是从一些老工会的揭批中,我了解到工会也是受“四人帮”之害的重灾区,不少人饱受了组织被解散,工作被下放之苦。在这期间,我和机关的同志们一道,多次参加了省上召开的一些批判“四人帮”在甘肃流毒的大会,思想上受到了强烈震撼和教育。记得有一天下午快下班时,省总工会办公室的同志通知我说:晚上8点省总工会领导召集几个人开会,研究参加省直机关召开的批判大会的事情。这天晚上,我按规定来到了省总工会二楼会议室,一起来的还有其他三四个人。不大一会儿,主持省总工会工作的副主任洛林同志来到会议室,他一进来还没有落座就说:明天下午省直机关召开批判“四人帮”大会,要求工会派出位代表在会上发言,揭批“四人帮”在工运战线的流毒。趁着洛林同志说话的当儿,我细细打量了就在我面前来回踱着方步的领导:他五十来岁,个头不高,讲一口纯正的陕北话,浑身透出股利索劲。到省总工会机关也有些日子了,但与洛林同志这么近距离接触还是头一次。早就听人说过,洛主任工作水平高,要求非常严格,讲话、办事、安排工作从不拖泥带水。用大家的话说,洛主任安排工作,说起话来总是很“解渴”。这天晚上当面听取洛主任安排工作,果然就像大家说的那样。当时按照洛林同志的要求,大家在一起议了议“四人帮”这些年来在工会工作中的流毒与影响,也凑了凑一些情况和问题。洛林同志一边听着,一边思考着,时而也和大家一起讨论。后来,他便要我们几个人,每人按照所讨论的情况,写一篇批判发言材料,顿时大家也都紧张起来,互相你看看我,我看看你,谁也不说一句话。洛林主任似乎看出了大家的心思,难得一笑地说:“今天晚上咱们就来个现场练兵,谁先写完谁休息,谁写得好明天就让谁代表工会登台发言。”等大家起身都要离开时,洛主任还说了句:“看来今天得来个通宵连轴转, 你们谁要是饿了我这里有饼干。”说着还拿起茶几上的一包饼干扬了几下。大家也都笑了笑,各自回到自己的办公室忙乎去了。

眼看已到了午夜12时, 有个同志已经写好了材料送到了洛林主任的案头,还兴冲冲来到我的办公室说:“我的任务已经完成了,就等着领导审定了。”我抬起头向他投以赞许的目光,又低下头写了起来。接着又有几个人把写好的材料都送到了洛主任的办公室。见此情景我不免也有些犯急，甚至急出了一身汗。直到深夜快1点时，我才把写好的材料送给了洛林主任。走进他办公室，洛主任带着老花镜正在审阅材料。见我进了办公室，他抬头看了看，示意我先把材料放下，还指了指茶几上的饼干说："年轻人饿了吧，吃几块饼干。"我笑了笑说："不饿，不饿"，便走了出来。写完材料的几个人都在自己的办公室里，有的趴在桌子上，有的半卧在沙发里，大家都耐心地等待着。我也仰靠着椅子坐在办公桌前，虽然闭着双眼，但却一点儿睡意也没有。突然有人喊道："小文，洛主任找你。"我立时站了起来，直奔洛主任办公室而去。"小伙子，你这个稿子写得还不错，像个批判稿的样子，不过有几处还需做些修改。"听到这里我不禁心扑腾扑腾乱跳，手心也冒出了汗水。"怎么样，明天的批判大会，你就代表省总工会发言。"洛主任双眼盯着我又说道。我顿时紧张起来："主任，我恐怕不行。""怎么不行，还怯场吗？年轻轻的就得有股子冲劲，我看就这么定了。"洛主任说这句话是一脸严肃，显然是不容置疑。接着我就站在洛主任身边，看着洛主任对我写的那篇稿子，逐段逐段进行修改，有时为一个用词，一句话的表述洛主任是抠了又抠，真是字斟句酌，那股认真劲儿，当时就让我打心底里叹服。就这样，用了一个多小时，总算改完了稿件，洛主任也从座位上站了起来伸了伸腰："好了，年轻人，抓紧去睡会儿

觉，明天可得把言发好啊！"这时，他才想起还有几个同志都等着，忙和我一起走出办公室说："大家晚上都辛苦了，快去休息吧！"这时，已经到了凌晨3点多钟，当我拿着稿件回到宿舍时，不知是兴奋，还是激动，躺在床上久久难以入睡，直到天色大亮也没眯上一眼……

省直机关揭批"四人帮"的大会是第二天下午3时，在当时称为反修馆的大礼堂举行的。还不到下午2时30分，容纳一千二百多人的礼堂里，已经座无虚席，由省直机关各单位组织的职工队伍，把楼上楼下坐了个满满当当。由我代表省总工会的发言排在了第三位。头一回在这么多人的大会上发言，说不紧张是假的，当我走向主席台的发言席时，两腿都有点颤抖。那天洛林主任也坐在主席台上，我走向话筒时，正好看到他双眼一直望着我，还不时地点点头。开始发言时语调也有些发紧，慢慢也就放松了许多，我自己也感到进入了状态。发言的时候越来越有了精气神，语调也越来越有了些激昂。批判大会结束后，一见到洛主任他就说："像个年轻人，有股子虎气。"工会的同志们也夸我说："真有点解放军的气派。"听到领导和同志们的赞许，我也有点仿佛打了胜仗的感觉，心里多少平添了一些自豪。

在揭批"四人帮"的那段日子里，随着运动的不断深入，党中央开始拨乱反正，纠正冤假错案的工作也在展开，一时人们的思想十分活跃。这时，省总工会高度重视职工的思想动态，我所在的宣传部承担起了掌握和了解职工思想情况的主要任务。我也多次深入到一些企业，与职工一起座谈，找个别工人聊天，了解到了职工群众对揭批"四人帮"运动、对当时进行的落实政策、职工群众在企业的主人翁地位、落实劳动模范待遇、重视知识分子、培养工人技术人才等问题的反映，写出不少职工思想动态。之后，领导便把编印以反映职工思想动态为主要内容的《情况反映》的任务交给了我。我欣然接受了任务，并乐此不疲，自己采集和编发了几十期《情况反映》，受到有关方面的关注。我写的关于职工对落实政策的《情况反映》和职工关于对处理好尊重知识分子与落实工人主人翁地位的《情况反映》，还曾得到时任中组部部长胡耀邦和时任甘肃省委书记宋平的批示。胡耀邦批示的那份《情况反映》还曾收入到中央领导关于工会工作的批示之中，全国总工会的有关材料我还曾看到过，可惜当时没有收存下来，现在想起来，仍觉得是莫大的遗憾。

七

在纪念毛泽东主席逝世一周年之际，甘肃人民广播电台联合省总工会，决定约请部分劳动模范和社会知名人士，录制一组怀念毛主席丰功伟绩的节目。领导上把这个任务交给我来完成，我便首先从曾经见到过毛主席的劳模先进中物色采访对象。为此，我走进了著名全国劳模张金榜，全国先进工作者特级教师李景兰，著名秦腔表演艺术家王晓玲之中，了解到了发生在他们身上许多不为人知的故事，并与他们建立了深厚的友谊。

1977年8月中旬的一天上午，上班没多大一会儿，办公室来了几位省广播电台的同志，一进门就说要找宣传部的负责人商谈点事。夏仁雅大姐一边热情招呼，一边便陪着他们去找张汉民部长。夏大姐回到办公室后说，是省电台派人商量有关纪念毛主席逝世一周年宣传活动的事。当时在办公室的几个同志，也都你一言我一语说道，时间过得真快，转眼毛主席去世都一年了，是该搞些纪念活动。正说着办公室的电话铃声响起，夏大姐接听电话后对我说："小文，部长让你去他那儿。""没说啥事吧？"我一边问夏大姐，一边就往外走。走进部长办公室，广播电台的两个人还在，张部长忙着把我介绍给他们。原来他们是想通过省总工会联系一些先进模范人物，录制一组怀念毛主席的节目，在纪念毛主席逝世一周年时播出。张部长对我说："刚才已经请示了省总领导，要求配合电台

同志搞好这次活动，这件事就由你来办，有些具体事你们先商量商量。”听完部长的话，我和电台的同志一起到了我的办公室，商量节目录制的一些具体问题。按电台同志的意见，重点选择几位曾经受到毛主席接见的先进模范和社会知名人士作为采访对象，并帮助他们准备好发言稿后，再由电台录音播出。这样采访劳模和组织稿件的工作也就落在了我的头上，物色采访人选就成了当务之急。部门的几个同志帮我找来了省上召开劳模大会的光荣册，有的同志还向我推荐人选，最后确定了张金榜、李景兰、王晓玲三人作为采访的对象。正是通过采访并组织他们到省广播电台录音，我不仅走进了他们当中，也熟识了他们，在以后的交往中留下了一段段美好而又难忘的记忆……

张金榜是兰州汽车运输公司的客车司机，曾以百万公里无大修的奇迹而享誉陇原大地。他是著名全国劳动模范，又当选过全国人大常委会委员，受到过毛泽东主席等党和国家领导人的亲切接见。为了采访他还真费了一番周折。头一次找到兰州汽车运输公司时，宣传科的同志非常热情地接待了我并与车队进行联系，不巧的是张师傅一大早就出车了。因为是跑长途车，要很晚才能回来。宣传科的同志为我出主意：“要见到张师傅最好在早晨6时左右来，因为他几乎每天清晨早早就会来到车场，做出车前的准备，再晚说不准很难见到他。”我连连点头说：“那好，那好，我明天一大早就来。”宣传科的同志也说：“见到张师傅我们也给他打个招呼，让等等你。”

第二天，我起了个大早，还不到6点钟，我就往兰州汽车运输公司赶。兰州的深秋，早晨已有些许凉意，大地也笼罩在浓浓晨雾之中，刚刚泛起的淡淡朝霞还藏在深深的云层之中。马路上行人稀少，只有环卫工人的清扫声打破了清晨的宁静。来到位于兰州市平凉路的汽车运输公司时，停车场的大门敞开着，整个车场黑压压一片，一辆辆大客车整齐地排成一片，院子里的几盏路灯闪烁着微弱的亮光，把整个车场映照得影影绰绰。也许我来得过早的缘故,偌大的停车场此时竟没有见到一个人。我只好顺着一辆辆停放的客车向车场深处走去。走着走着,突然发现在一辆车前仿佛有人影在晃动。我急忙走近前去,果然有位老师傅正在提着桶为车加水。“老师傅,有没有见到张金榜师傅?”我的话音刚落,老师傅一边放下水桶,一边用毛巾擦着手,抬起头来看了看了我说:“我就是张金榜,你是……”我真有点喜出望外,高兴地说:“我是省总工会的,是特意来拜访你的。”张师傅一边擦着车,一边听着我说话。就在我们交谈中,天也越来越亮,清晨的雾气慢慢散去,透过晨曦我看了看张师傅:中等个,圆脸庞,短平头,一身蓝色工作服,显得特有精神。听我说明来意后,张师傅露出满脸憨厚的笑容,用地道的兰州话说道:“公司宣传科的同志给我说过了,实在对不起,让你跑了好几趟,今天这么早就来了……”说到这儿,张师傅停了停,面部略带难色,接着又说:“看来今天又让你白跑了,这不我马上就要出车。”原本这天是张师傅的休班日,可跑兰州至临夏的班车司机突然家中有事,张师傅临时要跑趟临夏。我问张师傅:“去临夏到什么时候返回兰州?”他说:“路上顺利,下午两三点就返回了。”于是我们商议下午3点左右我再到车场等他。张师傅笑着说:“那就又麻烦你再跑一趟了。”说完就上了车,把车开到离大门不远的地方,迎候乘客上车后,便开出了大门,很快消失在来来往往的车流之中。

按照与张师傅的约定,这天下午还没到3点钟,我就到了兰州汽车运输公司的停车场,迎候张师傅的归来。就在距大门不远处的一个石台阶上,我坐在那儿看着一辆辆满载着客人的长途班车驶进了停车场,可直到下午4点,眼看各路长途客车都陆续到达兰州站,可唯独见不到张师傅驾车的影子。我不由得犯起急来,又是到大门口瞭望,又是在车场内打转,还不时到车场调度室询问。直到下午6点都已过了,夜幕也开始落下,张师傅还没有返回。可这天,我好像是铁了心,无论如何也得等到张师傅。于是我又找到车辆调度室,这里的几个同志说:“张师傅再晚也会回来,要么就到他家里去等吧,准能等到。”我便详细询问了张师傅家的住址,骑上自行车就往张师傅的家里奔去。

离开兰州汽车运输公司停车场时,已过了下午7点钟,整个兰州街头华灯绽放,天已经全黑了。张师傅的家位于甘肃省军区附近的柏道巷一带,对于到兰州不久的我来说,要找这么一个背街小巷还真不那么容易。好在甘肃省军区这个地方我是知道的。就在省军区附近我很快找到了柏道巷,又按调度室的同志告知的门牌号码,寻找张师傅的家。刚走进柏道巷不远,迎面走来一位五十多岁的老人,我忙上前问道:“大叔,有个叫张金榜的师傅家在哪里?”老人是个热心人:“你说的是张劳模吗?不远,就在前面。”说完老人还带着我向前走了一段,指着前面的一个院子说:“就是那家。”我深为老人的热心所感动,连连感谢。老人摇了摇手,笑着便离去了。

目送走那位热心的老人,我推开了张金榜师傅家虚掩着的院门,不大的院子里有一排平房,在一间房子的门口,有位大娘正倚门而望,看样子也是急着等人。“大娘,这是张金榜师傅的家吗?”我急忙上前问道。“是的,是的。”大娘一边答应着,一边看着我。知道我的来意后,大娘忙把我让到屋内,又是让座,又是倒茶,还不停地说:“今天跑临夏,应该早就回来了,不知为啥这么迟了还不见人影,这不我也着急等着哩。”一看就知道,大娘是张师傅的老伴,我们也就闲聊了起来。言谈中,一说起张师傅,老伴半是嗔怪,半是赞许:“开了一辈子的车了,就没有好好休息过一天,更不要说顾家了,不管是刮风下雨,天寒地冻,他把跑车看得比啥都重要。一年到头连个应时饭都吃不上。”说着她指了指桌子上摆的两碟用碗扣着的菜说:“今天还想能早点回来,饭菜都做好了,这不还是凉了热,热了又凉。”正聊着,院子的大门响了,大娘和我都忙着走出屋子,果然是张师傅回来了。我抬起手腕看了看表,已经过了8点钟了。

一见到我,张师傅就显得

有点不好意思，连连说："实在对不起，回来晚了，又让你久等了，还找到家里了。"我也连说："没什么，还是张师傅辛苦了。"大娘一边接过张师傅手中的小提包，一边说："跑个临夏，咋就这么迟才回来，真把人能急死。"进到屋内后，张师傅不紧不慢说起了回来晚的原委。原来，张师傅驾车由临夏返回兰州的途中，打老远就看见几个人在路边招手拦车，原以为是要半途乘车的乘客，张师傅便减慢车速。当车刚停稳，一个满头大汗的中年男子便爬上车着急地说："师傅，我女人犯急病，放命着哩，麻烦帮着往医院送一下，求求你了！"车下的几个人也都你一言我一语说："病人肚子疼得直打滚，动也不敢动，得赶紧送医院。"看着人们着急的样子，张师傅对车上的乘客说："现在有个病人急需抢救，得耽误大家的一点时间，我们去拉一下吧，好不好？"乘客中间有人说："人命关天，我们迟点到兰州算啥。"于是张师傅让车下几人上了车，和他们一道去接病人。然而，病人所在的村子距公路还有十多里路，加之又是乡间土路，行车非常困难，等到接上病人又送到当地县城医院，前后折腾了两个多小时，直到病人入住医院，张师傅才又驾车返回兰州。听完张师傅的一番话，一股敬意之情在我心头油然而生。张师傅的老伴半是嗔怪，半是赞许地说："他老就是这个样子，出车途中不是送孕妇上医院生孩子，就是把一些老弱病残的乘客送到家门口，半路遇个挡车的人，也总是要停一停，只要顺路都得拉上，很少有个准头回家的时候。"

张师傅接过老伴递过的热毛巾，擦了把脸，饭也顾不上吃就与我聊了起来。当回忆起出席全国劳模大会受到毛主席等党和国家领导人接见的幸福情景时，张师傅显得格外激动。特别是说到他作为全国人大代表并被选举为全国人大常委，多次在会上见到过毛主席并聆听过毛主席的讲话时，张师傅满脸洋溢着无比幸福的笑容。还连连说："我一个普通的汽车司机,一个在苦水中泡大的穷人家的孩子,能坐在人民大会堂,和毛主席一起讨论国家大事,真是做梦也没有想到啊!”其实张师傅不止一次见到过毛主席,他说起来如数家珍,真是滔滔不绝。受他的情绪感染,我也仿佛感受到了受到毛主席接见的那种激动与喜悦之情。这天晚上一回到宿舍,我的文思犹如开了闸的河水奔涌而来,一口气以张师傅为第一人称写出了缅怀毛主席丰功伟绩,追忆受到毛主席亲切接见的文章。送广播电台的同志审阅定稿后,约请张金榜师傅到省广播电台的录音室内进行录音。

那是一天早晨,深秋的兰州已颇有些凉意。按照事前的约定,张师傅一大早就来到省总工会,他似乎还着意打扮了一番,脸上的胡须刮得光光净净,身穿一套藏蓝色中山服,看上去倍有精神。我们步行前往省广播电台,穿过市区东边盘旋路的街心花园,还不足一站路就到了省广播电台。我们径直来到位于后院的电台录音室,门外有解放军值守。当我告知来意后,解放军同志说:“还没有到上班时间,工作人员也没有到。”我们只好在外面等候。于是我与张师傅找了个稍稍僻背的地方,熟悉起录音的稿件来。由于张师傅文化程度不高,念起稿件来还真有些费劲,只好采取我念一句他念一句的办法熟悉稿件。不大一会儿,负责接待我们录音的同志到了,热情地陪同我们走进了录音室。这里是电台的重要机房,我与张师傅都是头一次走进这样的地方,说实话还真有点紧张。录音室是间大约有三四平方米的房子,并隔成了两个部分,一部分是录音设备的操作间,一部分是录音人员录音的地方,彼此只能透过相隔的玻璃进行沟通。我与张师傅一起被安排在录音人的座位上,张师傅面前放置着录音的话筒。还没有录音,我就发现张师傅额头上布满密密的汗珠。刚开始录音,只念了两句话就卡了壳。录音操作人员隔着玻璃大声说道:“不要紧张,重新再来!”我也对张师傅说:“放松一点,就顺着稿子的意思往下说。”张师傅满脸涨红,豆大的汗珠顺着脸颊往下淌。接着录音又是一连几处都停了下来,连在一旁的我也急出了一身汗。有几处几乎是一句话一句话断开录的音。本来不足 10 分钟的录音稿, 却整整用了两个多小时。直到录音员感到满意,我们才走出了录音室。一走到院子里,张师傅

长长出了一口气说:“这碗饭真不好吃,比起我开汽车要难多了。”我也笑了笑说:“今天也真让张师傅受苦了。”说着我们告别电台的同志,朝着来时的路上走去。

有了这次与张师傅的接触,后来我们之间的来往也多了起来。张师傅是全国劳动模范,每到年关节日,省总工会组织的有关劳模座谈会、联谊会等等一些活动,他大都能应邀出席,因此我们彼此也越来越熟悉,以至建立了深厚的友谊,张师傅还称我们之间是忘年之交。随着对张师傅的了解,我也一次次走进了他的生活和工作,采写了有关他先进事迹的大量新闻报道。记得一年冬天,为报道张师傅热情为乘客服务的事迹,我还专门随同他的车跑了一趟皋兰县,一路上耳闻目睹了他待乘客胜亲人的许多动人情景。车上专门设置的医药箱,晕车客人的呕吐袋等等,足以说明他关心乘客的细微之处。还有一次,张师傅作为特邀代表出席中国工会第十一次代表大会,我也作为随团记者,与张师傅一起前往北京。在进京的火车上,我与张师傅拉起了家常。聊天中得知张师傅离开兰州前,曾找了不少职工群众,听取大家的呼声和反映,并思考了要在这次全国工会代表大会上提出的意见和建议。他的这些想法立刻引起我的极大兴趣,一到北京就把他的一些建议整理成稿件,很快在《工人日报》、《甘肃日报》、《甘肃工人报》发表,还上了大会编发的简报。从此,我对张师傅有了更加深刻的了解。别看他文化程度不高,可他眼里看的,心里想的,嘴上说的都是国家的大事,人民的心事。特别是他担任全国人大常委的那几年里,尽管经常跑长途车,一天到晚很少有闲着的时候,可他总是千方百计抽出时间来,不是走访群众,就是到处察看,一有空就向当地政府或全国人大反映群众的意愿和呼声,并积极督促政府有关部门及时解决一些涉及群众具体利益的问题。一年春节的大年初一,时任甘肃省委书记的顾金池,在省总工会主席王新中的陪同下,登门看望病中的张金榜师傅。一见到省上领导,张师傅完全忘记了自己有病,一个劲地念叨着兰州七道梁隧道的事,他不断地说:“这个

事不能再拖了,不能让七道梁成了司机的鬼门关啊!”顾金池书记深为张师傅一番话所感动,连连说:“我知道这个提案你从省里提到中央,说了多少年了,请放心,这件事会有个结果的。”后来,张师傅的这个心愿终于实现,就在七道梁隧道开工那天,张师傅还抱病参加了奠基仪式。

张金榜一生与汽车为伴,尝尽了当司机的酸甜苦辣,因而对汽车司机有着特殊的感情。1991 年夏天,为了宣传汽车驾驶员的先进事迹,甘肃工人报社与长庆油田运输处联合举办了“陇原方向盘”征文活动。征文结束时,我们特意请张师傅为获奖者颁奖。尽管当时他患糖尿病身体非常虚弱,但张师傅还是坚持到会,令与会同志深为感动。

就是在日益密切的交往中,我总是对张金榜这位因驾车百万公里无大修而闻名的全国劳动模范怀着崇高的敬意和无比的爱戴。因此,当张金榜师傅 1994 年 3 月 10 日因病去世后,我满怀悲痛,写下一篇《名垂陇原终不朽》的怀念文章,寄托对张师傅深深的哀思。

全国先进工作者、全省特级教师,兰州市实验小学语文老师李景兰,也是那次纪念毛主席逝世一周年活动的重点采访的先进人物。她也曾在参加全国劳模大会时,幸福地见到过毛主席。

李景兰是甘肃永靖县人,长期从事小学语文教学,积累了丰富的教学经验,她的一些教学方法曾在全省不少小学推广,因此李景兰的名字在甘肃几乎是家喻户晓。我第一次见到李景兰是在一天上午。记得那天上午,下着淅淅沥沥的小雨,使本来就有凉意的深秋兰州又添了些许寒气。来到李景兰所在的位于兰州市东方红广场畅家巷实验小学时,除偶尔能听到学生朗读课文的声音,整个校园一片静寂,显得温馨而又和谐。学校的领导告诉我李景兰正在上课,过一会下课后就能见到她。于是,我怀着一睹李景兰教学风采的好奇心理, 来到了她正在上课的教室外面。站在窗外,我真切地看到了李老师授课的情景:教室内四五十个学生,一个个背着双手端端正正坐着,聚精会神听着老师的讲解。李老师个儿不高,齐耳短发,配上一套深灰色衣服,显得干练洒脱。她手里拿着几个用硬纸做成的写着大字的卡片, 绘声绘色地带着孩子们一会儿大声朗读,一会儿又声情并茂地讲解着每个字的意思。此情此景,我已经完全被李景兰的教学风采所吸引,嘴里禁不住喃喃自语:“果然名不虚传啊! ”

当我隔着窗户的玻璃,目不转睛地看着李景兰上课时,突然一阵清脆的下课铃声划破了校园的寂静。很快,学生们从不同的教室走到校园,嬉闹声、歌唱声给校园带来了活力与生气。在几个学生的簇拥下李景兰走出了教室,并不时爱抚地摸着身边学生的头。我连忙迎了上去:“李老师,我是省总工会的,是专门来找你的。”李景兰先是一怔,随即满脸微笑:“校领导打过招呼了,知道你要来,先到办公室坐会儿吧。”说着她就带着我走进了她的办公室。说是办公室,其实就是老师备课、休息的地方。一间约十来平方米的房间摆着四五张三斗桌子,每张桌子上都放满了教科书和粉笔盒,每张桌子的上方墙上都贴有一张课程表。当时办公室没有一个人,李景兰一进门,先是麻利地洗了洗手,然后忙着给我倒了杯水。当我说明来意之后,李景兰满怀深情地说:“时间过得真快,一眨眼毛主席离开我们都快一年了。这一年间曾经受到毛主席接见的幸福情景,常常在我脑海盘旋。有时梦中也常常出现毛主席的音容笑貌。”此时此刻李景兰完全沉浸在幸福的回忆之中,眉宇间、眼神里、嘴角上都挂着微笑。我要她说说当时见到毛主席的一些细节,李景兰刚说了几句,脸上似乎露出点难色:“实在对不起,下面我还有一堂课。”说着她抬起头看了看挂在墙上的钟表:“还有 10 分钟就该上课了,看来今天是谈不完了。”我立时有点紧张起来:“那就等你上完课,我们再……”见我有点犯急,李景兰忙接过话茬:“要么,我们今天晚上抽点时间再谈,因为下午,市上还安排了一堂小学语文观摩教学课,也抽不出身来。”“那好,那好,我们就晚上谈。”我高兴地连连说。就这样我们约定晚上 7 点钟在李景兰老师的家里见面。临分手时,李老师给我详细说了她家的地址,门牌号码,就连哪个单元、几层楼都说了个清清楚楚。我们一边说着一边离开了办公室,伴随一阵清脆的铃声,李景兰小跑步似的朝着教室奔去……

深秋的兰州,天黑的比夏季早了许多。7 点整,我按约定来到位于兰州市一只船的李景兰老师的家。这是一幢青砖灰瓦的旧式住宅楼,从斑斑驳驳的墙体上可以看出,修建了已经有些年头了。当我敲开李老师家门时,她显然是早就等候着我的到来。屋内也就是两间居室,陈设非常简单,却显得十分干净整洁,唯有墙壁上挂满的奖状和李老师参加各种先进模范表彰会议的照片格外显眼。我们的话题也是从这些奖状和照片开始的。李老师颇有些激动,完全沉浸在几十年的教学生涯的喜悦和兴奋之中,还拿出一本本相册,如数家珍地说着哪个她教过的学生当上了工程师,哪个学生成了研究生,哪个学生到了国外留学,哪个学生担任了企业和政府的领导,言语之间露着骄傲与自豪。说起出席全国劳动模范表彰大会,亲眼见到毛主席等党和国家领导人的情景,李老师更是喜形于色,格外激动,回忆着与毛主席等党和国家领导人一起合影的每一个细节。她笑着说:“那时年龄小,似乎什么也不怕,一见到毛主席就什么也不顾,只是一个劲地喊着毛主席万岁,连声音也喊哑了。”我要她把见到毛主席的情景写下来,准备录制怀念毛主席的广播节目,李老师满口答应。等到我们交谈结束已是晚上 10 点钟了,李老师送我下楼,一边打着手电筒,一边不断告诉说:要数着一共是多少个台阶,我心里暗暗叹服,真是个有心人啊!第二天下午一上班,李老师就亲自把写好的稿件送到我办公室。我细细一看,不愧是语文老师,整个稿件语言生动感人,真令人有身临其境之感。在电台录音时更是一次成功,连电台的人都赞叹不已。从

此以后，我与李老师还有过多次接触，也曾采写过介绍她先进事迹和教学经验的一些报道，从李老师身上也让我学到了敬业爱岗的许多优秀品质。

这次约请的录制怀念毛主席的第三个人就是享誉西北五省的著名秦腔表演艺术家，她叫王晓玲，艺名九龄童，堪称社会名流。

一天早上，我骑着自行车来到位于兰州市双城门的甘肃省陇剧团，因为当时省秦剧团与省陇剧团合并为一个剧团，实际上等于撤销了秦剧团。先是找到了剧团领导，说明来意后，团长立即喊人去找王晓玲。其实我也是个秦腔迷，对王晓玲早有耳闻，可遗憾的是到兰州都快两年了，从来也没有看过一出秦腔戏，更不要说看王晓玲这样的名家演出了。就在人去喊王晓玲的当儿，我不禁揣摸起这位秦腔大家的样子，心想一定很有些派头。不想当王晓玲走进团长办公室时，竟然让我心头一惊：年近五十的她矮矮的个子，圆圆的脸庞，一双炯炯有神的大眼睛，穿件咖啡色薄呢外套，朴素大方，看不出有丝毫名家的派头。"这就是王老师。"团长笑着把王晓玲介绍给我。知道我的来意后，激动之情立刻浮现在她的脸上，笑着说："六十年代初，我作为甘肃妇女的代表，参加了在北京召开的全国妇女代表大会，不仅受到了毛主席的亲切接见，我还与毛主席握了手。"说着她就像讲故事一样，有声有色回忆起了见到毛主席的幸福情景：头天晚上我们就知道了毛主席要接见大会代表，这天晚上我和姐妹们激动地又说又笑，几乎一个晚上都没有合上眼。躺在床上一闭上眼，满脑子憧憬的都是毛主席高大的身影，慈祥的笑容，亲切的招手。好不容易等到了第二天清晨5点钟，我们就从住地乘车前往人民大会堂。记得那天早晨北京天亮得特别早，天空就像海一样的蓝，汽车通过天安门广场时，一轮金黄透红的太阳正在冉冉升起，把天安门城楼映照得辉煌灿烂。这也是我头一次到北京，头一回见到红日映照的天安门，那个高兴和激动的心情真是用语言难以表达的。来到人民大会堂后，代表们都按指定的区域排好队，等待着毛主席等党和国家领导人亲切接见幸福时刻的到来。等啊,等啊,随着"东方红"乐曲响起,毛主席、刘少奇、朱德、周恩来、邓小平等领导人终于来到了接见大厅,顿时,偌大的接见厅成了欢乐沸腾的海洋,"毛主席万岁,毛主席万岁"的呼喊声响成了一片。由于我个头小,被安排在了队伍的最前头,看毛主席也看得最真切,从毛主席走进会见大厅的那一刻,我的眼睛就一直盯在毛主席身上。当毛主席招着手走到甘肃代表团时,我竟然什么也不顾,冲上前去紧紧抓住毛主席的手,激动地连连说:"我是甘肃的,我是甘肃的……"毛主席朝着我微笑着连连点头,我一时激动得热泪直流,再也说不出一句话来。这天回到住地姐妹们竞相抢着我与握手,都说我是亲自握过毛主席手的人,是世界上最幸福的人。当天晚上我们代表团住地又是一个不眠之夜,姐妹们都陶醉在受到毛主席接见的巨大幸福之中……

听着王晓玲绘声绘色的讲述,我的情绪也被深深感染:"讲得太好,太精彩了,就像讲的这样写出来,我们一起到电台去录音。"听完我的话,王晓玲显得更乐了,她说:"怀念毛主席我有一肚子话要说,我让老头子写好稿子,明天就去找你。"没想到采访王晓玲竟然这样顺利,临分手时她告诉我:"我老头子也在省总工会工作过。"当我还想问些什么时,她却被团长叫去说别的事了,我只好招了招手就告别了。

见到王晓玲的第二天恰巧是个星期天。一大早我还没起床,门房的师傅就来喊我说是有人找。我急忙翻身下床,脸也没有洗就跑到门房,原来是王晓玲的老伴专程来送已经写好的稿件。接过稿件一看,我简直有点吃惊,稿件上的字写得太漂亮了,再往下读文章,真是文采飞扬,激情洋溢,充满真情实感,非常生动感人。我不禁脱口而出:"这是你帮着写的吧,写得太好,太精彩了。""她文化浅,只能是按她说的我帮着整理一下。"没想到他说一口地道的陕西话,我不由得打量起他来:中等偏高点个头,五十开外,方盘大脸,短平头发有些许花白,一身灰的卡中山装,浑身透出股知识分子的气质。"老师傅也是陕西人?"顺着我的问话,他说:"老家在西安市,来兰州已经几十年了,过去我就在这里工作。"我还想再与他聊几句,他问道:"稿件算是可以了吧?""就这样定下来,星期一请王老师先到省总工会,我们一起到电台去录音。"听完我的话他连说几个

“好”字，拿起放在凳子上的一个小黑提包，一出门骑上自行车就走了。直到他骑车出了农民巷口，我才回过神来，总感到一提到省总工会他仿佛压着深深的心事……

第二天，我与王晓玲一起去了省广播电台，虽然作为演员，王晓玲说起话来字正腔圆、有板有眼、很有感情，可录音时却不那么顺利，念起稿子来更是让她为难。后来就让她按稿件上写的一些情节，自己口头来讲，不仅很流畅，而且很生动，电台的同志还连声叫好。节目播出后，产生了很好的反响。

节目播出后的一天，王晓玲突然到省总工会来找我，说是省文化系统也要召开纪念毛主席逝世一周年座谈会，还要她代表文艺界在会上发言，她是来取前次录音时老头子帮她写的那篇稿件的。凑巧去电台录音时，我专门把原稿复印了一份，存放在自己的办公桌抽屉里。当我把稿件交给她时，便趁机与王晓玲聊了起来。既聊她的演艺生涯，又聊她的老伴，一下子勾起了王晓玲深深的回忆，给我讲述了不少有关她与老伴的故事。

就这样我终于知道了，王晓玲从6岁开始学艺，9岁登台演出，新中国成立前活跃在新疆、宁夏、张掖、武威、平凉、兰州等省内外秦腔舞台。新中国成立后曾随贺龙元帅赴朝慰问演出，受到过朱德委员长的亲切接见。是红遍大西北的秦腔表演艺术家，其独具一格的表演风格，曾受到梅兰芳、常香玉等戏曲表演大师的称赞。她的老伴翁翘，从西北大学毕业后，分配到甘肃省总工会工作，担任过工会宣传部副部长职务。1957年被错划为右派，在长达二十年的时间里，被遣送回陕西老家农村劳动改造。可就在这二十年的艰难岁月里，王晓玲对老伴不离不弃，一方面用一片真诚慰藉老伴，一方面历尽辛苦，为老伴冤案平反而多方奔波。了解了这些情况，我不禁从内心深处对这位老艺术家产生由衷的敬佩，对她的老伴翁翘，这位省总工会的老部长的不幸遭遇深感同情。也就是在这个时候，翁翘虽然在当时的兰州手扶拖拉机厂工会安排了工作，可头上仍戴着右派的帽子。王晓玲还在为老伴平反的事情而奔波着、呼号着……

通过这次接触，我与王晓玲一家有了越来越多的来往。特别是随着

“四人帮”的被粉碎，党中央平反冤假错案工作的进行，翁翘的右派问题终于平反，还相继担任了兰州市总工会副主席和主席，我们工作上的接触更多，来往更密切。尤其是翁翘担任兰州市总工会主席以后，压抑二十多年的工作热情迸发出来，一心扑在工作上，一心为职工群众谋利益。他的事迹引起全国总工会关注，我还与工人日报的同志联合采写报道了他“忠于党的群众工作”的先进事迹，在全国工会系统产生了广泛影响。

随着与翁翘同志工作接触的增多，我更了解了王晓玲许许多多感人肺腑的事迹。我曾以“九龄童”为题，详细记述了王晓玲艺术生涯和坎坷的人生经历，不仅载入我的《映日荷花》一书，被王晓玲祖籍临洮县县志办收存，并且多次在《甘肃日报》、《甘肃工人报》、甘肃广播电台等报刊上刊发了不少报道王晓玲事迹的稿件，从而也使我与王晓玲一家建立了不是亲人胜似亲人的关系。

当翁翘同志突发脑溢血，处于弥留之际，我接到他的儿子朝宇的电话，连夜赶到医院，在病床前守候着这位令我十分尊敬的长辈。翁翘同志逝世不久，他用了两三年心血写下的介绍老伴艺术生涯的《秦音恋》一书出版发行，王晓玲专门送我几本。我连夜一口气读完，不少感人之处让人回味无穷，热泪盈眶。

如今，王晓玲这位年逾八旬的老艺术家，还不时活跃在舞台，仍然在为保留甘肃秦腔艺术的宝贵遗产而忙碌，有时在一些社会活动中，也不乏她的身影。有一年省总工会举办“三八”妇女节纪念活动时，王晓玲应邀参会，现场表演秦腔清唱，还是那样嗓音高亢明亮，韵味悠长，让在场者赞叹不已，叫好声响成一片……

八

1981年元月21日《甘肃工人报》创刊，经省总工会党组决定，调我参与《甘肃工人报》的筹备和创刊工作，从此我便与《甘肃工人报》结下了不解之缘。我以满腔痴情，在这里度过了三十来年的岁月，由一名普通的记者走上了甘肃工人报社副总编、总编以至甘肃省总工会副巡视员岗位。三十多年来，我勤奋耕耘，无怨无悔，把一腔挚爱与《甘肃工人报》的创办、发展紧紧联在了一起……

上世纪80年代初，随着党的十一届三中全会的召开，也迎来工会工作的春天。代表和维护职工合法权益，成为这个时期工会组织在恢复重建不久之后的工作最强音。《甘肃工人报》也就是在这个时候应运而生。后来据说是全国工会系统自“文革”结束后创办最早的省级工会报刊，曾引起甘肃省委宣传部和全国总工会有关方面的关注。

记得1980年八九月间，就听说省总工会酝酿着要办一份报纸，据说是省总工会一位领导提出，工会要为职工说话，就得有一个说话的阵地和讲坛，工会也应有表达自己主张和反映职工意愿与呼声的“喉舌”。后来又听说，省总工会专门向省委写出了专题报告，创办《甘肃工人报》终于被提到了议事日程。没过多久，消息便在省总工会传开：经省委常委会研究同意,由省委宣传部批复省总工会的报告,批准由省总工会创办《甘肃工人报》。还从省总工会曾经参加了那次省委常委会的同志那里得知,省委常委会讨论省总工会关于创办《甘肃工人报》的请示报告时,与会的领导一致表示赞同,特别是时任省委副书记杨植霖大加赞赏,连连说工会就应该有一份自己的报纸,有一块宣传职工、教育职工、展示工人阶级风采的阵地。并表示还要为《甘肃工人报》的创刊赋诗祝贺。

很快,省委宣传部关于创办《甘肃工人报》的批复就发到了省总工会。一时间省总工会要办报纸的事儿,成了省总工会机关的热门话题。我是到《甘肃工人报》工作之后,才看到了省委宣传部批复的文件:同意创办《甘肃工人报》,每周一刊,全国发行,人员在省总工会编制内调剂,事业编制,纸张纳入全省分配。还将批复文件转发于省委办公厅、省委组织部、省出版局、省文化局、省计划委员会等相关单位。

办报纸在当时一些人看来,是件挺神秘的工作。尽管省总工会办报的事吵得沸沸扬扬,可当时主动要求去办报的人却寥寥无几。我尽管酷爱新闻报道工作,从部队到地方也长期从事过新闻报道工作,可压根儿没有想到要参与办报纸的事。因此,那段时间,尽管省总工会办报的话不绝于耳,可在我心里并没有引起多大的关注。

这年11月的一天,至今我清楚地记得,这天一大早兰州就飘起了雪花。虽然雪下得不大,但对很少下雪的兰州来说,人们对这场入冬以来的第一场雪无不感到欣喜。到下午时,雪还没有停,飘飘洒洒的小雪给地上、房顶上铺上了犹如一层薄薄的白纱。刚上班那阵,办公室的几个同志都站在窗前,观赏着院外的雪景,仿佛一场难得的小雪带给了大家无限的情趣。当时不知是谁说了句:瑞雪兆丰年,看来明年肯定有个好年景啊!大家也都你一言我一语地说:希望雪下得再大点,下的时间再长点,这样一连大半年的旱情就缓解了。事实上是这一年从春到秋,甘肃几乎没有下过一场透雨,大半年时间的干旱,让全省上下都心急如焚,这场雪无疑带来了一些佳音。

正在大家围绕雪的话题说得正热火的当儿,一阵清脆的电话铃声,让整个办公室出现顷刻的寂静。因电话就在我的办公桌旁,我顺手拿起了电话听筒，电话是省总工会办公室打来的，正好也是让我到白明主席办公室去一下。放下电话我就直奔白明主席办公室而去，不知究竟有什么事，心禁不住怦怦直跳。

白主席办公室就在二楼，当我轻轻敲开房门时，只见白主席正在伏案审阅着文件。一见到我他连忙站了起来，并离开办公桌后的座椅，热情招呼我在沙发上坐了下来。白明同志曾任省委常委、省建委主任、省总工会主席，虽然平常多有接触，但像今天这样的个别谈话还是头一次，我心里不免有些紧张。

“听说你对新闻报道很有兴趣。”我们刚一落座，白主席就笑着说出这句话来。我笑着答道：“在部队时从事过新闻报道工作，也就是写点反映部队生活的好人好事，大都是些豆腐块。”白主席显得更乐了：“能上报豆腐块也不错啊！”说着话锋一转，“你是否还在省广播电台工作过？”我忙说：“那是部队派我到省广播电台学习了一年多时间，要说我真正爱上新闻报道工作也就是从这个时候开始的。”白主席一边听我说，一边笑得合不拢嘴。“那好，那好，热爱新闻报道工作就好！”白明主席一边说着一边从沙发上站了起来，接着说：“现在就让你专职干新闻宣传的事。”他走到办公桌旁，从一个文件夹里拿出省委宣传部关于创办《甘肃工人报》的批复文件，笑着对我说：“省委已经批准，我们将创办一份专门面向企业、职工和工会的甘肃工人报，省总工会党组研究决定，调你参与报纸的创刊工作。怎么样？年轻人，有没有信心把这项工作干好？”望着白明主席一脸笑容和充满信任的眼神，我一时紧张得不知说什么好，只是低声说：

“办报纸责任重大，凭我的能力和水平，我怕担不起这份工作。”白主席说：“责任是重大，但只要有信心，没有办不好的事，年轻人就应该有股子闯劲，一定要把省总工会为维护职工合法权益而办的这件实事

办好。”听着白主席的话，我似乎也增添了几分信心，连连表示一定不辜负组织希望，努力把工作做好。离开白明主席的办公室时，他送我到门口，还握着我的手，用力摇了几下，让我感受到了信任和希望。

离开白明主席办公室，我真不知道是激动还是紧张，心情久久都无法平静下来，我庆幸自己有了一份心仪已久的专职新闻工作，但又确实为自己能否胜任办报纸的工作而有几分担心。然而不管是高兴还是担心，报纸创刊的筹备工作却迫在眉睫。因为省总工会领导要求，次年元月报纸正式创刊，满打满算也只有两个来月时间。报纸筹备工作由省总工会办公室负责，时任省总工会办公室主任常健民同志具体领导有关筹备报纸创刊的各项工作。其实也就是从办公室抽调一个人，加上我共两个人，腾出了一间办公室，便开始了报纸创刊的筹备工作。

省总工会对创办《甘肃工人报》的工作十分重视，很快就征订《甘肃工人报》向全省各级工会发出了通知。一时间创办《甘肃工人报》在全省工会系统都传开了，不少工会组织和基层工会干部或打来电话，或写来信函，热情称赞省总工会办了一件大好事，都说从此工会有了自己的喉舌，有了反映职工意愿和呼声的舆论阵地。记得一位20世纪50年代初就在兰州市总工会工作的老工会工作者，得知省总工会创办《甘肃工人报》的消息后显得格外激动。他特意来到省总工会找到我们筹办报纸的几个人说：“早在解放前，就曾有份兰州工人报，在宣传民主，反映工人呼声方面发挥了重要作用，报社员工还曾以罢工形式，反对国民党当局的反动统治，推动了兰州乃至甘肃工人运动的兴起和发展。现在省总工会创办《甘肃工人报》，代表了全省工会组织和广大职工的心声。”各级工会组织和广大职工群众的热情关注和殷切期盼，让我们几个筹备报纸创刊的人更是激动不已，不仅增强了办好报纸的信心，又深感肩上沉甸甸的责任。

俗话说万事开头难，创办一份报纸又何尝不是如此。加之当时也就我们两个人，又是要准备创刊的稿件，又是要联系印刷厂家，还要确定发行渠道，请人题写报名等等，真是千头万绪，件件都马虎不得。好在那个时候，甘肃本地创办的报刊并不多，一些事情办起来还比较顺当，没有像现在办事这样的难。尽管如此，在筹备报纸创刊的日子里，我们每天的工作排得满满的。等把与邮政部门商定订阅发行、与印刷企业商定排版印刷这些具体事项办妥后，当务之急就是请人为《甘肃工人报》的报头题字。当时，各种意见都有，有人说用毛泽东主席的书法来拼，有人说请省上的领导题写，有人说请全国总工会的领导题写，也有人建议请著名书法家来题写。后来经过反复斟酌商议，大家都倾向于请书法家题写。在有关人士的热情推荐下，兰州军区著名书法家蒙子军先生欣然答应为我们题写报头。没过几天子军先生用鸡毫书写的《甘肃工人报》报头字就送来了。当五个大字呈现在我们面前时，只见笔锋苍劲挺拔，字体隽秀优雅，刚柔相济，浑然一体，隐隐透出工人阶级的豪迈气概。所见之人无不为之称好。我们报请省总工会领导审定时，白明主席也颇为赞赏，当即拍板就以蒙子军先生题写的“甘肃工人报”五个字作为报头，一直沿用至今。

报头的题字敲定之后，摆在我们面前的迫切任务就是组建通讯员队伍，动员各企业的业余通讯员为即将创刊的《甘肃工人报》写稿投稿。为此，我们便决定采取深入一些大型企业召开座谈会的形式，向通讯员约稿并倾听职工群众对办好《甘肃工人报》的建议和意见。第一个座谈会是在兰化公司召开的。记得那是深冬的一天清晨，天才麻麻亮，阴沉沉的天空飘洒着飞飞扬扬的雪花。那年头城市还没有出租汽车，加之又是冬季，人们出行或上下班大都得挤公共汽车。当时整个兰州市的公交车没有现在这么多，常能听到人们为乘车难而发出的抱怨声。尤其是去兰州市西固区，乘公交车那就更难了。在我的记忆里，当时省总工会也就只有三辆公务小车和一辆大卡车，机关干部下企业，都是去挤公共汽车。因此，这天一大早，我们就赶到离省总工会不远的东方红广场东口的公交车站，先是搭乘1路车到小西湖，再换乘去西固的公交车。赶到西固时已经是7点多钟了。

公交车的终点站是在西固城，距兰化公司办公大楼还有一段路程。

因为没有公交车通行,我们只好步行而去。当走下公交车时,一股寒气扑面而来,整个马路已经是白茫茫一片,没走几步,我们的头上、身上也都落上薄薄的雪花。大约走了二十多分钟,就到了兰化公司的办公大楼。那时,兰化公司办公楼位于马路边上,连个围墙也没有,整个大楼灰砖灰瓦,看上去十分简陋。若不是门口挂着的几个牌子,谁能相信这就是当时在全国颇有名气的兰化公司厂部所在地。公司工会的几位同志已在办公楼下等候我们。从他们满身的雪花就知道他们已经等了好长时间。一见到我们,工会的同志急忙迎了上来,在互致问候中,不知是谁说了声:"你们是挤公共车来的吧,那可费劲了,今天又下着雪,可让你们受苦了。"又不知是谁倒开起玩笑来:"省总工会的同志挤挤公共车,感受一下我们西固人乘车的难处,也才能反映我们的呼声啊!"大家顿时都笑了起来。兰化公司办公大楼当时也没有电梯,我们就在又说又笑中走到了四楼的一间会议室里。门一推开,里边已经坐了大约二三十个人。说是会议室,没有丝毫的装饰,白灰墙、水泥地,几张长条桌拼起的会议桌上,放着几个玻璃茶杯和两三个绿色带孔的铁皮热水瓶。坐下来之后,公司工会主管宣传的副主席忙不迭地说:听说要创办《甘肃工人报》,大家既高兴,又关心,都说省总工会办了一件大好事。今天来参加座谈会的不少同志是热爱新闻报道工作的业余通讯员,还有一些基层工会的主席和宣传干部,我们兰化工人报的几位记者编辑也来了。听着这些介绍,我们既高兴又激动,连连说:"我们今天来就是请大家为办好《甘肃工人报》献计献策的。"在两个多小时的座谈中,大家发言十分踊跃,真是畅所欲言,言无不尽。有的说《甘肃工人报》创刊后,要多报道企业生产一线工人的情况,有的说要多宣传劳动模范的先进事迹,有的说要多报道工会工作的先进经验,有的说要加大企业生产经营的报道分量。大家说得更多的还是希望《甘肃工人报》要突出维权报道的特色,重视报纸的批评报道,敢于替工人说话,积极反映职工的意见和呼声,真正把《甘肃工人报》办成全省职工的"娘家报"。有的人在发言中,甚至对《甘肃工人报》应该开设些什么专栏,开辟些什么专页都提出了具体意见和建议。这次座谈会确实令我们获益匪浅,看到有这么多的热心支持者,更让我们对办好《甘肃工人

报》充满了信心。也就是这次座谈会后，兰化公司工会很快组建了一支通讯员队伍,为《甘肃工人报》提供了大量稿件,那次参加座谈会的同志几乎每个人都写了不同体裁的稿件专门送到了报纸编辑部。尤其是兰化工人报的几位编辑记者,除写新闻稿件外,还写了诗歌、小说、散文等文艺作品,为《甘肃工人报》的创刊奠定了基础。兰化公司座谈会之后,我们又相继在兰州炼油厂、兰州石油化工机器厂、兰州钢厂、兰州棉纺厂、兰州一毛厂、兰州通用机器厂、兰州万里机电厂、兰州长风厂以及白银公司、阿干镇煤矿等一些大型企业召开座谈会,同样听取和采纳了不少关于办好报纸的意见和建议,并在这些企业建立了通讯员队伍。就这样,一时间为《甘肃工人报》积极投稿写稿,做好《甘肃工人报》的征订发行工作,成了全省从地方、产业系统到各大企业工会的一项热门和重点工作。报纸还未正式创刊,邮局传来的信息,仅兰州地区订阅《甘肃工人报》即达到二万多份。

在多方面约稿的同时,我们也积极深入企业采访,为《甘肃工人报》创刊的首期报纸准备稿件。记得我以《甘肃工人报》记者身份的第一次采访活动是在兰州钢厂,采访了一位名叫曹元禄的老工人勤奋敬业、爱厂胜家的感人事迹,并写出了题为“主人”的长篇通讯。就在我们经过紧张的筹备,稿源有了保证,着手创刊之时,报纸画版的业务却令我们犯起愁来。尽管组稿、写稿、版面布局我们心里有个底,但毕竟过去没有办过报纸,更不要说画版组版了。为此,只好通过关系请当时在甘肃日报社做编辑工作的于尔生、张卡聪两位同志帮我们画版。他们以极大热情支持我们的工作,利用下班后或者是晚上,专门帮我们组版画版。就这样《甘肃工人报》终于在 1981 年元月 21 日正式创刊。这天也恰逢省总工会五届三次全委扩大会议在兰州举行,当我们把创刊的《甘肃工人报》送到会议住地兰州饭店时，与会的委员们争相传阅，热情称赞。不少工会主席看了报纸后，还特意找到我们说："这是咱们工会的喉舌，我们一定要动员企业多订报，多为报纸投稿，积极为办好报纸提供支持和帮助。"有位大企业工会主席高兴地说："我们已经把《甘肃工人报》订到了每个班组，要让每个工人都能看到'娘家报'"。用当时省总工会机关一些同志的话说：《甘肃工人报》的创刊不仅为省总工会五届三次全委会议增添了光彩，也成为当时全省工会系统的一大新闻。那个年代尽管广告对人们来说还显得陌生，也没想到报纸创刊搞什么庆典、祝贺之类的活动，但当《甘肃工人报》创刊时，省内许多大型企业，各级工会组织，还是纷纷打来电话，或者写信，对报纸的创刊表示祝贺。尤其邮电部门特意到报社编辑部报喜说："真是出乎意料，《甘肃工人报》订阅量已经达到7万多份！"

时任省委副书记杨植霖为祝贺《甘肃工人报》创刊特意赋诗一首，就刊登在报纸的创刊号上。诗的题目是："工人喉舌有气概。"全诗内容为：

（一）

劫后荒凉遍地灾，满目疮痍痛心怀。
扶危救倾伤未复，血写教训传后代。

（二）

他国建设我破坏，不建强国建残败。
消灾除患人有责，莫让狼子再度来。

（三）

三中全会立高裁，漆黑夜中新路开。
荆榛斫去人皆快，好把山河重安排。

（四）

工人喉舌有气概，阔步催程向前迈。
声声字字现代化，愚公移山放光彩。

杨植霖同志后来一直都关心《甘肃工人报》的成长与发展。一年春节前夕，甘肃工人报社专门举办公路养护职工联谊会，杨植霖书记不仅应邀出席，而且发表了热情洋溢的讲话，在向全省养路工人拜年的同时，称赞《甘肃工人报》就应多办一些这样为职工服务的事。会上，杨书记还与养路工人一起翩翩起舞，为联谊会增添了欢乐气氛。

报纸在创刊《告读者》中指出：《甘肃工人报》是为着适应四化建设的需要，担当起替工人说话办事的任务而编辑出版的。它作为省总工会加强与广大职工联系的一根神经，将帮助职工群众了解党的路线、方针、政策和国家的法律、法令；宣传工会的性质、地位、任务、作用和职工参与民主管理的新情况、新经验，报道广大职工和工会工作者在四化建设中的先进事迹，反映他们对企业生产、经营管理、制度改革、劳动保护、干部作风等方面的意见和要求；宣传维护职工民主权利和物质利益的意义和典型，批评不关心工人疾苦、侵犯工人民主权益的官僚主义者，揭露违法乱纪事件。一句话，要紧密联系工运战线和工会工作的实际，反映职工的情绪、愿意和呼声，把职工群众团结在党的周围，同心同德向四化进军……现在看来，这篇发刊词尚显稚嫩，字里行间还难免流露出那个时代的一些烙印，但却充分体现了《甘肃工人报》面向工厂、面向工会、面向工人的“三工”办报宗旨，又突出体现了维护职工合法权益，为职工仗义执言、伸张正义的鲜明办报特色。因此，《甘肃工人报》从创刊那天起，就高高举起了维权的旗帜，以至报纸创刊不久，就被广大职工亲切称之为“维权报”。

正是本着“三工”办报宗旨和突出维权的办报特色，在《甘肃工人报》创刊的首期报纸的一版头条新闻，就刊发了银光厂职代会专题讨论分房

中出现的问题——做出纠正不正之风的三项决议；一版上还刊登了积极改善和解决职工住宅问题——玉门油田八百多户职工搬入新居；长庆油田为职工办了十件好

事；兰州市总工会召开工会积极分子代表大会——工会积极分子要克服困难替工人说话等有关维护职工合法权益的稿件。报纸二版还专门开辟了“职工来信”专栏，刊登了“领导的困难补助为何不经职工群众讨论？”“应该吸收职工代表参加物价检查”、“工会替工人说话不会削弱党政领导”、“应尽快全部归还西固工人俱乐部”等职工来信，反映了职工群众的意愿和呼声。就连报纸副刊上的一些文章，也同样富有强烈的维权特色。至今还留在我记忆中的是著名杂文作家、《甘肃日报》资深记者吴月同志那篇《有感于某厂的一场火灾》的杂谈。文章中说：某工厂发生火灾，在一片救火声中，干部、工人纷纷前去抢救，而四位副厂长和一位党委副书记却待在家里，始终没有到达现场；党委书记是被人请了两次才到的，但那已经是两个小时以后，大火已经扑灭了……真是一石激起千层浪，短短几百字的杂文，却在读者中产生巨大反响。不少职工看了这篇杂文后，或打电话，或直接写信，不仅称赞《甘肃工人报》敢说真话，还联系本单位干部作风方面的一些问题，希望报纸多登一些批评报道，促进干部转变作风。从中也使我们强烈感受到，突出维权报道，加大批评报道的力度，既是《甘肃工人报》的特色，又是报纸生命力之所在。

也就是《甘肃工人报》创刊的第一期报纸上，刊登了我采写的反映兰州钢厂老工人曹元禄先进事迹的长篇通讯《主人》，同样在读者中引起好评。不少读者说：“工人报就应该让工人唱主角。”这同样让我们编辑部的同志受到极大鼓舞，更加明确了宣传工人、宣传先进模范是工人报宣传中必须始终坚持的主旋律。因此，从报纸创刊后，尽管报纸编辑部加上从企业借来的人，也就只有三四个人，每天工作排得满满的，除了写稿编稿外，还要跑印刷厂，送稿件，取清样，搞校对，真是忙得不亦乐乎。但对我来说却乐此不疲，在做好一些事务工作的同时，千方百计抽出时间下基层，跑企业，搞采访，写稿件。记得报纸创刊后不几天，报社就策划开辟了"群英话壮志"专栏，集中报道一批先进模范人物的新春新打算，采访劳模的任务就交给了我。那些日子里我几乎整天都着不了家，每天早出晚归，一心扑在了采访上，先后写出了"张金榜——朝百万公里无大修迅跑"，"王仁娣——操屠刀的女状元"，"杨澄中——扶病奋战志不衰"，"董松江——新春时节谈打算"，"陶根福——大干四化的排头兵"，"张同星——新年又有新目标"等劳动模范和先进工作者的报道，在《甘肃工人报》第三版上整版篇幅刊发。就这样，在《甘肃工人报》创刊初期的那段日子里，我把主要精力都放在了采访报道各类先进模范和一线职工的先进事迹上，尤其注重采访维护职工合法权益的报道。通过对几起侵犯职工合法权益事件的披露，不仅为职工讨回了公道，也扩大了《甘肃工人报》的社会影响。

兰州一家市属企业有位女职工因上电视大学引起厂长不满，不仅不按有关规定为其报销有关费用，厂长还一句话就开除了这位女工的公职。得知这个情况，我便几次深入企业采访，并多次与该厂厂长交谈，指出企业应尊重和保障职工在学习方面的合法权益。可该厂厂长却以企业实行厂长负责制为由，认为厂长有权对职工做出处理决定。为此，我以"这位女工该不该上电大"为题，批评了该厂领导无视职工合法权益的做法。报道一经见报，就引起强烈反响。不少读者纷纷来信，在称赞这篇报道的同时，不少人还联系实际，反映了一些企业单位在有关

职工学习技术、业务培训、就学深造等方面设置的重重关卡。为此,报社编辑部还围绕这篇批评报道专门开辟专栏,在读者中广泛开展讨论,发动社会各界人士就此畅所欲言,各抒己见。通过讨论不仅使那位女工因上电大遭受的不公正待遇得以解决,也对当时职工群众中兴起的学文化、学技术的热情给予了有力支持。工会系统的一些同志们纷纷称赞说:“这篇报道打了一个漂亮的维权战。”

兰州市轻工系统某企业一位女技术人员,由于搞技术革新遭受到厂领导的刁难和打击,以致被剥夺了工作权利。这位女技术员多次到兰州市总工会和省总工会上访,希望工会替她说话做主。此事引起省市总工会的极大关注,报社便派我专门进行采访。经过深入调查之后,我便写出了“×××技术革新何罪之有”的报道,曝光了这起职工因技术革新而遭受刁难打击的事件,一时间为女技术员鸣不平的呼声在兰州市吵得沸沸扬扬。省市总工会还联合召开座谈会,就这篇报道进行讨论,明确为女技术员撑腰壮胆,理直气壮批评企业侵犯职工合法权益的错误行为。后来,兰州市委主要领导还专门召开会议,听取省市总工会有关这起侵权事件的具体情况,并要求有关部门对在这起事件中负有责任的有关厂领导进行严肃处理。这位女技术员专门来到报社编辑部感谢工人报为她伸张了正义,讨回了说法。

正是因为《甘肃工人报》从一创刊,就以其突出维权报道、宣传一线职工的鲜明特色,赢得了广大读者好评,也引起了社会各界人士的关注,省内新闻界的不少知名人士也都把目光聚焦《甘肃工人报》,如新华社甘肃分社的曹永安、田恒江、王昌,《甘肃日报》的吴辰旭、刘玉、杨德禄、吴月、梁胜明,甘肃人民广播电台的邢同义等知名记者、编辑也都成了积极为《甘肃工人报》撰稿的热心人。一份小小的《甘肃工人报》就是这

样以强大的磁场效应，紧紧吸引着人们的心。

同样，《甘肃工人报》从创刊那天起，就紧紧拴住了我的心。尽管在报纸创刊的头些年里，一年到头，几乎是没有了星期天，没有了节假日，常常是风里来雨里去，更是少不了白天黑夜连轴转。虽说是很苦、很累，但由于对事业的追求，对《甘肃工人报》的那份挚爱，却总觉得苦中有甜，累中有乐。不经意间，就伴着《甘肃工人报》走过了三十多个年头。在这三十多年中，我既是《甘肃工人报》从无到有、由小到大、由少到多的经历者和见证者，又是《甘肃工人报》由一枝弱小幼苗成长为今天这样一棵枝繁叶茂的参天大树的辛勤耕耘者。三十多年来我的全部心思，甚至我的灵魂，都深深扎根于《甘肃工人报》这片沃土上，在这里我吮吸着养分，增长着才干，磨砺着人生，陶冶着心灵，虽然也经受过风霜雨雪，亲历过磨难煎熬，但唯一没有动摇的是对《甘肃工人报》的挚爱和坚守。

不是么，当着以文凭是重之风盛行，不少人为着文凭而不惜放弃本职工作四处奔忙之时，我原本也有个上电大、函授或者脱产学习，弄个本科甚至研究生学历的机会，可这些机会我也说不清楚为什么都被我一次次放弃了。说实话并不是我不懂得文凭、学历对一个人的重要，并不是不知道学历在当今时代对一个人前途的影响，但我总是放不下我如醉如痴地爱着的《甘肃工人报》这份事业，让获得文凭的机会一次又一次与我失之交臂。因此，直到现在我的档案履历表上，文化程度一栏中仍然是“高中”，让许多熟悉我的人都感到不可思议。

不是么，时下总有一些人千方百计寻机会，抓机遇，为着个人的工作调动、职务升迁而煞费心思。对于我来说，也曾有过调动工作、转换工作岗位以至职务升迁的一些难得机遇，可每每仍然被我一次次婉拒了，说穿了还是舍不得我为之付出了心血与汗水的《甘肃工人报》。如今在《甘肃工人报》这个岗位虽说也度过了三十多个春秋，对她的挚爱不知为什么还是那样的浓，那样的深。并非是因为看重或放不下我在《甘肃工人报》这片沃土上，由一名记者成长为担任了二十来年的副总编和总编这个职务，而是因为《甘肃工人报》的三十多年几乎写下了我人生的全部精彩，为她所爱，为她坚守，我无怨无悔。

人生不管是平淡还是辉煌，大凡人在生活历程中都会生出些感悟。与《甘肃工人报》朝夕相伴的三十多年，虽说平平淡淡，但也多姿多彩，漫漫岁月中倒给了我深深启迪：

人人都有生平最爱，或琴棋书画，或花鸟虫鱼，或松梅兰竹，或美酒佳肴，或名山大川，春兰秋菊，各擅其胜。我虽未受过高等教育，但自幼上学便酷爱学文，后参军从戎，也曾对医道兴趣甚浓。唯与《甘肃工人报》结缘，终使从业新闻成平生最爱，以至与《甘肃工人报》不离不弃，愈守愈坚。三十多年一路走来，我深深感悟：人有平生最爱是幸福的，因为有此可陶冶情操，激励风节，可丰富人生涵养意趣。漫漫人生路上，若与最爱相伴，生活便会熠熠生辉。

我为我爱《甘肃工人报》带给我的幸福而自豪！

九

在《甘肃工人报》工作的三十多年间,我几乎走遍了兰州地区乃至省内的一些大中型企业,目睹了企业的兴衰与发展,领略了企业的辉煌与风采,感悟了企业经历的改革与阵痛,在我人生阅历中留下说不尽的启迪与记忆。

一天伏案编稿,不时翻阅着案头一大堆稿件,突然眼前一亮:白银有色集团公司上半年收入超百亿元。稿件中说:“2011 年上半年,白银有色集团股份有限公司,在有色金属市场震荡的行情中一路走高,完成营业收入 109 亿元,同比增长 82%,净利润 4.03 亿元,同比增长 95%,实现了‘十二五’跨越发展的良好开局。”

看到这里,我的心头不禁为之一震:白银公司终于走出徘徊十余年的生产经营困境,走上了重振雄风的发展之路。喜悦兴奋之时,尘封的往事也一幕幕萦绕在脑际:

知道白银公司这个名字,还是 1976 年 7 月我被分配到省总工会上班第一天的晚上。那时,全国还处于“文革”十年内乱时期。省总工会组织所谓“理论骨干”,编写什么无产阶级专政条件下继续革命理论的学习材料,作为举办全省工人理论队伍培训班的教材。还要求编写的材料必须理论联系实际,要剖析一些典型案例。于是有关白银公司的一些资料就摆在了我们当晚被召集来的每个人的面前。至此,我才知道了甘肃有一个白银公司这样的大型企业。

细细翻阅着一摞厚厚的材料,我知道了白银有色金属公司是我国“一五”时期 156 个重点建设项目之一。是 1954 年开始建设,1958 年建

成投产的大型联合企业，是我国重要的有色金属生产基地。然而，在1959年全国开展的社会主义教育运动中，白银公司领导班子却被定为修正主义集团和资本主义复辟的典型，还上了当年的《人民日报》，从而让地处大西北偏远一隅的白银公司全国闻名。凑巧，当时主持省总工会工作的领导，也就把联系白银公司所谓“资本主义”复辟案例，编写学习材料的任务交给了我。因而，白银公司这个名字不仅仅深深印在了我的脑海里，而且蒙上了一层神秘的色彩。庆幸的是省总工会编写的所谓学习材料还没有出笼，“四人帮”就被粉碎了，我们编写的材料也随着拨乱反正化作了灰烬。然而，对白银公司的那份神秘乃至向往，却久久在心头挥之不去，真想看看这个当年所谓资本主义复辟典型的庐山真面目。随着粉碎“四人帮”后拨乱反正工作的不断深入，长期以来压在白银公司头上的那顶帽子也被摘了下来。对我来说去白银公司看看的愿望似乎成了一个心结，显得格外迫切。因为通过以往看到的材料，发生在白银公司的一些人与事，总是时不时撞击着我的心灵……

记得头一次走进白银公司大约是在1978年的时候。那时我还在省总工会宣传部工作。这年深秋的一天下午，我与时为工人日报甘肃记者站的记者李景宏一道去白银公司采访。景宏同志原籍河南，兰州大学毕业后分配到甘肃日报社工作。“文革”结束后恢复工人日报时，又到了工人日报甘肃记者站工作。他告诉我，在甘肃日报社当记者时，他就跑工业口，曾经多次到过白银公司，可以说随着他去白银公司完全是轻车熟路。那时，去趟白银可不像现在这样便当，个把小时就到了，怎么说也算得上出远门，跑长途了。再说每天也就一趟班车，乘车也不是件容易的事。因此，头一天上午我们还专门去了趟兰州汽车东站，排了老长的队才买了两张第二天去白银的车票。拿出来一看，开车时

间是早晨6点30分。于是我与景宏同志第二天一大早就来到位于兰州市平凉路的汽车东站，踏上了去白银的路程。

当时，从行政区划上来说，白银还属于兰州市的一个区。因为我是头一次去白银，原以为既然白银属兰州郊区，大不了比去西固远一点，路上也就一两个小时足够了。可真没料到去趟白银还真不那么容易。说是6时30分开车，其实从车站发车时就已经整整晚了半个小时。那个年头，不管是汽车还是火车，晚点是再平常不过的事了。满车的人谁也不说一句话，迟来的司机和助手一脸平淡，更没有对晚点发车说点什么。刚过位于黄河北边的大砂坪，汽车径直开进了一个加油站，并吆喝着让乘客都下车，说是在这里要加油。我禁不住低声说："为什么发车前不加好油，偏要半路上加油呢？"景宏同志看了看我，只是笑了笑什么也没有说，却露出一脸的无奈。其他乘客中，有的摇摇头，有的发出叹气声，都只好从车上走下来。又过了半个多小时，汽车油已经加好了，可就是见不到司机要开车的样子。只见司机端着一个大白瓷茶缸，上边还印着一圈红字，我思量可能是发的奖品吧，一摇一晃地走进加油站的一间房子里，跟车的助手蹲在离车不远的地方仿佛在晒太阳，也不喊着让乘客上车。过了足足有二十来分钟，司机才走了出来，把车开到加油站外，助手把头从车窗伸出来，招了招手要乘客们上车。就在这时，一位乘客因上厕所上车晚了一会儿，却被司机狠狠训了一顿："这么慢慢腾腾，就等你一个人，车还走不走啊！"好在那位乘客一脸苦笑没说什么，要不肯定免不了一场争吵。

车总算开动了。真没想到路况非常差，石子铺成的路面到处都是坑坑洼洼，汽车就像一叶扁舟颠颠簸簸行进着，最多也就是每小时40公里的车速。时而还卷起一股黄土飞尘，车窗外什么也看不清。"怎么路这么差啊？"我不由自主冒出话儿。景宏同志看着我笑了笑说："就这也比过去好多了，现在还铺上了石子，前些年还都是土路哩。"听他这么一说，我也只好点了点头，可心情却比清早乘车前差多了。随着车子摇摇晃晃，我与景宏同志也都闭上双眼打起盹来。

约摸过了一个来小时，汽车进入皋兰县，靠近县城不远的公路边上就是汽车站。司机把车开进车站院子后，有几个乘客下了车，又有几个新上车的乘客,在车上助手一一检票后上了车,在刚才下车的人腾出的空位上坐了下来。这当儿只见助手拿起一个本子上了趟车站办公的地方,不大一会儿就返回车上,并躺在座位上闭上眼睛养起神来。司机又端起那个大茶缸走进车站一间平房里。满车的乘客没有一个人下车,都眼巴巴等着司机的到来。过了又是二十来分钟,司机终于上了车,汽车开出车站后缓缓向前驶去。

车出皋兰后,车速尽管仍然很慢,好在半途再没有停车。离开皋兰约有三十来公里,仿佛进入了山区,道路狭窄不说,还尽是一些弯道。奇怪的是车正行驶中突然下起了大雨,豆大的雨滴拍打着车窗的玻璃,水珠也流成了密密的雨帘。由于下雨的缘故,车速显得更慢了,看得出司机也是格外的小心,双手紧握方向盘眼睛一直盯着前方。汽车终于驶出了山沟,几分钟前还是大雨倾盆,这会儿又是万里晴空,似乎没有下一点雨。金灿灿的太阳直射在车窗上,令人顿时有点柳暗花明又一村的感觉,眼前顷刻豁然开朗。等汽车停稳在白银汽车站时,已经是中午12点多了。此时此刻我不免有些感叹,真没想到来趟白银竟折腾了四五个小时。现在从兰州到白银尚不到1个小时,该是多大的差别啊!

那个年头,记者到企业或什么地方采访,都是自己找上门去的,哪有现在这样动不动还得被采访单位派车接送,热情接待什么的。走出汽车站,我们先找地方去吃饭。沿着汽车站附近的一条街道,我与景宏同志找了足足有半个小时,终于找到了一个小饭馆,每人吃了一碗面条后,便直奔白银公司办公大楼而去。那时,白银公司办公楼看起来非常简陋,外面灰砖白墙,里面毫无装饰,水泥地面,白灰粉墙,也看不到任何的高档设施。目睹此景,令人很难与一个大型国有联合企业联系起来。

我们先是来到一楼的公司工会,当时还没有到下午上班的时间,办公室的门都紧锁着,景宏同志与我只好走出办公楼,在院子里转悠着。不大一会儿,人们三三两两走进办公楼内,表明下午上班的时间到了。随着上班的人们,我们也再次走进办公楼,还是先来到了工会。正好挂着工会牌子的办公室门虚掩着。我轻轻敲了敲门,里面立时有人应声"请进"。当我正要推门之时,屋内一位同志已经将门打开了。一进门景宏同志忙说:

“我是工人日报甘肃记者站的。” 然后又指着我说:“他是咱们省总工会的,我们今天来主要是了解一些公司生产经营方面的情况。”办公室几位同志显得格外热情,又是让座,又是递茶。知道我们的来意后,一位年龄较大的同志笑着说:“非常欢迎你们到公司来,关于对外宣传的事,公司规定都由党委宣传部负责接洽。”说着他还对另一位同志说:“要么给宣传部联系一下。”景宏同志说:“不用联系了,那我们就到宣传部去。”说着我们就站起身来,工会的一位同志还陪着我们来到三楼,径直来到了宣传部长的办公室。已经近四十年过去了,说实话当年的那位宣传部长姓什么、叫什么已经记不清楚了。但还依稀记得个头不高,瘦削清秀。工会的同志说明情况后,宣传部长一脸笑容,几句寒暄之后,便按我们的想法滔滔不绝介绍起当时公司生产经营和企业管理等方面的一些情况来。景宏同志提出要到一些生产现场采访,部长忙拿起电话叫来专门搞对外报道的一位同志,要他陪着我们到几个分厂看看。没过两分钟,部长办公室进来一个三十出头,中等个儿,看起来敦敦实实的同志。一进门部长就说:“工人日报的同志来采访,马上与车队联系一下要台车,陪着到几个生产分厂去,去哪里你考虑一下,也给下边打个招呼。”“好吧,我马上就去落实。”报道组的同志一边向我们点头,一边就拉开部长办公室的门向外走去。然后又回头对着我们说:“请你们在这坐会儿,要好车就来接你们。”说着招招手便走了。约摸过了二十来分钟,他又风风火火地来了:“车就停在院子里,给几个分厂也说好了,咱们现在就走吧。”他的话音还没落,我们就站了起来,部长也和我们一起来到办公楼下,把我们送上一台北京吉普车。就这样,这天下午,我们先后到冶炼厂、选矿厂、铅锌厂、小铁山矿等白银公司几个主要生产分厂,在冶炼炉旁、在选矿生产线进行了采访,了解了许多生动感人的情况。直到下午6点钟过了,我们才依依不舍地离开了生产现场。报道组的同志又领着我们来到公司招待所,我们自己在这里登记了一间两张床位的住房,然后又到招待所的一楼自己掏钱和粮票买了两张餐券。当我们去食堂吃饭时,报道组的那位同志说:“你们先去吃饭,有啥事明天再联系。”说完坐上汽车就离开了。我与景宏同志来到一楼的食堂餐厅吃了晚饭。回到招待所房间后,我们俩受下午采访兴奋情绪的感染，交谈的话题总是离不开在生产现场的所见所闻。那时，招待所的房间里还没有电视，我们就躺在床上侃大山。好在景宏同志带着个半导体收音机，我们时而也听收音机里播放的新闻节目，时而又翻翻下午采访的记录，景宏同志开始思考写稿的打算，还不时地与我商量起来。

我们是第二天乘火车回到兰州的。回兰州没几天，景宏同志以我们两人的署名写了篇稿件，发表在《工人日报》的一版上。稿件见报后，白银公司宣传部的部长还专门打来电话表示感谢。

这就是我头一次走进白银公司，时间虽短却留下了十分深刻的印象，让我对这家大型联合企业总算有了一些了解。后来，我到《甘肃工人报》工作后，与白银公司的来往越来越多。那时，白银公司对新闻宣传非常重视，每年都要召开一到两次与新闻单位的座谈会或联谊会，我几乎每次都参加了。给我留下最深印象的，是1985年省总工会在白银公司召开的那次全省职工思想政治工作会议。在我的记忆里，这是自我到省总工会工作之后，省总工会在白银公司召开的第一个会议。省总工会的几位领导都出席了会议，分管工会工作的省委副书记卢克俭还专门到会发表了重要讲话。也就是在这次会议上，我认识了时任白银公司工会主席的曹斌贤，并在后来的交往中成了关系十分密切的忘年交。曹主席原任公司党委副书记，后来当选为公司工会主席，是位非常和蔼、慈祥的老领导。为了接待好省总工会的这次会议，曹主席带领公司工会的同志们作了精心的筹备，从会议代表的食宿到学习参观的路线，曹主席无一不安排得十分精细和周到，给参加会议的代表留下了非常深刻的印象。通过这次会议，使白银公司与省总工会之间的联系更加密切。打这以后，全省工会系统的一些会议都曾在白银公司召开，全国总工会的领导到甘肃调研、视察工作，省总工会大都会安排到白银公司，倪志福、张丁华、陈秉权、郑万通等全国总工会领导都曾经到过白银公司。凡是省总工会召开的一些会议，也总不会忘了邀请白银公司工会参加。白银公司也成了我经常采访的企业，与公司工会上至主席下到每个干部，不仅混得很熟，而且彼此间都建立了深厚友谊。尽管白银公司工会的人员不时发生着变化，但不管怎么变化，这种友谊不但没有中断，而且仍在不断延续。用公司工会同志们的话说，是因为曹主席对我有着一份特殊的偏爱。不管是我去白银公司参加会议或是采访，还是曹主席参加省总工会召开的会议，曹主席总忘不了要特意找到我聊上几句，有时自己确实抽不开身，也要派工会的同志专门来看望我。曹主席性格十分开朗，也能喝几杯酒，而且每当喝酒总离不开要吃几瓣大蒜。我原本是滴酒不沾的，可不知为什么，凡是与曹主席一起吃饭，总少不了要喝上几杯酒。记得一次去白银公司采访，晚上曹主席与工会的同志一起专门招待我们一同去的几位记者。与曹主席吃饭自然是少不了酒的。正好我又坐在他的旁边，只要是曹主席敬酒，我只能是一饮而尽。同行的记者事后告诉我，这天晚上我整整喝了八杯酒。久而久之在工会系统，一些人就戏说我只有在白银公司才喝酒。还记得一年春节的大年初四，我应邀与白银公司工会的同志在白银相聚。此时曹主席已经退休多年，我便与公司工会主席温克立等同志一道，登门看望了曹主席。几年没见，曹主席显然老了许多，但精气神依然很好，说起话来依然是大嗓门。一见到我，老人家显得十分高兴而又亲切，张罗着老伴又是沏茶水，又是递水果。还一个劲地说："今天就在这我里吃顿过年饭，咱们好好叙一叙。""工会已经安排了，晚上大家一起吃饭，请曹主席与工会的同志一起过年。"没等曹主席说完话，温克立主席已在一旁搭上了腔。听温主席这么一说，曹主席放下端在手中的茶杯笑着说："那也好，晚上我一定参加，可酒由我来带，我这里还藏着几瓶好酒，绝对是真货。"一番话引起了满屋子一片笑声。当天晚上，曹主席果然带着两瓶"五粮液"酒，白银公司工会的同志几乎全到了。和老主席共度新春，大家都显得十分高兴，争相向老主席敬酒。曹主席也颇为激动，感谢同志们还惦念着他。可那天晚上曹主席一直以白开水代酒，说是年龄大了再也不能像过去那样喝酒了。但他一直是满脸笑容，还是那样慈祥和蔼。两个多小时里，我与大家一样都沉浸在一片欢乐和幸福的氛围之中。这也是曹斌贤主席退休后，我们唯一的一次一起吃饭，也是我见到曹主席的最后一面。一个偶然的机会，当我再次向有关人员问起曹主席时，才知道他已经病逝了，我不禁为没能向这位我深深爱戴的老主席送别而遗憾,唯有把那年春节的相聚永久地留在记忆里……

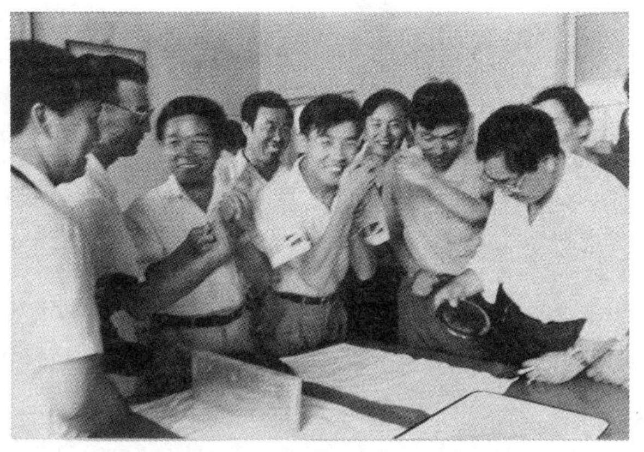

说起白银公司,就不能不说与公司党委副书记王槐青的交往。认识槐青书记是 20 世纪 90 年代初的事。那时他主管公司的宣传工作,与各新闻单位有着密切联系,被大伙亲切地称为记者的"老朋友"。凡是白银公司有重大活动,或者有记者去公司参加会议,进行采访,都是槐青书记亲自张罗和安排的,而且每次都安排得非常周密,尽可能满足和配合每个记者的采访要求。在多年的交往中,我能感受到槐青书记对我有着特别的关爱。每到兰州总会到我办公室一叙,每当我去白银公司,他即使工作再忙,也会抽出空来看望我。每年的春节还总少不了要登门拜年。记得 1992 年,全国职工思想政治工作年会在白银公司召开,来自全国各省、市、区和各大企业的代表云集白银公司。从中央到地方的新闻媒体来了几十名记者,槐青书记工作之重和繁忙可想而知。即便如此,一天晚上已经 9 点钟了,他还专门到我住的房间看望我,了解我会议期间的采访要求和打算。当我提出打算采访时任吉林化学公司党委书记李奇生和著名思想政治工作者李燕杰时,槐青书记满口答应,并说他尽快联系安排。没想到第二天一大早, 槐青书记就兴冲冲地告诉我:"李奇生书记已经联系好了,上午 10 时他就到你住的房间来找你。"听槐青书记这么一说,我既高兴,又感动,深为他对工作的尽心尽责而叹服。

之所以想采访李奇生书记,是因为当时全国范围内正在开展学习吉林化学公司加强职工政治思想工作的经验。就在这次会议之前,由时任全国总工会副主席、书记处第一书记于洪恩带领的吉化事迹报告团曾到甘肃巡回宣讲。我从头到尾都参加了宣讲活动的宣传报道工作,对吉化的经验留下了极为深刻的印象。能在这次全国思想政治工作年会上,采访到会的吉化公司党委书记李奇生,进一步了解吉化职工思想政治工作

的经验，实在是一个难得的机会。于是我便细细思考采访李书记的提纲和采访的重点,静静等待着李书记的到来。

记得那天上午还不到10点钟的时候,我入住的房间响起了轻轻的敲门声。当我刚打开门,一个高个头，满脸笑容的人问道:“请问是文记者吗？我是吉林化学……”没等他说完,我忙伸过手去:“是李书记吧,快请坐。”我们先是寒暄了几句,就进入了采访的正题。在近两个小时的交谈中,李奇生口若悬河,畅谈了对改革开放的新形势下,加强职工政治思想工作极端重要性的认识，分析了在市场经济条件下,职工思想政治工作出现的许多新矛盾、新情况,如数家珍般地介绍了吉化公司加强和创新职工思想政治工作的好做法,好经验。短短两个小时的采访,仿佛给我上了一堂生动的思想政治教育课。直到采访结束,李奇生书记的一番谈话,还久久在我的脑海盘旋,真是回味无穷。也就是这次会议过后不久,李奇生书记便调任中华全国总工会副主席,巧的是他正好主管全国工会宣传工作。我几次参加中国工人报刊协会召开的年会时,都曾见到过他,还聆听过他的重要讲话。至今我还记得在安徽省合肥市召开的一次年会上,李奇生针对当时有的工人报社为了搞好所谓经济创收,提出“有奶便是娘”,谁给钱就为谁宣传的观点,明确说:工会组织就是工人报刊最大的娘家,为工会工作服务,为职工群众服务,为企业服务是工会报刊必须坚持和遵循的宗旨,谁也不要动摇和随意拨弄这根敏感神经,否则工会报刊就会偏离正确的方向。这些年来,在从事报纸编采工作的过程中,也常常遇到社会效益与经济利益的冲突和矛盾,特别是一些社会类、生活类、法制类报刊充斥市场,给工人报刊带来许多新的挑战,甚至是重重困难。但想起李奇生主席的这番讲话,使我在坚持“三工”办报宗旨上不曾有过任何的动摇,从而保证了报纸正确的舆论导向。

采访完李奇生书记的当天下午,按照槐青书记的联系和约定,我又

来到李燕杰同志入住的房间，就当前青年职工的政治思想状况进行了采访。李燕杰是当时专门从事青年思想政治工作研究的专家与学者，曾采取报告会，与青年职工、大学生面对面对话、交流、辩论等形式，为当代青年解疑释惑，针砭时弊，一时间在青年人中声誉鹊起。在采访中，李燕杰同样绘声绘色，阐述了新形势下思想政治工作的新特点、新变化，也提出了一些新观念、新思维，确实令人耳目一新。后来我把采访李奇生和李燕杰的专访，相继在《甘肃工人报》作了报道，在读者中产生了很好影响。槐青书记看到报道后，还专门给我打电话，称赞两篇专访抓得好，角度新，对实际工作很有指导。我也连连感谢槐青书记对于采访的及时联系和周到安排。后来，没过两年，槐青书记又兼任了白银公司工会主席，我们之间的交往更加密切了，他也从工会的角度对甘肃工人报社的工作给予了多方面的帮助与支持。也正是通过他这条桥梁和纽带，我更多地走进了白银公司，深入到白银公司，了解了白银公司，让这个全国闻名的大型联合企业在我头脑里留下了挥之不去的印记。

2011 年 5 月 1 日，是“五一”节一连三天的假日的第一天。这天我正在单位值班，突然一阵急促的电话铃声响起：“是文总编吗？我是刘铁军，今天是劳动节，专门打电话问个好，祝节日愉快……”“是刘老总啊！您好吧？长时间没有见到您了。”就这样我们在电话上寒暄了一阵。放下电话后我的心情久久不能平静，往事就像电影一样一幕幕浮现在眼前，刘铁军的影子不时在脑海中浮现。我静静坐在办公桌前，陷入了深深的沉思之中。

刘铁军原是兰州铝厂厂长，全国劳动模范，20 世纪 90 年代初，曾因懂经营、善管理，又敢于大刀阔斧进行企业改革，把个兰州铝厂搞得红红火火，成为甘肃乃至全国颇有名气的先进企业，刘铁军的名字连同人们对他“铁厂长”的美称，一时间在省内外广为传播。

我认识铁军厂长还是在80年代末的时候。记得是在兰州铝厂荣获全国“五一”劳动奖状之后,我曾专门去厂里采访。头一次见到刘厂长时,他穿一身工作服,正在冶炼炉边检查生产。只见他个头不高,圆圆的脸盘,说一口地道的东北话。我们就在离冶炼炉不远的地方聊了起来。从采访中得知兰州铝厂在企业生产经营长足发展,经济效益连年攀升的情况下,不讲排场,不图享受,而是把钱一方面花在扩大生产和技术改造上,一方面改善职工的生活福利设施。厂里专门购买通勤车,解决了多年来职工上下班乘车难的问题,还改造了职工浴室和职工食堂,因而受到广大职工广泛好评。我以此为主题写了一篇兰铝不搞攀比,不追求豪华,一心一意为职工谋利益的稿件,不几天就刊登在《工人日报》的一版头题上。之后,兰铝工会王万增主席打来电话说:“刘厂长看了报道很高兴。”再见到刘厂长时,是在省总工会在兰州宁卧庄举办的一次座谈会上。当王万增主席把我介绍给刘厂长时,他拉着我的手说:“我们是老熟人了,感谢你写给《工人日报》的报道,对我们是很大的鼓舞,欢迎常到厂里去。”一席话一下子把我们之间的距离拉得更近了。也就是从这个时候,我与兰州铝厂建立起了热线联系,凡是兰铝有一些重大宣传活动,总是少不了邀请我参加,久而久之我和铁军厂长成了很好的朋友,交往更是日益密切。

一年年底,兰州铝厂召开年终表彰大会,铁军厂长又是一番独出心裁,对评选出的劳模实行重奖,体现对劳模和对一线工人的尊重和热爱。当时说是重奖,其实就是评选的二十名劳模每人奖励了一辆摩托车。这在90年代初,在甘肃乃至全国也是少有的事。我是被邀请参加这次表彰大会的唯一媒体记者,目睹和感受了表彰大会那隆重热烈和激动人心的场景。表彰大会结束的当晚,我就连夜赶写出了兰铝重奖劳模的报道,不仅在《甘肃工人报》作了头题报道,《工人日报》也刊发在了一版头题上,产生了非常广泛的影响。这篇报道在全国工人报刊好新闻、好作品评选中还获得了一等奖。兰州铝厂全心全意依靠职工办企业的事迹也开始在全国范围内广为传播，还曾引起全国总工会领导的高度重视，在全总召开的有关会议上专门让兰州铝厂介绍了经验。打这以后，铁军厂长与兰铝的领导和同志们给予我特殊的偏爱，不光是邀请我参加了企业的许多重要活动，而且厂里专门做出决定，聘请我为兰州铝厂的荣誉职工，并特意颁发了聘书。当时兰州铝厂聘请的荣誉职工共有三人，除我之外还有曾任甘肃省歌舞团团长、舞剧《丝路花雨》的编剧赵之洵，编舞陈红，由他们两人担任当时兰铝职工艺术团的艺术指导。

作为兰州铝厂的荣誉职工，那些年里我几乎参加了兰铝内内外外的不少活动，兰铝上至领导下到一些工人，大都认识我，大都能叫上我的名字。记得一年，兰铝在北京召开一次与外商的业务洽谈会议，专门邀请我赴京参加。那次我们是乘飞机到北京的，这也是我第一次坐飞机，喜悦和激动之情是可想而知了。到达北京后，刘铁军厂长等兰州铝厂的领导都住进了位于北京公主坟的兰铝驻京办事处。实际上就是租用的一家单位的几间房子，几乎没有什么设施，屋内连个电视也没有。当时正值夏季，硬板床上铺张凉席，再加一个毛巾被，真是简单得不能再简单了。刘铁军厂长等人就住在这里，吃饭也由办事处的同志自己做。可硬是安排我住在办事处对面的一家叫新兴宾馆的高档宾馆里。我再三提出要和大家住在一起，他们却以办事处没有床铺为由硬是没有答应。我问办事处的老裴主任："怎么不给厂长他们几个领导在宾馆安排房子？""安排了，他们不去住，厂长每次来北京开会或出差，我们都提出给他安排到宾馆去住，可他不但不去，还批评我们办事就不想着节俭，时间长了我们再也不敢再提了。"听着裴主任的话，我心头更添了几分对铁军厂长的敬意。

那次会议是在全国政协礼堂召开的，首都各界来了不少领导和知名人士，中国铝业总公司、国家经委、全国总工会等领导都到会发表了讲话。会后午餐时，应邀而来的一些书法家、画家，还即席挥毫泼墨为兰铝书写和绘就了不少书画作品，现场气氛之热烈至今令人难忘。铁军厂长自然成了人们竞相题赠书画作品的中心人物，此情此景真是让我开了眼界。

还有一年,兰州铝厂在北京与美国某公司举行合资组建黄河铝业公司的签字仪式,又是刘铁军厂长点名要我到北京参加签字活动。时任甘肃省总工会主席王新中同志也应邀一起到了北京。这次我们与铁军厂长等人飞抵北京后,一同住进了兰州铝厂在北京卢沟桥乡新建的办事处。这是一座新建的大楼,装潢设施也都不错,只是离市区较远,又不通公交车,出租车由于地处偏僻也很少有人来,因而出行很不方便。住进这里后,有幸的是我与王新中主席一道参观了离住地不远的卢沟桥,我们在不长的桥上沿着两边来回走了好几趟,抚摸着两边桥栏上的石狮子,仿佛闻到了抗日战争伊始,卢沟桥上炮声隆隆的硝烟。下午我们又在卢沟桥参观了抗日战争历史展览馆,更加平添了对卢沟桥的仰慕。

这次与美国企业的签字仪式是在北京人民大会堂举行的。过去虽说因参加中国工会代表大会,我曾几次走进过人民大会堂,但那只能按规定区域进会场,像这次走进大会堂深处,目睹大会堂内以每个省命名的大厅还是头一回,也是难得的机会。我与王新中主席这天下午早早就来到了人民大会堂,记得我们是按规定从侧门进入大会堂的。进入后我们从楼上到楼下,真是把人民大会堂看了个够,还在会堂里拍了不少照片。签字仪式是下午4时开始的,时任国务院副总理邹家华出席了签字仪式,并在会上讲了话。铁军厂长也在签字仪式上讲了话,表示要抓住这一良好机遇,把兰州铝厂做大做强。记得那天下午铁军厂长一套藏蓝西装,显得格外精神,讲话时声音洪亮,底气十足,让我们在场者无不感到振奋。会议结束后,兰州铝厂就在人民大会堂举行招待宴会。宴会大厅一片灯火辉煌,服务人员均着黑色西装,穿梭在餐桌之间。大厅里最引人注目的是巨型长条餐桌,应邀到会的宾朋们欢聚一堂,相互举杯频致敬意,整个宴会大厅充满一片喜庆气氛。铁军厂长特意来到我面前碰杯敬酒,我们共同祝贺签字仪式的圆满成功,共同祝愿兰州铝厂的明天更美好。这也是我第一次,也许会是今生唯一的一次在万人瞩目的人民大会堂就餐。

让我最难忘的还是那次随兰州铝厂职工艺术团进京演出。20世纪90年代初,兰州铝厂职工艺术团曾红极一时,铁军厂长对这个艺术团寄予了极大的关爱与支持。1990年冬天,就是在铁军厂长倡导与支持下,艺术团赴京进行慰问演出。兰州铝厂又特意邀请我随艺术团一起进京。我与时任省总工会主席王新中、兰州铝厂工会主席王万增是先期乘飞机抵达北京的。艺术团到京后就住在了位于北京长安街的中国职工之家。为了兰铝艺术团的进京演出,全国总工会还专门举办了新闻发布会,邀请了首都三十多家新闻媒体参加。时任全国总工会副主席郑万通,全总宣传部部长董蕴琦以及中国文联等有关方面的领导出席新闻发布会。记得首场演出是在首都天地大剧院。当晚时任全国人大常委会副委员长、全国总工会主席倪志福以及全国总工会、中国文联、文化部等有关方面领导都观看了演出,首都文艺界的一些知名人士如贺燕云等也来到演出现场祝贺。当晚演出获得圆满成功,第二天首都各大媒体也都报道了演出盛况,一时间京城刮起了一股兰铝风。我与艺术团的同志一样,那些天里一直沉浸在兴奋和自豪之中,深深感到兰铝艺术团进京演出为我们甘肃职工争了光、添了彩。遗憾的是就在兰铝艺术团进京演出的那几天,铁军厂长因有出国访问活动,没有能和我们一起分享那份喜悦与快乐。

兰铝艺术团进京演出的短短几天中,先后走进了北京锅炉厂、北京燕山石化公司、北京市卢沟桥乡,演出了一场场极具陇原特色的精彩节目。特别是在中央警卫团那场演出更是震撼人心。曾在甘肃工作过的汪锋、冯纪新等老领导带着家属观看了演出。观看演出的中央警卫团的官兵们的那股浓烈的热情真令人热血沸腾,每个节目演完后经久不息的掌声和喝彩声让整个晚会现场成了欢乐的海洋。直到演出结束回到住地,艺术团的同志们还沉浸在幸福与喜悦之中。

几场慰问演出之后，兰州铝厂的领导安排艺术团的同志们游览十三陵和长城，我也和大家一起参加了游览活动。不料在游览十三陵时，我却不小心扭了脚，顿时疼得难以行走。但我硬是在艺术团几位同志的搀扶下，爬了一段八达岭长城。等到晚上回到住地，脚踝肿得老高，疼得再也一步难挪了，就连晚上大家的聚餐会，我也实在难以参加。整整一个晚上，脚踝痛得我几乎没能合上眼。第二天一大早，我还半卧在床铺上，王万增主席风风火火推门进来："刘厂长昨晚刚出国回到北京，听说你脚扭了专门来看你。"说着铁军厂长就走到我床前。我似乎也忘记扭了脚，立马起身下床，可下地后扭伤的脚一点儿也不痛了，我还抬起脚摇了摇，没有任何痛的感觉。王万增主席开玩笑说："真是神了，昨晚还痛得一夜睡不着觉，一见到刘厂长就好了。"一句话说大家都笑了。

就这样，前前后后十几年，我与兰州铝厂，与刘铁军厂长总是有着割不断的情缘。如今刘厂长退休也有十多年了，尽管接触少了，我每每想起他老人家，仍然感到是那样的亲切。2011 年"五一"接到他的电话，又怎能不激起我心头的层层涟漪，我只能默默祝福老人家健康长寿。

还是 2011 年的一天上午，眼看就要到下班的时间，我的手机突然响了起来，电话是省建七公司原总经理、全国劳动模范何其实打来的。说是好久没见了，很想约我在一起聊聊天。我真是喜出望外，巴不得早点见到这位已有两三年没有见到的老朋友。

与何总相识还是在 20 世纪 90 年代末期，那阵子省建七公司堪称甘肃建筑行业的龙头老大，在整个建筑行业市场低迷、经营举步维艰，不少建筑公司在困境中徘徊之时，唯有七公司风景独好，兰州街头不少标志性的建设工程都是由七公司承建的，许多建筑物上"七建建家你安家、七建温暖千万家”的巨幅标语随处可见,令不少人对七建公司刮目相看,更对七公司的掌门人何其实赞佩不已。

其实对省建七公司我并不陌生,早在80年代改革开放初期,曾多次到过七公司采访,也写过有关七公司的不少新闻报道,宣传过七公司好几位省级和全国劳模的事迹。特别是名扬一时的该公司全国劳模曹同维改革班组分配和用工制度的“三瓦刀”经验,也是在经过《甘肃工人报》宣传报道之后,被省上有关方面作为全省改革先进典型予以总结推广的。在这之前我还真不大熟悉何其实,那阵他还在七公司的一个基层单位。零距离接触其实老总,是在省建七公司荣获全国“五一”劳动奖状的前夕。记得是在1997年3月的一天上午,我应约到位于兰州市平凉路南端的七公司采访,主要了解企业改革发展的情况。

3月的兰州春寒料峭。当我赶到七公司时,公司工会范主席已经在院子里等我,正与范主席搭话的当儿,一辆小汽车从大门开了进来。“何总来了。”范主席一面说着,一面朝着小车走去。何其实一出小车,范主席就把我介绍给了何总。他与我握了握手并连连说:“欢迎,欢迎。”这是我头一次见到何总,留给我的印象他是一个不苟言笑的人。

我们一起走进他的办公室,他脱下身上的大衣挂在衣架上后,忙着给我倒了杯热茶,并拉过一把椅子坐在了我的对面:“早就听说你要来采访,其实也没有多少可说的,这几年我们也就是适应市场变化,在闯市场中求得了一些发展。”何总说起话来,不紧不慢,一口浓重的甘肃地方口音。就在他说话的时候,我仔细打量着坐在对面的何总,只见他面庞略带几分冷峻,两道剑眉下一对有神的眼睛,显得深邃、机灵,浑身透出一股精明劲儿。我们交谈了近两个小时,从当时建筑市场面临的突出矛盾和存在的主要困难,谈到七公司在搏击市场大潮中突破的一个个重围;从企业内部推出的一项项改革举措,谈到企业不断发展、效益不断提升,职工得到的实惠不断增加等方面的情况,也谈到了作为企业经营决策者应有的素质和眼光。尽管是头一次与何总交谈,可就是这一次我们彼此都留下了深刻印象,让我感受到了一位现代企业家的智慧与胆识。采访后的不几天,我以“映日荷花别样红”为题,写出了介绍省建七公司改革发

展的长篇通讯,在《甘肃工人报》作了报道。记得在这篇长篇通讯的题记中,我有感而发地写道:改革开放以来,随着计划经济向市场经济的转变和优胜劣汰的激烈市场竞争,使得国有企业遇到了前所未有的严重挑战:有的生产跌入低谷;有的经营困难,举步维艰;有的被迫关停并转;还有的企业破产、职工下岗,以致于难以维持生计。就在国有企业普遍不景气的大环境中,最为困难的莫过于建筑企业……然而,同是一片天,同是一块地,同样遇到资金不足,任务不足,竞争激烈重重困扰,同样在甘肃的地盘上,却有这样一个企业——甘肃第七建筑工程公司,在全省建筑行业独树一帜,生产经营连年稳步发展,经济指标连连翻番,令同行刮目相看,让国企职工赞叹不绝。他们的经营集中到一点就是:有一个开拓进取的领导班子,有一整套充满活力的改革措施,有适应于市场经济的管理经营机制,有一支敢打敢拼的过硬职工队伍。

这篇报道一经见报,在全省工业系统产生强烈反响,尤其是在建筑系统引起极大关注,何其实也成了不少人崇拜的偶像。我熟悉的好些企业的朋友,也都想通过我搭桥认识一下何总。记得稿件见报的两三天后,一天上午刚上班,就接到七公司宣传部长顾芹明的电话:"文总编,何总今天上午想见见您,请您10点钟左右能不能到他办公室来一下。""有什么事吗?"我在电话中问道。"何总没有说,可能是想和你聊一聊吧。"顾部长回答说。我在电话中忙说:"请告诉何总我一会就到。"放下电话,我心里还真有点忐忑不安,心想难道稿件中出了什么岔子。于是我急忙处理手头的工作,还不到10点钟就赶到了七公司。

叩开何总办公室虚掩着的门,他正在看一份文件。一见是我,他连忙从座位上站了起来,还是那样不温不火地一边与我握手,一边笑着说:

“你的那篇报道可真让七公司出名了，这几天打电话的人真不少，得感谢你啊，帮七公司扩大了社会影响！”这时我悬着的心总算放下了：“不是我写得多么好，关键是你带领七公司干得好啊！”我的话音刚落，何总又说：“看来你对企业很熟悉，对国有企业目前存在的困难和现状都很了解，一些思考也很有见地，我就想交这样的朋友。今天请你来就是想和你聊聊国有企业改革发展的事，你们记者见多识广，兴许能为我们出些好点子。”听他这么一说，我倒显得紧张起来，连忙说：“哪能有什么见地，还得好好拜像您这样的企业家为师，才能对企业有一些了解。”就这样，何总又一次与我交谈了对建筑市场存在的工程款拖欠、承揽工程潜规则繁多、建筑企业填资负担沉重等问题，看得出他对建筑企业的经营、改革、发展颇多思考，对有些问题的认识和看法真是一针见血。

就在这天上午，何总非要留我一起吃饭，我再三婉言谢绝他就是不答应，还说就咱们俩个吃个便饭，我还想和你再聊聊。经他这么一说，我也再不好推辞。这天中午他和我一起在位于兰州市东方红广场的国芳百货八楼的餐馆里吃了顿饭，还真就我们俩人，何总再也没有叫任何人。饭间我们的话题还是离不开企业的改革与发展。也就是从这一天起，我与何其实交上了朋友。也就是从这一天起，我才算真正走近了何其实。

之后，何其实带领七公司从一个辉煌走向又一个辉煌，七公司的名气如日中天，越来越大，何其实也于1999年荣获了全国劳动模范称号。这期间我见证和了解了何其实与七公司不断深化改革，促进企业发展创造的一项项骄人业绩，并先后采写发表了《丹青难写是精神》、《妙手又著新华章》等长篇通讯，介绍了何其实在改革大潮中搏风击浪、勇往直前的感人事迹。

随着与七公司来往的增多，与何总关系和友谊的加深，他也高兴地把我称为企业之间的友好使者。我也荣幸地担当起这个使者的义务，曾陪着何总走进了玉门油田，走进了酒钢公司，走进了刘家峡水电厂等企业学习参观；还曾牵线搭桥，邀请庆阳石化公司原总经理、全国“五一”劳动奖章获得者班文，我省民营企业领军人物、甘肃盛达集团公司总经理、全国劳模赵满堂等人做客七公司，让企业之间建立了深厚友谊。记得有一次，何总突然电话约我一起到国芳百货集团，专门见到了张国芳总经理，还对张国芳介绍说，这是我们企业娘家报的总编，是最敢为我们企业说话的，以后有什么事多找找甘肃工人报。张国芳还连忙递过一张名片，不停说着："今后多联系，多联系。"遗憾的是我与张国芳也就这么一次近距离接触，以后虽说见过几次面，也只是打个招呼，很少有过来往。

还记得有一天，何总又打来电话，约我到了他的办公室，想就一些政府部门拖欠工程款严重的问题与我进行探讨，并希望就此问题思考一些解决的途径，作一些舆论上的呼吁。不巧的是第二天我就要去庆阳出差，答应回到兰州后再一起作些交谈。谁知就在我去庆阳出差期间，突然接到朋友电话，说是何总工作有了变动，调到省建总公司工作了。

回到兰州后，确实是七公司领导班子有了调整。之后我与何总也见过两面，他还专门约请我吃过两次饭。只是近两三年我们之间的联系少了一些。可每当见到七公司的人，我也总免不了要打问何总的一些情况。省总工会和甘肃工人报社举办的一些活动，我也都从全国劳模的角度，几次邀请何总参加，也许何总有他考虑的原因，大都没有出席。

这次何总突然打电话与我联系，并请我一起吃饭，真是让我又惊又喜。接到他确定吃饭的电话的头一天我还在上海出差，我是赶着回来与何总见面的。那晚的饭安排在兰州一家较为高档的酒店，当我如约来到酒店时，只见何总还与过去一样，看上去没多大变化，不同的是手里拄了根拐杖，这是因为几个月前脚扭伤了，还没有好利索。令我惊喜的是省人大常委会原副主任、省总工会原主席，我非常尊敬和爱戴的老领导李德奎也在座，更让我高兴不已，席间还有几位何总的老朋友。从谈话中，我能感受到包括德奎主任在内他们之间的那份友情和彼此关爱，我被何总的为人又一次深深感动了！

十

沿着兰州市东郊巷这条小道我竟然走了三十多年。虽然平平淡淡、默默无闻，但却一步一个脚印，走得稳当，走得实在，不敢说走出了人生精彩，倒也感到无怨无悔。特别让我终生都为之荣幸的是，就是走在这条小道上，我结识了不少堪为我师的好朋友，他们也是我能在这条小道上坚持走下来的最大精神支柱和寄托。

说起这些年来给过我关心、支持、提携的恩友、挚友真是不算少，这中间有的是企业家，有的是劳动模范，有的是工会主席，有的是新闻界的同仁，还有的是我曾经采访报道过的普通工人。令我为之高兴的是，不仅是在省城兰州，而且在全省各地、省内一些行业，尤其是大中型企业都有一些我可以称之为知己的好朋友。遗憾的是我难能把与他们之间的友情，一一用文字记录下来，只能把他们的名字时时刻刻、今生今世默默地永久地铭记在心里。

现任中国石油天然气集团总公司机关事务管理局党委书记田玉军，就是这众多朋友中让我时刻都在感念的一位尊师和好友。

认识田玉军还是1995年，那年他刚满33周岁，刚担任玉门石油管理局工会主席。也就是这年的冬天，玉军同志趁到兰州参加有关会议的机会，专门找到了我的办公室，用他的话说是特意认门认人的，并希望加强玉门油田与《甘肃工人报》的联系，加大玉门油田在《甘肃工人报》的宣传力度。这是我第一次见到田玉军，可就是这第一次见面，却给我留下了终生都难忘的印象：他年轻、帅气，说起话来极富激情。临离开时他再三邀请我到玉门油田采访，我也连连答应："一定去，一定去。"就在我们握手告别之时，玉军主席顺手送我一个微型体温计，看起来特别精致，还说："可以随身带着，有个头痛脑热随时测测体温，方便着哩。"我被他的真诚感动，接过体温计笑着说："就做个纪念吧。"

这次相见后，玉军主席曾打过一两次电话，还是邀请我到玉门油田去。记得次年的"五一"那天，我趁着放假的时间，专门去了趟玉门。当时玉门油田与土哈油田分家不久，由于资源枯竭，企业优良资产又大都配属了土哈油田，因而生产经营非常困难，职工中也多有怨尤。可当我走进玉门油田这个新中国石油工业的摇篮时，一个强烈的感受就是，玉军主席凭着强烈的开拓创新意识，把个工会工作开展得红红火火，又是搞重点工程劳动竞赛升旗活动，又是大力开展广场文化，还把工人文化宫、俱乐部的文化娱乐生活搞得丰富多彩。用他的话说："企业生产经营疲软，但职工的精神不能疲软。"真可谓走出了一条生产经营处于困境中国有企业工会工作的新路子。我真为玉军主席对工会工作的那股子执着精神所折服。于是我在玉门油田待了近一个星期，又是找一些职工个别采访，又是与一些基层工会干部座谈，了解到工会工作中的许多感人事迹。回到兰州后不几天，我就写了篇题为"再引春风度玉关"的长篇通讯，详细介绍了玉门油田工会工作的情况。稿件一经见报就引起省总工会领导的重视，专门在兰州召开座谈会，向全省各企业推广玉门油田工会的工作经验。共有三十多家大型企业工会主席参加了座谈会。玉军主席在会上介绍了开展工会工作的一些具体做法，还播放了玉门油田工会工作的专题片。与会的十多位大企业的工会主席相继发言，畅谈了学习玉门油田工会工作经验的认识和体会。我也在会上介绍了采访玉门油田工作的经过，并谈了自己的一些真切感受和对玉门油田工会工作基本经验的认识。时任省总工会主席王新中在会上充分肯定，高度评价了玉门油田的工会工作，并称赞说玉门油田工会不愧是全省企业工会工作的一面旗帜。也可以说，正是以此为起点，玉门油田工会工作进入了全省工会工作的先进行列。座谈会后，玉军主席特意找到我，颇有些激动和高兴地说："玉门油田的工会工作能得到省总工会领导的肯定和全省一些企业的关注，得感谢你文总编啊！"看着他的一片真诚，我深为这位年轻的工会主席的工作魄力所叹服，心里默默祝愿他能在工会这个岗位走得更好、更远。

打这以后，玉军主席与我之间的友情与日俱增，来往也越来越多。他不管是到兰州开会，还是到外地出差途经兰州，也往往少不了要约我见个面聊一会儿，要么打个电话问个好什么的。记得1999年夏天，玉军主席在北京参加一个学习班，大约有3个多月的时间。期间我们也常有一些电话联系。突然有一天，我接到玉军主席从北京打来的电话："我明天从北京乘飞机到兰州，然后由机场直接回玉门，如果能一起到玉门，我在武威等你。"在电话里我答应了玉军主席的邀请："好，就这么定，明天下午我们武威见！"

第二天下午快6点钟，当我驱车来到武威凉州宾馆时，玉军主席早就在大厅里等着我。老朋友相见，我们彼此都格外高兴。原来玉军主席这次回玉门，就是要总结油田工会实施再就业工程，帮扶救助困难职工的情况。因此，他也希望我能帮助做些宣传工作。玉军主席的这一想法很快与我产生共鸣，当时我们也正在注意宣传帮助下岗职工实现再就业这方面的典型。在武威住了一晚，第二天一大早我们一起向玉门赶去。那时，河西走廊还没有高速公路，整整跑了一天的车，傍晚时才到了玉门油田。在这里我又待了两三天，深入采访了油田工会采取各种措施，帮助一些下岗职工再就业的情况。目睹了油田工会在党政的重视与支持之下，开辟的下岗职工再就业商业一条街，以安置下岗职工为主的工会办起的纯净水厂等场所，还采访了一些下岗职工就业后的工作、生活等情况，听到了从油田党政领导到广大职工群众对工会推进再就业工作的一片赞扬声。之后我又写出了《春风荡漾石油城》的长篇通讯，在《甘肃工人报》刊登后，同样在全省工会系统引起强烈反响，使玉门油田的工会工作又一次成为先进典型。就是这次深入玉门油田工会采访后，我似乎更加读懂了玉军主席，对他的人格魅力、工作思路有了进一步的认识和了解，更多了对他的敬意，禁不住萌发了为他写一篇文章的念头，甚至连文章的标题都想好了："主席今年三十三。"可把这一想法给玉军主席说了不知多少次，他就是不同意，到了这篇文章也没有写成。至今十多年过去了，这件事竟成了我心头的一大遗憾。

就在结识玉军主席没几年，玉门油田实行了改革重组，原来的玉门石油管理局一分为二，保留了原玉门石油管理局的建制，但却划分出部分人员新组建了玉门油田分公司。玉军主席又担任了玉门石油管理局的副局长，从此便离开了工会主席的岗位。按说不在工会系统了，我们之间的联系自然会减少，可就在他任副局长的几年间，玉军同志与我之间的联系并没有减少，他还像过去一样，只要是到了兰州，总会与我见个面。在这期间他还几次邀请我到玉门油田，亲自为我安排了有关采访活动，不管工作多忙都要陪我一起吃几次饭，常常令我感动不已。就是在他后来担任局长后，我们之间仍然保持着联系，而且关系越来越密切。记得一次我又应他之邀去玉门，临离开时他竟要亲自驾车送我到嘉峪关酒泉钢铁公司。在车上他说："都十多年了，我们能保持这份友情真不容易啊！"这句话至今还深深印在我的记忆之中。这么多年，我不仅仅是把玉军同志当做一位企业家，当做一位朋友，而是当做自己做人、做事、处世、交友的良师而尊崇的。

2005年"五一"前夕，不经意间我又拨通了玉军老弟的电话，出乎意料的是他在电话中告知我："我的工作有了新调动。""调到哪儿了？"我在电话中不禁急切问道。"调到了兰州，是中石油西北销售公司。"由于当时他正在陪同上级领导检查工作，电话中也不便多说。得知他调到了兰州，一丝喜悦掠上我的心头，心想玉军同志调到兰州，我们之间的来往和联系就更加方便了。果然如我所想,玉军同志调任中石油西北销售公司总经理之后,我们之间的来往越来越多,西北销售与省总工会之间也建立了非常密切的联系。

说实话,在玉军同志调任西北销售公司总经理之前,我压根儿就不知道这么个单位,以至于我登门拜访他,竟然找到了甘肃石油销售公司。后经再次与他电话联系,才找到了他所在的单位。自从调到西北销售公司后,玉军同志的工作魄力、创新意识、社会活动能力、组织才能、办事效率真是发挥到了极致,短短时间就把西北销售公司搞得红红火火,名气大大提升。在这期间,他曾邀请我参加了西北销售公司的劳模表彰、年度先进嘉奖等活动,每参加一次活动都令我产生一种强烈的震撼。特别是在他到西北销售公司不久, 就着手解决长期以来困扰职工的住房难问题。也正是从这件事上让我又一次领略了他办事的大手笔、大胆识和超人智慧。不到一年时间,从征地、筹款到设计、施工等问题一应如期解决,两年之内几幢住宅楼便拔地而起,从在西北销售公司工作了几十年的离退休老职工,到新近工作的年轻人,每人都住进了位于黄河边的住宅小区,实现了广大职工几十年都没有实现的梦想。

令我常常为之感动的是,玉军同志在西北销售公司期间,给了我许多的关心与支持。最令我难以忘记的是,2008 年省工会召开十一次代表大会期间,按会议原先安排有天晚上组织与会代表观看大型舞剧《大梦敦煌》,当时票都发到了代表们的手中。谁知突然接到通知,《大梦敦煌》剧组因有重要接待演出任务,使得省总工会不得不改变原来的安排。情急之下,我及时拨通了玉军同志的电话,希望由西北销售职工艺术团组织一台晚会以解燃眉之急。玉军同志在电话上满口答应,并很快做出了安排,还从北京邀请了几位明星演员,仅用了两天时间,西北销售职工艺术团就赶排了一台名为“奋进之歌”——祝贺甘肃省工会第十一次代表大会胜利召开的大型综艺晚会。演出当晚,玉军同志也到了晚会现场,省总工会领导也深为他的热情支持而感动,我也为能办成这件事内心充满喜悦与自豪。

2008 年末的一天, 我带领省总工会考察组在庆阳环县检查验收工会工作。那天,环县下着雪,天气似乎格外的寒冷。我们正在听取县总工会工作汇报,突然我的手机响了,一看是玉军同志的电话,我忙走出会议室接听:

“老哥,电话上先给你说一下,我的工作又调动了。”

“又调到哪儿去啊?”

“调到北京了,单位是中石油机关事务管理局。”

“那什么时候走啊?”

“明天就走,先去一下,我还会回兰州。”

“明天就走,这么快啊,可我赶不上送你啊!”

“没关系,我们还会见面的!”

接完玉军同志的电话,我的心情一时很难平静,可又有工作任务在身,真为不能赶回兰州为玉军送行而着急。

忙碌完一天的工作,当天晚上我总是难以入睡,与玉军一起经历的一些事不时在脑海萦绕:

我们一起冒着大雨,连夜赶赴酒泉参加了玉门油田成立七十周年的庆典活动,之后,我写下了《悠悠玉门情》一文,记述了玉军同志对玉门油田的赤子之情;

我们一起赶赴肃南裕固族自治县,把一台“情满裕固”大型文艺晚会献给裕固人民,并为裕固教育事业献上了一片爱心;

我们一起赶赴临夏回族自治州,把 30 台电脑送到了当地一些学校,支持民族地区的教育事业;

四川汶川大地震,又是我们共同策划了通过省总工会向灾区捐款的活动……

这一桩桩,一幕幕,把玉军同志的美好形象永远地定格在了我脑海的屏幕上。

结束了在陇东的工会工作检查验收,回到兰州后我还是沉浸在对玉军同志一些往事的回忆之中。

2010 年新年的第一天,我在单位值班。信手翻阅放在办公桌上的报纸,《西北销售》报纸刊发的职工欢送玉军同志的报道和几幅照片映入眼

帘：西北销售数百名职工，打着欢送的巨幅标语，捧着鲜花，把玉军同志围了个里三层外三层。不少职工失声痛哭争相与玉军同志握手告别，玉军同志也满含热泪，与送行的员工一一握手惜别，情景之感人，让在场的每一个人心头都产生强烈震撼。代表省委省政府前来送行的副省长石军也为之动容，拉着玉军同志的手动情地说："玉军啊，领导当到这个份上值了！"

从《西北销售》报上我还看到，上百名离退休老职工，西北销售各基层单位的一些职工得知玉军总经理调走的消息，有的自己租用车辆，有的开着自家私车，从四面八方汇集到兰州中川机场为他送行，一下子把个候机大厅围了个水泄不通。不少离退休职工泣不成声地说："田总到西北销售短短四年，可为我们办的好事、实事真是说不完、数不清啊！"目睹此情此景，连机场的一些工作人员也为之感动，深有感触地说："这么多年，像这样欢送企业领导的场面还是第一次见到……"

读着这感动人心的报道，我的心头犹如一石击水，掀起了层层波澜，双眼禁不住泪水模糊，坐在办公桌前陷入久久沉思之中。我在为玉军同志受到职工如此爱戴而高兴、而感佩之时，便萌发了应该为玉军同志写点什么的念头。于是我在一阵静静思考之后，于元旦日写下了"我想对恩友玉军说……"一首长诗，寄托了我对玉军同志的感念之情：

识君十五春　胜读万卷文　终生为我师　品味意犹深
西陲群贤至　吾友有几人　忽闻京都去　喜悲情相依
辗转夜难寐　不禁泪沾巾　往事历历目　冰心在玉壶
"摇篮"艰辛日　情胜春风归　运筹振兴路　拳拳赤子心
圆梦大漠地　告慰石油魂　雄才显伟略　祁连竖丰碑
西销展宏图　古枝吐新翠　壮志谋大业　功勋千秋垂
天山创奇迹　南北独树旗　壮景黄河畔　豪气能有谁
"三心"彰品志　海阔似胸襟　乐作护花使　嫁衣情更迫

京华赴重任　相送泪倾盆　依依惜别情　堪为当今殊
欲问情何至　人海几重围　世间公理在　天平是人心
侪辈当楷模　几能胜玉军　幸为余恩友　品格永相随
开怀能几日　知己不多人　恩友情如山　相忆无期尽
何以能回报　勤勉谢师尊　唯愿君珍重　再书新年轮

2010年元旦于兰州

一口气写完这首饱含我满腔深情的诗文，我即刻通过手机短信发给了玉军同志，一则向他祝福新年，二则表达对他的感激敬佩之情。同时，我又将这首诗作也发给了玉军同志曾经工作过的玉门油田、西北销售公司等单位我熟识的一些领导和朋友。当天晚上我就收到玉军同志回复的短信："感谢老哥，情重如山。"接着我又接连收到一些朋友的短信，称赞这首诗"情真意切，感人至深"。后来我还曾听人说，这首拙诗曾在玉门油田、西北销售乃至玉军的一些朋友中都通过手机短信传递了一阵。

这年春节，玉军回到兰州探望父母，虽然逗留的时间很短，还是约我见了一面。记得是正月初四那天晚上，玉军约请我在阳光酒店吃饭。久别老朋友相见，我们彼此都颇为激动。一见到我玉军就说："老兄那首诗让我十分感动，难得老兄这份珍贵的情意。"我倒有点不好意思地说："谈不上什么诗，就是想说一说我发自内心的话。"后来我还应玉军之托，专门请一位书法家把这首诗书写下来，并趁一次去北京出差之机送到玉军手里。

虽然玉军去了北京，我们来往不像以前那样多和方便了，可电话、短信联系还是不少的。每逢年关节日，我们彼此都少不了要通过电话或者发个短信互致问候。我几次到北京去看望他，玉军工作再忙也要腾出空来见我，并要一起吃饭，以至派车派人到机场接送。似乎我们相距远了，可感情却越来越深了。用他的话说："我们永远是朋友。"正因为感情使然，每到节日我心头总念着

玉军，也时不时写几句小诗，通过短信发给玉军，以表惦念之情。

2011年中秋节那天，我写下一首“中秋寄田总”：

红叶秋月盈　　思念万千重　　举目望苍穹　　祈福意悠悠
京都华胜锦　　怎抵玉关情　　泽恩深如海　　感戴永不休
终生一知己　　高品伴我行　　无意苦争春　　独有暗香幽
才俊何以似　　宏愿负盛名　　云帆当有日　　盼登高枝头

2011年中秋于兰州

最令我难忘的是，我的女儿文晶2010年春节结婚时，玉军几次电话询问，并一再说要飞到兰州参加婚礼。不巧的是那天中石油总公司领导有重要活动，他实在难以抽出身来。但他还是发来充满深情的贺电，又通过阳光大酒店送来情意深重的贺礼。玉军待我之情，让不少人常常为之赞佩。

2011年10月30日是玉军的女儿田雪、女婿高翔的结婚庆典。得知这一消息后，我拨通了玉军的电话，他说：“女儿的婚礼肯定要请你参加，到时会发请柬的。”这时距婚庆的日子还有一个来月，我经过一番思考，又草就小诗一首作为对玉军爱女婚礼的祝福：

欣闻玉军令媛新婚志庆喜之贺之

田棠恩泽润佳丽　　雪洁冰清芳姿奇
高志鸿鹄搏青云　　翔展雄翅击万里
天地作合花并蒂　　赐福椿萱情依依
良辰金秋鹊桥渡　　缘筑爱河永无期

2011年秋于兰州

10月30日，田雪、高翔婚礼在四川成都举办，高朋满座，喜气盈门。我亲临成都以表祝贺，也目睹了婚礼的热闹盛景。尤其是玉军一番感人肺腑的即席讲话，那深厚的父女之情，殷殷爱女之心，让我们这些为人父者无不从心底里发出阵阵酸楚。我顿时思绪如潮，当场吟下了几句小诗，深深表达了抑制不住的情思：

田雪、高翔婚庆感赋

蜀都秋浓叶正红　　芙蓉出水露香凝

男才女貌相濡沫　　良缘盛景别有情
朋自远方庆盛事　　感恩慈肠意悠悠
田君一席肺腑语　　满场动容心潮涌

2011 年 10 月 30 日于成都

人生漫漫，岁月悠悠。我深信不疑的无论是玉军待我，还是我待玉军，我们的友谊是经得起时间和地域考验的，我们的友谊是会伴随着我们的年龄一起增长的，因为我们彼此都十分看重和珍惜这份工作中建立起的友情，我们彼此也是用心经营着这份友谊的。

今年 12 月 15 日恰逢玉军 50 岁生日，思念之际，并谨以小诗遥表祝贺：

五秩写华章　　年轮铸胜迹　　玉关展雄才　　祁连竖丰碑
黄河情相依　　壮景映桃林　　春秋有代谢　　盛名谁能替
京都运筹幄　　一步一层梯　　立身自高洁　　声远非凭籍
巴蜀堪得意　　梦泽甘霖淅　　冰心啄新泥　　群雁绕枝栖

早在 20 世纪 90 年代末期，我就听说过张栋杰这个名字，那时，他是长庆油田采油二厂的工会主席。真正相识相知张栋杰，还是 2001 年他担任长庆采油二厂厂长的时候。

就在栋杰同志任采油二厂厂长期间，我曾多次到厂里采访，每见到一次都被他的个人魅力所折服。记得头一次见到他，我提出请他谈谈企业发展情况时，他先是淡然一笑，婉言推辞。经不住我的软磨硬缠，他总算是答应了。原以为他会找来一些资料，或有个什么采访提纲，或让有关人员做些准备后再与我交谈。出乎我的意料，他竟然片纸不拿，一口气和我谈了两个来小时。生产经营数字，企业管理措施，职工队伍建设乃至工会工作开展等等，似乎他脑子里全是一本账，说到兴奋处他竟踱着方步绘声绘色、滔滔不绝，真让我为他的口才所叹服。回头把他的谈话整理出来，竟是一篇思想深邃、理论深刻、文采横溢的精彩佳作。

就这样，头一回与栋杰同志见面，就给我留下了挥之不去的美好记忆。人们常说，人与人之间的交往是凭着缘分的。从与栋杰同志相识的那天起，我们彼此之间似乎就结下了割不断的情缘，而且这种情缘随着时间的推移和来往的增多越来越深，愈久弥坚。从此之后，我几乎每年都会去趟采油二厂，一则是采访，二则是看看栋杰同志，采油二厂有什么重大活动，也都忘不了邀请我参加。久而久之栋杰与我成了非常好的朋友，应该说不是兄弟胜似兄弟。他每次到兰州开会，都会与我见面，有时人还在赶往兰州的路上，就会打电话告诉我他将要到兰州的消息。还有几次他人到了兰州，由于我出差在外他也会打电话给我，总希望我能赶回来一见，由此可见我们友谊之深。

2003年，我突然听到消息，栋杰从采油二厂调任长庆油田公司总经理助理，从此离开了战斗了二十多年的庆阳老区，走进西安大都市。虽说常有电话联系，见面的机会却少了许多。记得调长庆油田公司任总经理助理后，栋杰到兰州开会仍没有忘记见我，还抽出时间专门请我吃了次饭。吃饭间栋杰不止一次地说，不管走到哪里，不管啥时候，我们都是好朋友，都是永远的朋友。这些话在我们后来的交往中都得到印证。一年“五一”长假，我与爱人和女儿一起去西安度假。离开兰州前，我没有告诉栋杰同志，可到了西安后总觉得不给他说一声，他知道后一定会埋怨或者不高兴的。再三思量后，我还是拨通了他的电话。谁知电话拨通后，才知他也是利用“五一”长假回老家武山看望父母。可听说我在西安，他便在电话中说：“你在西安一定要等着我回来！”我说：“早知你回了老家，我就不打电话了，那你就在老家吧，千万别着急。”他却在电话中像下命令一样：“听我的，必须等着我回来，绝对不能走，我很快就回来！”那语气真是不容人分辩，我只好在电话中连声“好，好”地答应着。放下电话我真的有点后悔，心想他好不容易回趟老家却让我给打搅了。

就在我们通完电话后的第三天上午，我就接到了栋杰同志的电话：“9点左右我就到你住的宾馆楼下接你，中午我们一起吃饭。”我禁不住一惊：“你已经

回到西安了吗?”他说:“我赶了一晚上夜路,今天凌晨5点钟到西安的。”说着又在电话里叮咛:“就在宾馆等着,我一会儿就过来接你。”9点还不到,栋杰同志就到了我住的位于西安东大街的宾馆,我们一家也早早在楼下迎候着他。一见面我俩一边握手,我一边说,都怪我把你回家打扰了,他却笑着说:“那就欢迎打扰啊!”接着他又说:“你到了西安我能不见你吗?”后来我才知道,栋杰同志是头一天就由甘肃武山赶回西安的,那天还下着小雨,进入陕西宝鸡境内后不但雨越下越大,而且由于正在修路,泥泞难行,又在途中整整堵了几个小时,一直冒着雨深夜才回到西安的。

我们一上车,栋杰便说:“这是我到西安后头一次见到文总编,今天咱们得好好喝两杯。”我忙说:“我不喝酒,你又不是不知道。”他说:“谁说不能喝?今天可别要赖,有嫂子和女儿监督着呢。”几句话逗得满车人都笑了。接着他又硬递给我一支烟,还点燃打火机非要我抽上不可,我再三拒绝都无济于事,硬是让他把点着的香烟放进了我嘴里。抽了两下就呛得我连连咳嗽不止,让坐在我身边的女儿笑得眼泪都流了出来。

一个上午,我们在西安城乘车几乎转了一大圈,等于走车游览了一下西安市。后来到一家看起来很有点档次的大酒店,据说是西安颇为有名的一家专营海鲜食品的酒店。看来是栋杰同志早就订好了包厢,一走进酒店,服务员就把我们领进了一间装潢考究、典雅的包房。吃饭间栋杰同志的那份热情,让我们全家都十分感动。那天也许应了“酒逢知己千杯少”那句话,我也确实喝了好几杯酒,我们彼此之间也说了不少掏心窝的话。过去多少年了,当时的情景还令人记忆犹新。

这也是我与栋杰同志在古城西安唯一的一次相聚。

大约是2004年底的一天,我从长庆油田一位领导那里听到栋杰同志工作可能会有变动的消息,当天晚上一回到家我就急不可耐地拨通了栋杰的电话。他当时正在北京,果然是中石油集团公司领导找他谈话,调他到庆阳石化公司担任总经理。真没想到刚离开工作了几十年的黄土地,现在他又要返回去了。原想他可能还会有点想不通,谁料他却二话没说,组织上谈话的第二天,他就赶到“庆化”走马上任。

当时栋杰同志调任庆阳石化总经理，是因为2004年初，在庆阳石化发生了一场持续二十多天的聚众上访、震惊中国石油上层的风波。一时间庆阳石化公司管理乱了，人心散了，部分生产装置停了，整个生产到了瘫痪的边缘。

栋杰老总就是在这种情况下走进庆化的。后来，我听说栋杰老总到庆化上任当天晚上在全公司干部大会上的一番讲话，牵动了庆化所有干部、职工和家属的心。人们通过电视静静听着他的讲话，他那动情的话语打动了每一个人的心弦。后来听庆化工会主席张豫峰说，当天晚上，厂里有不少职工激动得流下了眼泪，有不少职工奔走相告，都说庆化又有希望了。也就是这天晚上，庆化所在的马岭川鞭炮声此起彼伏，当地几家商店的鞭炮被人们争购一空。第二天清晨，清洁工人清扫的炮仗皮就装了满满两汽车。

其实，对庆阳石化公司我并不陌生，早在班文同志任总经理时，我就曾经几次到过这里采访，也曾参加过公司的一些活动。栋杰同志到庆化工作的两年之后，当我又一次走进庆化时，这里已经发生了巨大变化。记得那是庆化300万吨炼化装置建设项目奠基之时，我应邀参加了庆典活动。期间听到了栋杰老总许多感人肺腑的事迹，写一篇介绍他先进事迹文章的念头在我心中油然而生。可当我说明来意之后，栋杰老总再三推托，我只得走进工人之中，走进一些管理人员之中，深入采访了在短短两年时间内，他带领全公司职工为改变庆化面貌所付出的艰苦努力，很快就写出了长篇通讯《暮色苍茫看劲松》，在《甘肃工人报》刊发后，产生了非常广泛的影响。从此，我时刻都关注着庆化的发展和变化，更关注着栋杰老总在庆化这片热土上创造的非凡业绩。经常通过电话、手机短信表达着我们之间的彼此关心激励之情。

2010年“五一”前夕，栋杰老总荣获全国劳动模范殊荣。欣喜之时，我即以一首“业绩昭昭众望归”拙诗，通过手机短信发给他以表祝贺：

羲皇故里孕蛟龙　　周祖圣地育精英

莫道公刘奠基业　　骄子凤城写春秋
江山代有人才出　　群峰翠处一峰青
三十二载酬志路　　栋杰壮心堪称雄
献身石油终无悔　　满腔豪情化惊雷
陇东油区功勋著　　黄土深处涌油流
“三种模式”创特色　　特大油田举世惊
矢志奋斗多艰辛　　换来岐黄笑春风
“五一奖章”磐石重　　最是人生好光景
陇原谁人不知君　　汗润沃土去有声
忽如一夜受危命　　挺身庆化时艰撑
夜半一席殷殷语　　炮声响彻马岭城
情到深处人心动　　化却疑团付东流
谁言雄关真如铁　　众志成城绘新图
人格唤起千钧力　　共奏羌笛迎杨柳
摆脱困境出低谷　　技术改造硕果丰
五个翻番出奇迹　　映日荷花别样红
独领风骚雄心在　　振翼奋飞建新功
三百万吨树丰碑　　陇东骄子不虚名
全国劳模当无愧　　业绩昭昭众望归
重任在肩负使命　　志为老区添新荣
待到炼塔雄起日　　董志风景一时新
石化新城胜锦绣　　赫赫功业垂千秋

栋杰老总收阅拙诗,即复短信于我,字里行间充满激动与感谢之情。然我深为能以拙诗表达内心深处对栋杰老总的敬佩与仰慕,也抑制不住满心的喜悦与激动。

2010年国庆前夕,又闻庆化300万吨炼化装置开工庆典在即,尽管庆化也发来请柬,因我出差在外难以前往,我只得连夜草就几句小诗,还是通过手机短信,向栋杰老总谨致祝贺:

都言春光无限好　　更有秋韵意犹长

周道故里鏖战急　　骄子五秩写辉煌
横空出世丰碑立　　董志壮景慰南梁
阅尽石化腾飞日　　诗人兴会谱华章
放眼黄土第一塬　　塔林深处飘油香
欲问布窟今何在　　稼穑圣地慨而慷
栋才雄起擎大业　　杰俊豪气凝衷肠
功镌千秋告万世　　高品着意润梓桑

2011 年 11 月,又闻庆化原油加工量突破 300 万吨,我更是喜不自胜,便赋诗一首,寄栋杰老总以表祝贺:

周祖圣地响惊雷　　忽如春风报佳音
庆化跃上三百万　　开天辟地曾有谁
栋杰雄心酬壮志　　造福陇原添锦辉
高天厚土今犹在　　老区塔林刺青云
豪气化作新诗篇　　赫赫伟业千秋垂
翘盼五百万吨日　　再捧美酒献功臣

栋杰老总收到短信,当晚复信于我:“深表感谢,友谊之证。”

近几年来,栋杰老总与我之间友情日增,每逢年关节日,我们彼此都会表达祝福之情。

2011 年中秋前夕,栋杰老总即有祝贺短信发来。感慨之际,我即以“中秋寄张总”一诗,表达对他及家人的中秋祝福:

又逢秋月满　　思君意绵绵　　心随白云去　　把樽望青天
苒苒几盈虚　　雄才非等闲　　清光耀华岁　　品高声自远
余幸乃知己　　慈情伴经年　　唯愿勤珍重　　锦程再扬帆

更令我感动的是,2011 年正月初九,女儿文晶婚礼之时,栋杰老总竟从庆阳赶来祝贺。后来我才知道,他是头一天深夜才由西安回到庆阳的,第二天又不顾疲劳,要赶来兰州。当时有人建议派人代表他来兰州参加我女儿婚礼,他却说你们谁去也无法代表我与文总编之间的深厚情谊。于是,他还是亲临兰州,没有吃完饭,就又急匆匆赶回庆阳,由此也可见栋杰老总待我之一片深情。

在相识并颇多交往的企业家中，玉门石油管理局原局长刘世洲也是我终生都不会忘怀的人。

认识世洲局长是他在担任玉门石油管理局工会主席的时候。第一次见面，是在省总工会召开的一次工作会议上。留给我的第一印象，世洲同志个头不高，一头短发，四川口音，说起话来总是笑眯眯的，而且嗓门挺大。当时他并没有住在会议安排的宾馆，而是住在位于兰州市王马巷的玉门石油管理局办事处。一天晚上我专门拜访了他，并商定玉门局工会与《甘肃工人报》联合举办一期“劳动者之歌”征文有关合作事宜。世洲同志快人快语，当即就应诺了。自此，我与世洲同志就颇多了一些联系。后来，我们还一起先后两次赴京参加了中国工会第十一次和第十二次全国代表大会。每次会议期间，我们常常一起交谈，外出参观更是形影不离，成了非常好的朋友。

20世纪90年代初，世洲同志走上了玉门石油管理局局长岗位，虽然不再从事工会工作，但我们之间的交往并没有因此而减少。一次我去玉门油田采访，局工会的同志先是安排到了几家基层单位了解情况。本想采访结束后，再去拜访世洲局长，谁料一天下午我正在玉门采油厂采访时，突然有人告诉我：“刘局长专门来看你啦。”当我与采油厂几位同志走出会议室时，穿一身石油工人服的世洲局长已经出现在我的面前，他一见我就紧紧拉起我的手说：“怎么来了，也不打个电话，不是工会的同志告知，怕是见不上面了吧！”我忙说：“知道你工作很忙，不好多打扰你，原想临走时再去拜访和看望你。”说着世洲局长与我手拉着手走进了一间不大的会客室，我们俩便聊了一个多小时。那时，玉门油田生产经营处于低谷时期，年产原油仅有30多万吨，被广大职工称之为“保命油”。面对这种严峻形势，装在世洲

局长脑子里除了发掘新油就是新油田。交谈中我能深深感受到他强烈的责任感和开拓意识，用他的话说“不信春风唤不回”，玉门油田这个中国石油工业的摇篮一定会焕发青春。交谈结束时，世洲局长非要晚上与我一起吃饭，我一再婉言谢绝，他还是不容推辞，并一句“就这么定了，晚上再见”和我握手告别。就在这次交谈之后，我便以“不信春风唤不回”为题，写了一篇与世洲局长的访谈录，介绍了他开发玉门油田新的经济增长点的打算和思路。这篇访谈录在《甘肃工人报》刊登后，极大地鼓舞了玉门油田的广大职工。之后，世洲局长也正是以“不信春风唤不回”为口号，动员和带领全局员工朝着开发玉门油田新资源的目标而奋斗。

再见到世洲局长已经是两年后了，此时他已经担任由玉门石油管理局改制重组后新成立的玉门油田公司的总经理。所不同的是，经过两年的艰苦努力，玉门油田资源开发崭露新的曙光，酒泉青西发现新的石油储量，标志着玉门油田新的春天的到来。于是我又一次采访了刘总，他比两年前显然老了一些，但还是颇有精气神。一见面就笑着说，还是你那篇“不信春风唤不回”的文章给我们鼓了劲，如今我们又找到了新的油区，玉门油田的发展前景会更好。看到刘总满脸的喜悦，我连连祝贺他两年来创造的业绩。经过深入采访，刘总为发现和勘探新的油区呕心沥血的许多事迹深深打动着我的心。我曾以一篇题为“唤得春风满玉门”的长篇通讯，记录了世洲老总为玉门新油区建设顽强拼搏的一桩桩感人事迹。记得稿件在《甘肃工人报》刊发的当天，世洲老总就在兰州，当他看完报道后，还特意给我打来电话。他在电话中说：“文总编总是在给我们鼓劲啊！”后来这篇通讯还在玉门石油工人报上作了转载，并收入了介绍刘老总人生经历的传记之中。

没过几年，玉门油田进入新一轮改制重组之时，世洲老总从油田公司总经理岗位上退了下来，调任省人大常委会环境资源委员会副主任。按说到人大工作，担子轻了，责任小了，可他还像在企业一样，工作兢兢业业。在兰州期间我们还见过几面，并在一起吃过几次饭，还都是由他做东。一次他专门派人来找我，邀请我参加省人大环资委组织的环保好新闻评选工作。也就是在这一天，世洲送给我一本记录他人生足迹的画册，其中还收录了我写的有关介绍他先进事迹的文章,并在画册扉页上签署了他的大名。

此次见面之后,我们好久没有见面。一个偶然的机会,我从玉门油田的一位领导那里得知,世洲老总已经回到四川成都定居,而且患了骨癌。闻此消息我心里顿时一惊,深为刘总的健康担忧。一天晚上我试着打他的手机,连打几次都没有接通。以后凡遇到玉门油田的人,我总忘不了要打问刘总的病情。2009 年 8 月,我去成都参加全国总工会有关会议。离开兰州前我专门找到省总工会领导, 提出能以省总工会名义探望刘老总,因为他是全国“五一”劳动奖章获得者。在成都开会期间,我与省总工会宣教部部长王勇智同志一道, 在玉门油田成都办事处领导陪同下,专门看望在家养病的世洲老总。也许是办事处同志早就告诉他我要去他家看望,当我们乘电梯刚到他家住的楼层,就听到刘总在喊着我。一见面我们紧紧拥抱在了一起。刘总看上去比过去瘦小许多,可还是乐呵呵的。我询问了他的病情,他似乎并不十分在意。还是那样亮着大嗓门说:“病有什么可怕的,我是照吃照睡。”我劝他安心养病,并说大家都很牵挂他。刘老总此刻仿佛动了感情:“人这一辈子,难得有几个透心的好朋友,感谢你这么远来看望我。”我忙说,是省总工会领导派我来的。刘总忙说:“回到兰州代我感谢省总工会领导。”离开他家时,刘老总与夫人坚持把我送到电梯门口,电梯门开始关上了,刘老总还举着手一直在向我们告别。

2010 年 9 月 15 日早晨一上班, 我的手机铃声就响了起来:“文总编,刘总已经去世了。”电话是田玉军同志从北京打来的,我顷刻陷入深深悲痛之中。紧接着我急忙联系了玉门油田工会郝义东主席,又联系了玉门油田的高玉江书记, 约定好一起到成都去参加世洲老总的追悼会。不巧的是那几天省总工会有重要会议,去成都的打算不得不落空。悲痛之余,我写下一首挽诗:

巴蜀钟灵秀　　玉关壮志酬　　丹心石油魂　　大漠写忠诚
历尽雪霜苦　　矢志唤春风　　千载功犹馨　　世洲名不朽

以此寄托了对世洲老兄深深的哀思。

高玉江是我在企业相识多年的又一位领导和朋友，在我们十多年的交往中，留下了许多美好的记忆。

认识玉江老兄大约是在20世纪90年代末期。那时他是玉门石油管理局党委副书记、工会主席。记得初次见到玉江书记是在兰州的一次聚餐上。还是由时任玉门石油管理局副局长的田玉军的引见，把刚任局工会主席的高玉江介绍给了我。那是一个夏天的中午，我应约来到当时在兰州尚属最高档酒店的亚欧大厦，当推开被事先告知的包厢房门时，玉军局长连忙迎了上来，介绍说："这就是高书记，我们局工会的新任主席。"玉江书记也紧紧握着我的手说："文总编的名字早就听说了，今后还希望多关照我这个工会岗位上的新兵。"就在与高书记寒暄的当儿，我仔细打量着眼前的这位山东汉子：高个头、大脸盘、大眼睛，眉宇间透着憨厚、机敏，穿一件条型花T恤，显得干练洒脱。虽说年近五十，却不乏帅气。特别是说起话来，浓重的山东乡音加上洪亮浑厚的嗓门，给人一种持重而又亲切的感觉。

有了这次相见，我们彼此都有了深深印记。后来几次到了玉门油田，玉江书记总会约我一叙，让我感受到他那发自内心深处的浓厚友情。还是从田玉军同志的介绍中，我也知道了发生在玉江书记身上许多感人的故事，更让我多了对他的了解和敬佩。玉门油田经过重组改制后，玉江同志又走上了玉门石油管理局党委书记岗位，同时仍然兼任着局工会主席。虽说工作担子重了，管的事更多了，可我们之间的联系没有受到丝毫的影响，相反友情有了进一步增深。

2002年深冬，我又一次走进玉门油田采访，这次是应时任玉门石油管理局局长田玉军之邀，专门来了解玉江书记先进事迹的。就是在这次采访中，我硬是缠着玉江书记进行了三个半天的采访，还与他的夫人进行了交谈，并先后找了几十个人了解情况。真是不深入采访不知道，一深入采访，玉江书记在我心中的形象立时不仅完美而且高大起来，我不得不为他三十多年扎根玉门、献身石油的精神所折服。正是从这次采访中，我知道了玉江书记从1965年招工到玉门油田后，先后当过汽车司机，当过局运输处的副处长，主管过农副业生产，参加过吐哈油田石油大会战，担任过生活服务公司的副经理，就这样一步一个脚印，走上了玉门石油管理局的领导岗位。采访中大家一个共同的感受和认识就是，玉江书记靠着实干赢得了职工的赞誉，靠着真诚赢得了职工的信任，靠着品格赢得了职工的爱戴。采访结束后我曾以“悠悠石油情”为题，详细介绍了玉江书记在玉门油田三十多年间无私奉献、勤奋敬业的感人事迹，并将这篇长篇通讯收入了2004年由兰州大学出版社出版的我的第二部报告文学集中，受到读者的好评。有一位企业的通讯员曾给我打来电话，希望今后能多写一些像高玉江这样的企业领导人，让人们能从他们的先进事迹中受到感奋与激励。

其实，玉江书记是一个处事十分低调的人，在他心里除了工作，似乎从没有什么个人的事情可言。2003年，他荣获了全国“五一”劳动奖章，我曾打电话向他表示祝贺，他却在电话中说：“这个荣誉应该给别的同志，特别是应该授予田玉军局长，他肩上担子比我重，付出的比我更多。”我相信他说的这番话绝不是客套而是发自内心的。

在我们多年的交往中，我深深感受到玉江书记是一个十分重感情的人。在他担任局党委书记期间，我曾多次到过玉门油田，每次去玉江书记都少不了要见见我。一次去玉门后，玉江主席正好在酒泉抓生活基地工程建设。可当得知我到玉门后，邀请我一定到酒泉基地看看。那天我从玉门赶到酒泉时，玉江书记已经在他的办公室里等候着我，茶几上还摆上了几盘水果。我们刚在沙发上坐下来，玉江书记又亲自动手削起了苹果，我一时感动得真不知说什么好。玉江书记一边削苹果一边说：“老朋友来了，我们能不见个面吗？”就这样一个上午玉江书记陪着我聊了许多，中午又非得陪我一起吃饭。午餐安排在玉门油田疗养院的餐厅，一到就餐的包厢玉江书记就说：文总编不大喝酒，我们就来点红酒吧。席间我们也连连举杯相敬，其情其景让在座的人无不为之感动。

2009年，玉门油田召开工会代表大会时，我受省总工会委派出席会议祝贺。开幕式结束后，玉江书记特意约我到了他的办公室。这时我才知道他是头天从外地赶回酒泉的，看上去的确有些疲劳。中午我们是在一起吃饭的。可到了下午4点多钟，我又接到玉江书记的电话：“文总，本来想晚上咱们一起和你单独吃饭，出差刚回来有点不大舒服，晚上就不陪你了。我已经给工会郝主席交代过了，让他们招呼好你。”放下电话，我心情一时很难平静，深深感到玉江书记待人之情真是无微不至。

2010年5月的一天，我突然接到玉江书记的电话：“文总，好长时间没有听到你的声音了，最近好吗？”“好！好！高书记你好啊，最近在哪儿？”我又惊又喜，忙在电话里与玉江书记互致问候。当玉江书记告知我他在北京时，我却不经意间告知他，我也要在第二天到北京开会。玉江书记高兴地在电话中说：“那太好了，我在北京等你。”也许我在电话中说的有误，这天中午，玉江书记又从北京打来电话：“到北京了没有？我已经安排好了，晚上请你吃饭。”接完电话我忙说：“我现在还在兰州的办公室，到下午6时才乘飞机到北京啊！”高书记在电话中忙说：“可能是我听错了，那就明天中午吧！”这天晚上一到北京，入住宾馆的第一件事就是打电话告知玉江书记我已经到了北京。电话中约定，第二天中午在玉门石油管理局北京办事处与玉江书记共进午餐。

第二天，上午11时刚过一点，我就赶到玉门石油管理局北京办事处。因为出发前给玉江书记打了电话，因此赶到时他已经在大厅里等我。一见面玉江书记一边与我握手一边说：“我是推迟了一天回玉门，专门在北京等你的。”我感动地说：“真是太感谢高书记了！”午餐显然是玉江书记做了精心安排的，菜精致高档，而且还上了茅台酒。玉江书记还笑着说：“知道文总编不大喝酒，但今天还是要喝几杯的。”我禁不住脱口而出：“今天一定喝，一定喝。”当时一起吃饭的还有玉门石油管理局北京办事处的几位领导。席间欢声笑语，玉江书记连连与我碰杯相饮，让我又一次感受到了朋友之间那浓浓深情。

这次在北京相见之后，有好长时间没能与玉江书记联系。还是玉门油田工会副主席郝义栋告诉我,玉江书记已经到了退休年龄,把家安在了北京。我很快就打电话给玉江书记,他在电话中说:“虽然已经退出了玉门油田党委书记岗位,但仍担任甘肃省政协环境资源委员会副主任一职,还会常来兰州的,今后相聚的时间还多着哩。”我也在电话中祝福他保重身体,安排好退下来的生活。一次去北京开会,我特地打电话联系玉江书记,巧得很他正好从外地刚返回北京,于是我们约定在中国职工之家相聚,玉江书记二话没说一口答应。第二天中午他与夫人一道自己驾车来到位于北京长安街的中国职工之家,我们一起共进午餐。玉江书记还和以前一样谈笑风生, 告诉了我不少关于他退休下来的生活情况,话语间我能体味到他退休生活的充实和丰富多彩,身子骨似乎比在玉门油田时还要硬朗。后来玉江书记因参加省上的政协会议,多次到过兰州,每次来他都会打电话给我,我们也多次在他下榻的玉门油田兰州办事处见面,每次见面他也非得留我在办事处吃饭。连办事处的人都说:“高书记每次来兰州,都少不了要见见文总编,真是老朋友啊! ”有时玉江书记到了兰州,我却去了外地出差,即便如此,玉江书记同样会打电话告知我,我们只能在电话上互致问候。最令我及家人感动的是,2011 年农历正月初九是女儿文晶出嫁的日子,玉江书记却记成了元月九日。恰巧这时正是甘肃“两会”召开的日子,玉江书记怕耽误了参加我女儿的婚礼,在没有买上飞机票的情况下,与夫人乘火车赶到了兰州。一下火车就打电话给我。当得知女儿是正月初九结婚,他却笑着说:“我又把时间记岔了,只要没有耽误就好啊!”后来我把这件事说给一些好朋友,大家无不感慨地说:“高书记待朋友总是一片真诚啊! ”

说起玉江书记的真诚,有件事将终生铭记在我的心中。2011 年夏季的一天,玉江书记从北京打来电话说玉军同志的工作有点变化。他一时感慨颇多,写了几句话,以怀念他们合作共事的日子。从他发过来的短信里,字里行间充满对他们在玉门油田党政一把手岗位上亲密无间共谋企业发展美好时光的深深记忆:

感怀——书赠玉军老弟

西漠铸风骨　　悠悠石油魂　　“三玉”堪奇缘① 年华终无悔

每每心相印　　同庶出清门[2]　　感君情似火　　义气抵万金
更贵品高洁　　大海犹胸襟　　殷殷夜难寐　　始知相忆深
携手艰辛时　　共唤春风归　　圆梦使命迫　　夙愿化壮锦
不朽丰碑在　　雄才报春晖　　好景历历目　　民望胜金杯
好雨知时节　　耿耿志青云　　盛名香如故　　难得平常心
今生乃知己　　敬慕永不泯　　友谊山誓盟　　唯愿岁华新

注:①“三玉”指玉门、玉江、玉军。②指两人同出于普通百姓人家。

读着这充满深情的诗句,我的整个心被震撼、被感动,当今社会有几个曾经在一起共事的领导能有如此深厚的感情?我从内心深处对玉江、玉军两位老朋友的这份情谊羡慕不已,也似乎读懂了玉江书记那颗真诚待人之心……

2012年7月,玉江老兄由京来兰,适逢他62岁生日,几位在兰同事相聚,共同为他祝寿。欣喜之时,我草就一首小诗,聊表祝福之意:

齐鲁大地汇名流　　千古圣贤育精英
君虽庶门堪才俊　　阳关古道步云青
西域峥嵘岁月稠　　献身石油四十秋
矢志摇篮酬宏愿　　痴情化雨润杨柳
几度大漠任驰骋　　车痕无声胜有声
也曾戈壁开新渠　　引来活水染绿洲
更喜“三玉”结奇缘　　祁连山麓绘壮景
莫道艰辛几多愁　　古树发芽吐芳秀
高田携手真绝配　　珠连璧合同运筹
伟业昭昭共悠悠　　耿耿清气满油城
一生淡泊品高洁　　唯有赤诚留美名
风范照人香如故　　今朝夕阳别样红
潇洒年华今犹在　　魅力依旧笑春风

常言道,人生遇一知己足矣。人生一世,必然要与形形色色的人打交道,除了自己的亲人外,还有自己的领导、师长、同学、同事、战友等等,其中也不乏工作中的一面之交,朋友聚会中的偶然相遇,出差途中的同道而行，抑或会议上的彼此相识。但屈指数来，能在人一生中留下深深记忆和值得终生感念的也就只有那么几个。中铁二十一局集团公司党委副书记、工会主席张克勤，就是我一辈子都不会忘记的人中的一个。

克勤书记小我几岁，因而我们之间私下里多以老兄老弟相称。说起来我与克勤老弟相识已有二十多年的时间。

初识克勤还是他在兰州铁路局任工会副主席的时候。起初我们多是在参加省总工会的一些会议上打打招呼，彼此并没有多少更深入的了解。后来，甘肃工人报社先后组织过一些专题性的座谈会，几乎每次我们都邀请克勤参加，他也是每次都应邀赴会，并且在会上都会发言。通过他的发言，我越来越感到克勤理论功底非常深厚，而且对工会工作很有一些见地，尤其是对企业工会工作有颇多思考和研究。因此我们之间的交流与接触也逐渐多了起来。

记得一年春节前夕的一天下午，我刚走进办公室，办公桌上电话铃声就响了起来。

"是文总编吗？我是兰州铁路局工会宣传部的，我们张主席让和您联系一下，想请您在一起坐一坐，商谈一些工会工作宣传方面的事。"

电话是兰州铁路局工会宣传部李西北部长打来的，我们之间也是老熟人了。我在电话中说："张主席和我想到一起了，我们也正在考虑如何进一步加强对铁路局工会工作宣传的问题。"

没过两天，我带着报社的几个同志专门拜访了兰州铁路局工会，克勤与局工会几个部门的同志热情接待了我们。过去我也曾多次到过兰州铁路局工会，但多是参加有关会议或是做些采访，像这天与局工会的同志一道专门研究铁路工会宣传问题还是头一次。交谈中我们相互都谈了一些打算和想法，并研究确定了一些报道选题。当时我深为克勤对《甘肃工人报》的关注而感动。他曾经不止一次地说到，《甘肃工人报》对兰铁局的宣传力度是其他任何媒体都不可相比的，铁路系统也大都把《甘肃工人报》作为新闻报道的重要媒体，并表示要进一步扩大《甘肃工人报》在铁路系统的订阅范围，让更多的铁路职工都能看上《甘肃工人报》。也就是通过这次交谈，我进一步了解到，克勤同志早在武威铁路局工作期间，就担任过宣传部长、团委书记和工会主席，发现和总结过不少先进典型，对企业工会工作和宣传工作都有着丰富的经验。打这以后，不仅甘肃工人报与兰州铁路局建立了密切联系，而且我与克勤同志之间也有更多的来往，以至建立了深厚的友谊。几乎每年到了报刊订阅时期，克勤同志都要专门安排会议，部署《甘肃工人报》在铁路系统的发行订阅工作，以至一个时期，《甘肃工人报》在铁路系统的发行量大幅度提升。上世纪 90 年代末期，兰州铁路局进入了兰新复线建设时期，克勤同志约我共同商议，策划了甘肃工人报记者走进兰新复线铁路建设的现场采访活动。为此，报社派出记者小分队深入武威、张掖、嘉峪关等地，采访到了广大铁路职工战天斗地、大打工程攻坚战的许多感人事迹。《甘肃工人报》以“大漠丰碑”的长篇通讯报道后，在铁路系统产生强烈反响，兰铁局从党委、行政到工会，对《甘肃工人报》的这一采访和宣传活动给予高度评价。因此，2001 年元月，当甘肃工人报社举办庆祝创刊二十周年电视晚会时，克勤同志受兰铁局党政工组织的委托，特意在电视晚会现场发表讲话，并为甘肃工人报社颁发了奖金，一时在全省企业系统传为佳话。我从内心深处由衷感到这是兰铁局对甘肃工人报的关心，更体会到是克勤同志对我工作的支持。

后来，克勤同志调任兰州铁路局工程建设总公司总经理，虽然不在工会岗位了，可我们之间的联系并没有因此而减少。这期间我也多次到过兰铁工程建设公司，一是了解企业生产经营情况，二则是常去看望克勤同志。没过两三年，铁路系统全面进行改革改制，兰铁工程建设公司划归中国铁路建设集团公司，并以兰铁工程建设公司为基础组建了中国铁建二十一局集团公司，克勤同志被任命为集团公司党委副书记，并在集团公司工会代表大会上当选为集团公司工会主席。记得在中铁二十一局成立的前几天的一天下午，克勤同志打来电话，约我到他办公室去一下。我放下手头的工作，便急匆匆赶了过去。一见到克勤同志，他开门见山就说：“得请你帮着策划一下，二十一局挂牌时需好好宣传宣传，这是个新组建的单位，非常需要扩大社会影响，提高社会知名度。”明白他的想法后，我们一起商量了搞好宣传的一些具体问题。中铁二十一局挂牌那天，

在兰州铁路局金轮广场举行了隆重的挂牌仪式,《甘肃工人报》专门以整版篇幅介绍了集团公司情况,并把近千份报纸送到了大会现场,有效配合了挂牌仪式。大会结束后,克勤同志特意把我介绍给新任中铁二十一局董事长柴顺林,并一再说:"甘肃工人报这次给我们帮了大忙啊!"柴董事长紧紧握着我的手说:"工会报纸与我们企业心连着心,今后还要多联系。"

青藏铁路开通庆典时,胡锦涛总书记专门看望了中铁二十一局参与青藏铁路建设的职工,并亲切接见了5名青年技术人员。这年春节前夕,又是克勤同志与我一起商议,中铁二十一局与甘肃工人报社一起承办了省总工会新春联谊会,专门把受到胡锦涛总书记接见的5位技术人员请到现场,介绍受到总书记接见的幸福情景,把整个联谊会推到了高潮。第二年"七一"前夕,中铁二十一局受到总书记接见的5位技术人员专门给总书记写信,汇报了他们一年来工作情况。胡锦涛总书记还专门为他们复信,勉励他们再接再厉,为我国铁路建设做出新的贡献。克勤书记又是在第一时间,将这一喜讯告诉我,并与我一起商议如何加大宣传的问题。后在省总工会的积极推动下,省委省政府专门召开了座谈会,学习总书记的重要复信精神。时任省委书记陆浩、省长徐守盛等领导在座谈会上分别发表了重要讲话,高度评价了中铁二十一局对甘肃经济社会发展做出的重要贡献。2008年国庆前夕,克勤书记又与我商议,策划了"黄河潮声"大型文艺晚会演出活动,营造了工会系统庆祝国庆喜迎奥运的浓厚氛围。我们又一次把受到胡锦涛总书记接见的5位技术人员邀请到现场,由他们介绍了认真落实总书记复信精神,创造新的工作业绩的情况,在更大范围内宣传了中铁二十一局。因此,中铁二十一局的几位领导往往一见到我就说:"文总编是宣传我们二十一局的总导演、总策划。"

2010年,省总工会领导提出走进重点工程建设现场,开展慰问演出活动的要求。首场演出便安排在了中铁二十一局兰渝铁路建设工程的现场。为把这场演出搞好，克勤书记与我一起进行了多次商议策划。经过我们密切合作，一场名为“兰渝放歌”的大型文艺演出获得圆满成功。我在撰写的主持词中写道：站在兰渝铁路建设的施工现场，我们仿佛看见铁龙奔驰天堑变通途；面对日夜奋战不辞辛劳的工人师傅，我们仿佛闻到滴滴汗水的芳香；铿锵的劳动号子唤醒沉睡的荒野，高耸的桥梁犹如中铁二十一局职工不屈的臂膀……当主持人满怀激情朗诵这些动人的语词时，全场掌声雷动，中铁二十一局职工的满腔激情都在沸腾奔放。特别是主持人又一次朗诵道：漫漫青藏铁路线上是他们打破了亘古神话，敦煌莫高窟下是他们把铁路建设的经典竖立在飞天故乡，河西走廊乌鞘岭上是他们打出亚洲隧道第一长，茫茫戈壁是他们创造了武嘉电气化改造的奇迹，鏖战兰青二线是他们书写了大西北铁路建设的精彩篇章。这就是英雄的中铁二十一局，这就是被胡锦涛总书记称赞为铁军的国家栋梁！演出现场立刻成了欢乐的海洋。演出还没有结束，克勤同志就对我说，这些美好的盛赞，句句都点燃着二十一局职工的心头之火，真是给我们长了精神、鼓舞了士气。

在与克勤同志的这些工作交往中，我们兄弟般的情谊也在不断加深和增长。2008 年，我的《今生有缘》一书出版时，我特意请克勤同志作跋，他欣然答应，并动情地写道：“我与志祥同志相识有年，是工会工作的情缘让我们成了很好的朋友。而且随着岁月的延续，我们之间心心相交，以诚相待，时间越长，情谊越深。这是因为我们共同种下的真诚，并给予了长久的感情滋养和珍惜，不断地付出热情润泽培育的结果。正像书名‘今生有缘’一样，能与志祥同志相识、相知乃为余之所缘。他在我熟悉的同仁中，是一位值得信赖和交往的兄长，其才能、品行更令余为之敬佩。”字里行间倾吐着克勤同志待我的一片深情。2011 年正月初九，女儿文晶婚礼之日，克勤同志自然是必不可少的重要嘉宾。早先他就提出要通知铁路系统的一些朋友前来助兴，为了不事张扬，我只能婉言谢绝。在当天的婚礼现场，克勤同志代表朋友和企业的领导即兴发表讲话，话语间情真意切，让我禁不住热泪盈眶。特别是他还当场进行了葫芦丝演奏表演，更让我的心随着悠扬的乐声久久不能平静。

十一

在东郊巷三十年的平淡经历中，我的心里总似乎常有一种东西，尽管淡淡的，却不时让我产生绵延的幸福感和快乐感，那就是我心里的那份踏实和安详。而让我经营这份踏实和安详的竟是那些一直关心与支持我的工会工作岗位上的同仁与朋友，是他们搀扶和陪同着我，在这里留下了一串串脚印，历练了我人生的至境。

说实话，自打上小学起我就萌发过各种各样的梦想，梦想过当作家，所以一上中学就开始学着写小说，编故事；梦想过当诗人，学生时代也异想天开地写过顺口溜似的所谓诗歌，还曾参加过学校的诗歌朗诵，写的诗也曾上了学校办的墙报或黑板板；梦想过从事文艺工作，自上初中到高中就是学校文艺活动积极分子，也曾学着编写过剧本，演出过话剧、活报剧什么的。在八年的军营生活中，学过医，因而梦想过当一名医生，一度对医道颇感兴趣，尤其是对心、肝、肾系统的疾病以及发病机理，还真很费心思地学习与研究；梦想过当一名记者，曾经弃医从文，写过不少的新闻报道稿件，特别是在甘肃人民广播电台一年多时间的学习，更是打心眼里爱上了新闻工作。1980 年供职甘肃工人报社，不仅终使我当记者的梦想成真，而且一干竟然长达三十多个春秋，仍觉兴味依然。可就压根

都没有想到的是，这辈子却与工会工作结下了割舍不断的情缘。在长达三十多年对工会工作的探索与实践中，在对新的历史时期工会工作重要性和所肩负的重要使命的认识与理解中，我似乎越来越懂得了工会，更深深爱上了工会。在一些人的眼里工会是个无职无权的清水衙门，可在我看来，工会理论研究无尽头，工会工作探索和创新无尽头，工会工作天地广阔，大有作为，大有可为。这些年来，我之所以痴情于工会工作，是因为在工会这个舞台上，演绎着我为之快乐的人生，更因为以工会为桥梁与纽带，把我与工会的不少同仁的情感紧紧联在了一起，让我们共同经历了甘肃工运史上许多不平凡的岁月……

“志祥同志是甘肃新闻界名人，声名远播陇原大地，他与我相识而君子之交经年，其人格的魅力，敬业的精神，不懈的努力和事业的成就无不感染着我，为我良师益友，情谊甚笃。”这是 2008 年我的拙作《今生有缘》一书付梓时，时任白银集团公司党委副书记、工会主席温克立所作序言中写下的一段话，尽管其中不乏溢美之词，却也能看出克立同志待之于我的一片深情。

我与克立同志相识还是他任白银公司党委办公室主任的时候。那时虽然来往不多，相互了解也不大深。偶尔我也编发过他写给《甘肃工人报》的稿件，深为他深厚的文字功底而叹服。也曾知道克立同志是白银公司有名的一支笔，而且专书法、擅诗词，并颇有造诣。真正近距离接触克立同志是在一次去白银公司采访的时候。

记得那天上午，结束了在白银公司工会的采访，时任公司工会副主席的宗廷毅同志，非得安排在一个叫小树林的餐馆吃午饭。当我们一起走进这个不大的餐馆时，廷毅同志突然说：“把公司党办的温主任也喊来吧，他多次都说想认识认识你。”我连忙说：“好啊，好啊，其实我们早就认识了，只不过没有接触过。”说着廷毅主席便拨通了电话，从他接电话的表情，我料定克立同志已经答应要来，而且非常高兴来。就在我们等候他的时候，廷毅同志介绍了不少有关克立同志的情况，听得出他对克立同志的才华和为人都是蛮崇拜的。从他的介绍中我也似乎更多了一些对克立同志的了解。

大约过了不到二十分钟，克立同志就出现在我们面前。他一进门就朝我打招呼："文总编好"，接着又紧紧握起了我的手，俨然就像久未谋面的老朋友。我也忙摇着克立同志的手说："久闻温主任大名啊！"克立同志笑着说："我那有什么大名，在我们白银公司你文总编可真是名气不小哩！"这当儿，宗廷毅同志甩过一句话来："别再互相谦虚，快坐下来准备吃饭。"

克立同志与我紧挨着坐了下来，在大家你一言我一语的闲聊中，我仔细端详着温克立：他中等个，瘦削身材，一头略带自来卷的头发，稍显长型的脸庞，配上付宽边眼镜，浑身上下都透出一股书卷气，特别是写满一脸的和气，让我心头陡添敬意。吃饭间，克立同志也谈笑风生，时有妙语连珠，让我更感受到了他深厚的文化底蕴，从而把一个文人的形象深深定格在我的脑海里。自此之后，克立同志与我便有了一些联系，还曾几次专门给我寄来稿件，我都在《甘肃工人报》上编发。

人与人之间，也许还确实存在着缘分之说，我是相信人与人交往之中的缘分的。没过两年，白银公司工会换届改选时，此时已担任公司党委副书记的温克立，竟然又当选为公司工会主席，我们之间的联系与来往便更加多了起来。就在克立同志当选白银公司工会主席不久，他带领公司工会的几位领导，一起来到省总工会拜访。时任省总工会主席赵宝生等领导热情接待了克立主席一行，并特意安排了午餐。中午临近12点时，我的手机突然响起："文总编，白银公司工会温主席专门来看你，中午一起吃饭，请你参加。"电话是赵宝生主席打来的。我忙在电话上说："赵主席，我现在还在七里河一家企业，恐怕是赶不回来啊！""那你给温主席说吧！"赵宝生主席说着就把手机给了克立主席，"文总编，我们特意来看你，怎么连个面都见不上啊，我们大家可都等着呢！"克立主席在电话中这么一说，倒让我不好意思起来，只好在电话中连连说："我一定赶回来，一定赶回来。"克立主席笑着说："那我们就等你了。"于是我急匆匆从七里河赶回省总工会，陪同克立同志一起吃午饭。席间赵宝生主席还打趣说："人家温主席说，到了兰州见不到文总编就等于没到兰州，你到不了我们连饭都吃不成啊！"顿时饭桌上响起一片笑声，克立主席更是端起一杯红酒,非得让我一饮而尽。这就是克立同志出任白银公司工会主席后我们在兰州的第一次见面。后来随着时间的推移,我们成了非常要好的朋友。

在克立同志任白银公司工会主席之后的前几年,企业生产经营处于非常困难的时期。由于经费不足,工会工作必然受到严重影响。尽管如此,克立同志带领公司工会还是千方百计开展工会活动,确保各项工会工作的正常进行。令我非常感动的是,在工会经费十分困难的情况下,每年在订阅报刊时,白银公司一些基层工会总为订阅《甘肃工人报》犯难,有的甚至提出要减少《甘肃工人报》的订阅。面对这种情况,克立主席一方面明确表示:即使再困难也不能减少《甘肃工人报》的订数,一方面公司工会通过企业行政千方百计筹措资金,并由公司工会集中为各基层订阅《甘肃工人报》,从而保证了《甘肃工人报》的订数。连续多年来,不管企业生产经营多么困难,工会经费多么紧张,白银公司订阅《甘肃工人报》都在千余份以上,就连公司工会的一些同志都对我说:"温主席对文总编的工作非常重视和支持啊!"

2010年,省总工会为整合宣传资源,把曾经由省总工会研究室编辑的《五月花》杂志,划归甘肃工人报社编辑与管理。接手《五月花》杂志之后,我作为执行主编,考虑的第一件事就是约请特邀编委,依靠各方力量提高办刊水平。我把这一想法首先告知克立同志,得到他的赞同。接着我们又相继邀请十多家大企业的工会主席担任《五月花》特邀编委,并在兰州阳光酒店召开了首次特邀编委座谈会。克立主席首先在座谈会上发言,为办好《五月花》提出了不少好的意见和建议。一年之后,克立主席又在白银公司专门承办了《五月花》特邀编委座谈会。那天十多名编委会聚白银公司,大家畅所欲言,既肯定了一年来《五月花》杂志的新变化,又为进一步提高办刊水平纷纷献计献策。会议气氛十分热烈,令我与办刊的同志们对办好《五月花》更有了信心。这次座谈会本是个小会,可克立主席和公司工会的同志却格外重视,不仅特意安排了一些参观,还为与会的每位编委赠送了礼品。特别是在晚餐时,又专门安排公司艺术团的同志表演了精彩的文艺节目,整个晚餐竟成了一次生动活泼的联欢会。当

我激动地向克立主席表示感谢时，他笑着说:“谁让这是你文总编安排的事，只要是你的事我们都会尽力去办。”一番话说得我心里热乎乎的。

只要是我找到克立主席说的事情,他总是满口答应,毫不含糊。这话可真一点也不假。一年冬天,酒泉钢铁公司职工艺术团在兰州演出后，时任酒钢公司工会副主席的吴月菊找到我说,艺术团来兰州不容易,借此机会想到一些企业慰问演出,希望我帮助联系几家企业。我第一个想到的就是白银公司。因为当时白银公司生产经营还在困境之中,到困难企业慰问演出显得更有意义。于是我当即拨通了克立主席的手机，当时他和公司几位领导正在外地出差。当我把酒钢艺术团去公司慰问演出的事说给他时,克立主席在电话中说道,这是好事啊,感谢文总编总是想着白银公司,酒钢艺术团到公司慰问是件大事,得向公司领导汇报一下 ,公司几位领导正好在一起,过一会儿我再给你回电话。果然没过几分钟,克立主席的电话就了打过来:“刚才几个公司领导商量过了,欢迎酒钢职工艺术团到公司演出,也请文总编先转达我们对酒钢党政工领导的感谢,艺术团演出的事,我们会马上做出安排,有人会与你联系的。”这天下午,白银公司工会的一位副主席先是与我电话联系,后又专门到了兰州,与酒钢艺术团的同志商议演出的具体事宜。尽管慰问演出的那天,克立主席与其他几位领导还在外地出差,但公司工会的同志说,克立主席对接待酒钢艺术团演出的事十分重视,通过电话对工会的同志们做了详细安排,从观众组织、剧场安全、灯光设备到演员接待等等,都一一做了具体交代。因此那天晚上的慰问演出十分成功,酒钢艺术团的同志们对白银公司的周到安排同样赞誉有加。我更是深深感到,是克立主席又一次给了我最真诚的支持。

在担任白银公司工会主席期间,克立主席经历了公司生产经营最艰难的日子，也经历了公司几经改革改制的时期，工会工作所遇到的困难可想而知。即便在这种情况下，克立主席带领工会的同志们，克服种种困难仍然把各项工会活动开展得有声有色。特别是在他的大力倡导和推进下，公司工会整合企业文化资源，以公司俱乐部为主体，分别组建了职工各类业余兴趣组织，并在此基础上成立了公司工会文化活动中心，打造了

五个职工文化活动阵地。记得在文化中心成立那天，克立主席还专门邀请我参加了中心挂牌仪式。多年来，就是依靠这个中心，克立主席组织开展了职工书法、美术、摄影展览等一系列文化活动，丰富了职工的业余文化生活。用克立主席的话说："企业生产经营困难，但职工的精神文化生活不能因此而贫乏，我们工会就是要用健康有益的文化活动，把职工队伍凝聚起来，把职工的士气振奋起来，增强职工战胜困难的信心和勇气。"

一度，白银公司在进行改革改制的过程中、精简机构，减少人员成为首当其冲的一项工作，工会的机构设置、人员编制也成为关注的焦点。克立主席在公司有关会议上，依据《工会法》和《中国工会章程》据理力争，慷慨陈述党中央、全国总工会关于企业改革改制，不得擅自撤并工会组织的有关精神，得到了公司党政领导的高度重视和强力支持。得知这一情况后，我专门到白银公司了解情况，深入采访，还与公司工会和各二级单位工会的同志们一起座谈，很快我以"白银公司改革改制，不伤工会筋骨"为题，在《甘肃工人报》一版头题，报道了白银公司党政重视和支持工会工作的情况。消息见报后，克立主席给我打来电话表示感谢，并把报纸专门送给公司的党政领导。后来克立主席一见到我就说："文总编总是在关键时刻支持我们，一篇报道让全公司工会干部都一致叫好啊！"

在白银公司工会的同志们看来，他们的一些工作总是得到我的支

持。其实我心里明白,白银公司工会是我所负责的一些工作的最大支持者。2007年,为迎接奥运会在我国举办,省总工会联合中铁二十一局在兰州铁路局火车头体育馆举办“黄河潮声”大型职工文艺演出。当时这项活动由我负责策划和具体组织。眼看演出的时间就要临近,原先联系好的音响却因另有重要演出任务不得不改变计划。负责此项工作的中铁二十一局的有关人员,几乎联系了兰州地区所有承担舞台音响业务的单位,都因早有业务安排,难以对我们所确定演出时间的音响服务。节骨眼上大家一时都没了主意,中铁二十一局的同志也都把焦急的目光盯在了我的身上。我也曾联系了兰州地区一些大型企业,不是没有音响设备,就是正好与省总工会演出活动的时间冲突。情急之下,我只好拨通了克立主席的电话:

“温主席,省总工会国庆前举办的一场文艺演出现在遇到音响方面的困难,得麻烦您帮助救救急啊!”我在电话中焦急地说道。

“我马上就与艺术团联系,看与公司安排的演出活动有没有冲突,好像白银市也有什么演出任务,不知能不能腾出空来。”克立主席在电话中连连答应着,但我能听得出他似乎也在为难啊!

“那可怎么办啊,眼看离演出只有两天时间……”没有等我说完,克立主席便在电话中说:

“文总编先别急,我与艺术团的同志再商量一下,看有没有解决的办法。”显然是克立主席也为此着起急来。出于对克立主席的了解,此时此刻,我却似乎放下心来,总感到克立主席会有办法解决这一难题的。

果然没出我所料,没多大一会儿,克立主席电话又打过来了:

“文总编,请放心,音响问题已经安排好了,绝不会误了省总的事。”

“谢谢温主席,谢谢温主席,你可帮大忙了!”我一时高兴,电话中除了感谢,再什么话也说不出来了。

第二天,克立主席就派副主席朱振江带着音响师等一干人马到了兰州,具体商量演出的事情,具体查看现场音响设备的安装。

一见到我,振江副主席就笑着对我说:

“文总编,你可真给温主席出了个大难题啊,他想了不少办法,才把难题解决了！”

我有点不好意思地说：“实在对不起，给你们添麻烦了。”

振江副主席又笑着说：“还是你文总编面子大，温主席说困难再大，也要为省总工会解燃眉之急。”

经过振江副主席一番详细介绍，我才知道为了解决省总工会文艺演出音响问题，不仅调整了公司内部的演出，而且专门在白银市租用了音响设备，又购买了电线、话筒等，还抽调公司艺术团专职人员负责演出的音响工作。就在演出那天，白银公司艺术团还参加演出了几个节目，使整个演出获得圆满成功。当省总工会领导称赞演出搞得好时，我们都说，是白银公司工会在关键时候帮了大忙。以后我还曾策划过以省总工会名义举办的“奥运之光”、“盛世欢歌”、“相约春天”、“兰渝放歌”、“情满陇东”等文艺演出活动，这些活动大都是由白银公司职工艺术团担纲演出，确实为省总工会增添了光彩。用克立主席的话说：只要是文总编主办的事，白银公司都会全力以赴地支持，谁叫我们是好朋友呢？

“谁叫我们是好朋友呢？”这几乎是温克立主席常说给我的一句话。前几年，原任省总工会党组书记、常务副主席李宝堂和曾任省总工会副主席的刘天明先后调离省总工会时，克立主席带着公司工会的同志专门到兰州设宴欢送，而且每次都约我参加。如果我有推辞之意，他便会说：“谁让我们是好朋友呢？”每当听到这句话，我也只得答应。

这是2011年底的一天。

这天兰州的天气格外的寒冷。有人说这是入冬以来兰州最冷的一天，我的办公室供着暖气，开着空调，但还有着一股挡不住的寒气。

早上上班不大一会儿，办公室电话铃声响了起来：

“哪位呀，你是……”还没等我说完，电话那边回过话来：

“是文总编吗？不记得我了吧！”

听着电话中的声音，我先是一愣，顷刻便又惊又喜：

“是王主席啊，你在哪儿啊？”

“是啊是啊，难得还能听出我的声音，我今天到城里办点事，一会儿想来看看你，好长时间不见了，挺想的。”

“好啊，好啊，我就在办公室等你。”我在电话中连声答应着。

电话是兰州铝厂原工会主席王万增打来的，他是我交往了十余年的老朋友，在任时在工作上给了我许多支持和帮助。虽然退休已经近十年了，来往比过去少了，可心里还是常常惦挂着。说来也巧，就在接到电话的头两天，和家人在闲聊中还说到过兰州铝厂，说到万增主席，夫人还提醒我：“什么时间应该约兰州铝厂的刘铁军厂长和王万增主席在一起吃个饭，聚一聚，都有好些年没见了。”这不，这天一大早万增主席的电话就打过来了。

放下手中的电话，我的心情又激动又兴奋，万增主席的影子不时在我眼前晃动，昔日交往中的情景一幕幕展现在眼前……

第一次见到万增主席还是在1986年夏季的一天。那是全国八大铝厂工会工作座谈会在兰州铝厂召开，时任兰州有色金属公司工会主席姜玉美邀请当时的省总工会主席窦恒通出席会议并讲话。作为《甘肃工人报》记者，我随同窦主席第一次走进了兰州铝厂。

当时的兰州铝厂位于兰州市西固区西北端的黄河边上，由于企业生产经营有方，经济效益连年攀升，在全省乃至全国很有些名气，也是各新闻单位宣传报道的热点企业之一。第一次走进兰州铝厂，作为记者的我除了兴奋，心头还略有一些神秘之感。座谈会开了约有两个小时，来自全国各地铝厂的工会主席，对兰州铝厂的工会工作给予高度评价。窦恒通主席也在座谈会上介绍了我省企业工会工作的一些情况，同样在与会代表中产生强烈共鸣。座谈会结束后，安排大家参观兰铝的生产车间，我也是头一回看到了铝产品冶炼的场景。

就在与代表们一起参观的当儿，万增主席特意来到我跟前。记得当时的他，看上去也就四十岁开外，高高的个头，圆脸庞、大眼睛、平头短发，看上去颇有精气神。穿一身深蓝色工作服，浑身上下都有一股子工人的憨厚和朴实劲，说起话来，一口标准的普通话，满脸都是笑容。他使劲拉起我的手并不停地摇动着说：

"你的名字我们可是在甘工报上经常看到啊，就是从来没有见过面，今后希望能常来我们厂，我可是甘工报的忠实读者哩！"

听着万增主席的话，我的心头顿时一热，连连说道：

"我们今后是要加强联系，常到兰铝来采访，多报道企业的生产发展和工会工作情况。"

万增主席高兴地说："那就好，那就好，今后我可就要找你了，到时可别怕麻烦啊！"

这时我们俩都笑了，手似乎拉得更紧了。初次与万增主席接触，我们彼此都有点相见恨晚的感觉，在我的心里仿佛他就是位相识很久的老朋友，油然而生出几分亲切。参观结束后，万增主席一直把我们送到车上，临告别时又一次拉着我的手说："可别忘了，常到兰州铝厂来，我可等着你呢！"我只是笑着连连点头。返回的路上，万增主席那一脸的真诚不时在我的眼前浮现，我不禁暗暗想到：他将成为我今后工作中最知心的朋友。也就是从这天起，王万增这个名字就深深埋在了我的心里。

第二次见到万增主席，是1987年秋季的一天。那天我是应省水利工会之邀，去景泰一家水电企业参加会议返回兰州的途中，特意去了趟兰州铝厂，一则是联系有关事宜，二则也是看望万增主席。当时，省工会第七次代表大会刚刚开过不久，时任省总工会主席王新中提出了"以国有大中型企业为依托，带动和辐射地方中小企业及地方工会发展"的工作思路，并打算建立大企业工会工作联席会议制度。希望我利用与企业联系较多的实际，在这方面多做些工作。这次到兰州铝厂就是为了联系在兰州铝厂召开省总工会第一次大企业工会主席联席会议的事情。

其实，自打第一次见到万增主席之后，我们之间的电话几乎成了热线，三天两头都会有电话联系，万增主席还多次派人送来稿件，一来二往，我与兰铝工会的同志也大都成了熟人。这天到兰州铝厂已是下午3

点多钟了。我直接来到厂工会，找到万增主席办公室时，房门紧锁着。听见敲门声，隔壁工会的一位女同志忙迎了出来说："王主席下车间去了，先在这坐会儿，我这就去找。"她一边说着，一边让我进了她的办公室，又是让座，又是倒茶水，接着一溜烟出了办公室，临走朝我笑着说："我给你找主席去！"不大一会儿，万增主席就从车间赶了回来，他还是一身工作服，与上次见面不同的是头上戴了顶工作帽，也许是往回赶路的原因，帽檐下的额头上布满密密的汗珠。

一见面，我们如同旧友重逢，万增主席一面拉着我的手使劲摇动，一面亮着嗓门说："来了，咋不提前打个招呼，我好等你啊！咋能让你在这久等啊！"说着就拉着我去了他的办公室。

一走进他的办公室，我便说："去景泰开会，顺便到厂里看看。"

不料这句话倒让万增主席犯起急来："要不顺道，还就不到厂里来了？看来还是我们这里庙小啊！"说罢他自己先笑了起来，还连连说："不要介意，我是开个玩笑。"我也笑着说："这还介意什么，你是希望我多来打扰你啊！"说着我俩都笑了，而且都是发自内心的笑。

当我说到省总工会打算建立大企业工会主席联席会议制度，并考虑第一次联席会议放在兰铝召开，今天来就是商量这件事时，还没等我把话说完，万增主席颇显激动地连连说："这是好事啊！我们一定会把会议承办好。"万增主席如此痛快让我喜不自胜，也禁不住满怀感激地说："太感谢王主席了，那就给你们添麻烦了。"说着我又一次握起万增主席的手便要告辞。万增主席抬起手腕一边看表，一边不容置疑地说："都5点多钟了，还走什么呀，吃了饭再走吧！"说着就把隔壁办公室的女同志叫了过来："给食堂打个招呼，晚上准备点客饭。"女同志听罢点了点头转身就要离去，我忙摇着手说："不用安排，不用安排。"可万增主席哪容分说，带着半是玩笑半是嗔怪的口吻说："怎么就不能在我们职工食堂吃个便饭，体验体验我们工人的生活啊！"经他这么一说，我又能再说些什么呢？只好客随主便了。后来万增主席喊来厂工会和宣传部几位同志，大家一起共进晚餐，当时温馨和谐的气氛至今还令人记忆犹新。

没过几天，万增主席便打来电话："召开大企业工会主席联席会议的事,我已向厂里党政领导作了汇报,大家都非常欢迎会议在我们厂召开,也感谢省总工会对我们的信任,现在就等省总的具体通知,我们好做会议的有关筹备工作。”放下电话后,我很快向省总工会领导汇报了有关情况,省总也立即敲定了召开会议的具体时间。会议召开那天,兰州铝厂的党政领导都高度重视,厂长刘铁军在会上发表了热情洋溢的致词,畅谈了对工会工作的认识,引起与会的四十多位大企业工会主席的强烈共鸣。大家也一致赞同省总工会把工作重点放在大企业的做法,并对建立大企业工会主席联席会议制度连连叫好。也就是从这次在兰州召开大企业工会主席联席会议开始,甘肃省大企业工会主席联席会议几乎每年都要召开一次,交流经验,研讨问题,成为甘肃工会工作的一大亮点,曾受到全国总工会领导的充分肯定。

随着与兰州铝厂来往的增多,万增主席和我之间友情也越来越深。记得一年“五一”前夕,为筹办一次劳模联谊活动,我不小心摔伤了右腿膑骨住进医院。就在我做手术的第二天下午,万增主席带着厂工会的几位同志来到我在省人民医院的病房探望。当时我腿上打着石膏行动不便,只能半躺在病床上。一见到万增主席推门进来,我又惊又喜:“你怎么知道我住院了,又麻烦你跑趟医院。”万增主席走近病床一边与我握手,一边说:“厂里有个活动要请你参加,可办公室的电话咋也打不通,后从报社其他同志那儿打听,才知你腿摔伤住院了,厂里几个领导派我们专门来看望你。”听着万增主席的话,我真是感动得不知说啥好。临走万增主席放下一大包食品,又是水果,又是补品,真是应有尽有,还一再说,这是我们几位厂领导的一点心意,盼着你早日康复出院,有什么要办的事尽管打电话。我只能在病床上挪动着身子,一个劲地点着头致谢。

1992年11月中国工会十二大召开时,万增主席作为会议代表,兰州铝厂厂长刘铁军作为特邀代表、我作为甘肃代表团随团记者一起参加了这次会议。当时我们甘肃代表团住在京西宾馆,会议期间万增主席、铁军厂长我们几个人几乎形影不离。最令人难忘的是,在这次会议上,万增主席当选为大会主席团成员。开幕式那天,万增主席一身藏蓝色西装,配上条大红色领带,显得格外精神,坐在了万众瞩目的人民大会堂主席台

上。开幕式结束后，在人民大会堂的大厅里，一见到从主席台走下来的万增主席，我与刘铁军厂长都高兴地迎了上去，向他表示祝贺。刘厂长还笑着说，这不仅是万增主席的光荣，也是我们兰铝人的光荣，我说这应该是我们甘肃人的光荣。万增主席却略带羞涩地说："这都是省总工会的关心抬举和对兰州铝厂的重视。"说着我们几个人都围着万增主席在大会堂合影留念，记下了这令人倍感幸福的时刻。

就在这次会议期间，兰州铝厂厂长刘铁军与万增主席一道，邀请时任全国人大常委会副委员长、中华全国总工会主席倪志福以及郑万通等全国总工会领导，在京西宾馆相聚。出席中国工会十二大的我省代表，时任省总工会主席王新中、副主席胡纯刚一同参加。刘厂长和万增主席也邀请我参加了这次聚会。留给我印象最深的是，聚会当时，当万增主席向志福同志敬酒时，王新中特意告知这是工会十二大的主席团成员，志福同志高兴地说，作为企业的代表，参加大会主席团的人并不多，这是兰州铝厂全厂职工的光荣，值得祝贺啊！说完志福同志端起一杯红酒一饮而尽，万增主席和铁军厂长也端起酒杯连饮两杯，再三感谢志福同志和全总领导对兰铝的关怀，从而把整个聚会推向了高潮。

有一年，全国总工会召开"全心全意依靠工人阶级办企业"经验交流会时，兰州铝厂被确定为重点介绍经验单位之一，这也是甘肃唯一被邀请参加会议的企业。会议召开之前，兰州铝厂就曾向全总上报了经验材料，但全总有关部门提出了一些修改意见，并要求派人到北京共同研究材料的修改。经省总工会领导研究，派我和万增主席一起赶到北京，按全总要求做好材料的修改工作。离开兰州前，万增主席专门与我一起商议，尽可能多带一些有关资料，以备修改材料之所需。当时正值隆冬季节，离过春节也没有了几天。我们乘飞机到达北京后，就住在了位于公主坟的兰州铝厂驻京办事处。当天下午，我与万增主席就急匆匆赶往全国总工会。记得那天下午，北京上空飘洒着纷纷扬扬的雪花，还刮着飕飕冷风，

天气显得格外寒冷。那时首都的出租汽车还没有像现在这样方便,好在公主坟离全总机关也就两三里路,我们便乘公交车赶了过去。找到负责审定材料的全总有关部门后, 他们详细交代了材料的具体修改意见,还和我们一起商量了材料的具体结构和需要强化的内容,并要求在一两天之内就把材料修改好,因为春节假期就在眼前。

说是修改材料,其实就是推倒重来。好在万增主席带来了不少资料,当天晚上我们就开始了材料的写作。先是万增主席介绍了企业这些年在依靠职工办企业、落实职工主人翁地位等方面的一些具体做法和取得的效果,我们又一起对带来的一些材料做了分析后,对材料的整体布局在我心里已开始形成了一个框架。因为对兰铝的情况我还是熟悉的,过去也在这方面写过不少报道, 因此写份经验材料多少有点轻车熟路的感觉。我自告奋勇担当材料执笔,万增主席当然求之不得。于是我们俩关在一个房子里,我在前边写,他在后边抄,整整一个晚上,我俩谁也没有合上一眼。五千多字的材料我写完了,万增主席也抄完了。当我站起来伸伸腰时,窗户上射进来一束金灿灿的阳光。推开窗户看去,屋外院子里白茫茫一片,显然下了整整一个晚上的雪。也许是雪后放晴,阳光洒在雪地上别有一番景致。

万增主席抄完最后一页材料,非得要我在床上躺下睡一会儿,说着还动手拉开了床上的被子,硬把我按在了床上,临走还关上了房门。说实话,早上乘飞机赶机场起了个大早,晚上又来了个通宵未眠,不累那是假的,我和衣躺在床上不知不觉就睡着了。当我醒来时,只听见隔壁房子一阵接着一阵的咚咚咚的响声,我起身一看,原来是万增主席正在剁饺馅。看我走了进来,他笑着说:今天我给咱们包饺子,让你尝尝我的手艺。我说:那我来帮忙吧。他说:你还是休息吧,材料派人到外面去打印了,吃完饺子咱们就到全总去交差。我只好笑了笑返回房间,打开电视看了起来。

万增主席还真够麻利,不大一会儿他就喊:“饺子好了,快过来趁热吃。”当我来到餐桌旁时,两盘热腾腾的饺子已经摆好,就连蒜、醋、辣椒等也都放好了。他一边拿筷子,一边说:“白菜大肉馅,不知味道咋样?”说着就为我的碟子里夹饺子。这当儿,办事处的一位同志从外面打印材料已经赶回来了,我没顾上吃饺子,倒是先翻看起材料来。一吃完饭,万增主席与我便向全国总工会赶去。这天已经是腊月二十八,人们也都开始忙乎过春节的事,全总机关比平常人少了许多。因为我们事前电话联系过,来到全总有关部门时,负责材料的同志正在等着我们。一走进办公室我们也没有多说什么,就把打印好的材料交给那位同志。他接过材料后,先是给我们每人倒了杯水,然后就打开材料看了起来。我与万增主席谁也不说一句话,都静静看着那位同志,只见他时而点着头,时而仿佛在沉思,有几页还反复看了两三遍。大约过了四十分钟的时间,材料终于看完了。那位同志脸上露出了笑容,从座椅上站了起来说:“材料总体上写得很好,基本上就可以定下来,文字稍长了点,我们来负责压一压就行了。”万增主席和我这时总算放下心来,几乎异口同声感谢全总同志对材料的肯定。那位同志又笑着说:“这份材料看来是重写的,你们的速度还真快,肯定是昨天晚上开夜车了,辛苦你们了。”万增主席和我都只是笑了笑,谁也没说什么。那位同志又说:“后天就是大年三十了,你们也该快点赶回兰州,千万别耽误了与家人的团聚啊!”等我们走出全国总工会大门时,只见宽阔的长安街上来往车辆就像长龙一样缓缓移动,道路两旁的各大机关都已经张灯结彩,来往行人不管是步行的还是骑着自行车的,大都是大包小包的提着带着置办的年货,整个首都已洋溢着浓浓的年味。

一回到兰铝办事处,就有同志凑上来对万增主席说:“已经与民航联系过了,腊月二十九还有最后一班飞往兰州的航班,腊月三十就停飞了,我们已把明天的机票预订了。”万增主席说:“订了就好,我们就乘明天最后一趟航班,要不连大年三十都赶不上了。”原来,我们一到北京,万增主席便安排办事处订返程机票。后来也才听说,为拿到两张腊月二十九最后一班到兰州的机票,办事处的同志还托了不少关系,费了一番周折呢!

一看时间还早,万增主席兴冲冲对我说,好不容易来趟北京,咱们也置办点年货去。这也正合我意,我俩便搭乘公交车直奔王府井而去。

也许正值年关的原因,王府井大街真是人山人海。我们好不容易走进一家大型食品商场,购物的人们更是摩肩接踵。虽说是隆冬季节,在商场不大一会儿,就让人浑身都冒着汗。我和万增主席总算找到了售货柜台,由于顾客太多,我们哪顾得上认真挑选,也只能买了几样北京当地的风味食品,就从柜台边挤了出来。走出商场整个王府井已是华灯初放,笼罩在夜幕之中,可依然是让人群塞得水泄不通。此时,我们都感到身上凉冰冰的,因为在商场内身上出汗,走出门外凉风一吹不免有些寒意。当我们挤上公交车回到住地时,已经是傍晚 7 点多钟了。

第二天一大早,万增主席总觉得还应再办点年货,便又叫上我去了一趟西单。由于我们来得较早,西单当时还没有出现购物高峰。来到西单最大的东安市场,虽说顾客已经不少,但比前日的王府井要少多了。于是我们在货架上仔细挑选起来,我主要选了一些北京的土特产,如果脯、点心、瓜子、糖果以至各类袋装咸菜等小食品,万增主席则多是选了一些灌肠、腊肉以至八宝饭等食品,而且还非得给我买了美国杏仁、开心果、松子等几样干果,说是算做向我和家人拜年了。等买完东西已是中午 12 点钟,我们就在西单一个小饭店里吃了饭。当坐在饭桌前时,我才发现万增主席额头上还挂着密密的汗珠,可脸上却充满惬意。吃完饭回到办事处已经快两点钟了,我们抓紧收拾好东西,便准备往机场赶。飞机是下午 6 点多钟的,担心路上堵车,还不到 3 点钟我们就出发去机场。办事处的同志专门租了辆车送我们,还好那天去机场一路顺利。我们搭乘的飞机也准时起飞,到兰州中川机场时已经晚上 8 点多了。兰铝派车专门到机场接送我们,万增主席非得把我送回家之后,他才从城里赶回西固区。

记得春节过后没有几天,全总"依靠工人阶级办企业会议"便在北京举行,时任甘肃省总工会主席王新中和万增主席一起参加了会议。万增

主席在会上介绍了经验，受到与会代表广泛好评。会议期间倪志福同志还专门接见了万增主席，称赞兰铝工会工作搞得好，依靠职工办企业的经验好。会议结束后，省总工会又决定组成宣讲团，分赴全省各地巡回宣讲推广兰铝的经验。为此，按照省总工会的要求，我又帮助兰铝在原来经验材料的基础上，改写出了题为"凝聚力是这样形成的"宣讲稿。在省总工会组织的巡回宣讲中，万增主席又作为宣讲团成员，赴全省各地介绍了兰州铝厂的经验，在广大听众中产生了强烈反响。

这以后，我与兰州铝厂似乎有了一种割舍不断的情缘。更与万增主席有了一种一日不见如隔三秋之感，三天两头总少不了互打电话联系。在万增主席的热情倡导下，兰州铝厂聘请我当了荣誉职工，邀请我参加了兰铝的一系列活动。不管是与外商在京签订合作协议，还是兰铝艺术团进京演出，万增主席都没有忘记邀请我一起参加，就连兰铝股票在上海证券所上市时，万增主席也没有忘记邀请我，同去上海参加"敲钟"盛典，还陪同我游览了苏杭等地的名胜古迹。这些事情尽管过去了十多年，可每当与万增主席相聚，说起往事我们还是那样意味犹新，兴趣不减年。2011年的正月初九，女儿文晶出嫁时，我特意邀请了万增主席，也是我邀请的兰州铝厂唯一的朋友。万增主席冒着严寒从兰州西固赶来，当他与我紧紧握手时，看着他的满头白发，我的眼眶不禁潮湿起来，一股友情的温暖在我心头久久难以平息……

2008年的一天上午，当我刚走进省总工会办公室主任范康的办公室时，他一看见我，就甩出一句话来：

"长庆油田公司工会换了两位副主席。"

"换的是谁啊？"我禁不住急切地问道。

"两位新主席好像都姓张。"范主任一边说着，一边拨弄着面前电脑上的键盘。

"是不是张文锦和张玉平？"我不禁脱口而出。

"对，对，对，就是叫张文锦和张玉平，张文锦是工会常务副主席，张玉平是工会副主席。"范主任显然已经从电脑上查出了详细内容。

我又惊又喜地说:“太好了,太好了！这两个人我都熟悉,都是工会的老人了。”

于是我向范主任介绍起了这两个人的一些情况。范康主任笑着说:“过几天,他们还要专门到兰州来,到时你们老朋友又要重逢了。”

回到办公室后,我按捺不住喜悦,尝试着给张玉平拨电话。出乎意料的是电话竟然拨通了,看来他还是多年前留给我的电话号码。他也高兴地告知我,已经接到了调任油田公司工会副主席的通知,只是当时还在北京中国石油党校学习,过一段时间才能回油田上任。放下玉平同志的电话,往事便一幕幕在我脑海盘旋:

早在上世纪90年代我就认识了张文锦，那时他还是长庆石油勘探局工会的宣传部长。虽然交往不多,但我却了解了他的一些情况,祖籍甘肃镇原,写得一手好字,擅长文艺,并有能编能演节目的特长,偏瘦高个儿显示着浑身的文气。让我真正走近文锦同志,是他在长庆局钻井二处任工会主席的时候。大约是1998年的秋天,长庆石油勘探局工会在钻井二处召开企业民主管理工作会议时,专门邀请时任省总工会主席王新中与我一起参加会议。会议期间,时任长庆局工会主席王树荣还非得要安排我在会上就工会民主管理工作做一个专题发言。却之不恭,我只好在发言中对长庆局工会和钻井二处工会在加强职工民主管理方面探索的形式,创造的经验,进行了一些点评,并谈了自己对企业民主管理的一些认识。没料到这个发言还真在一些与会同志中产生一定反响,有的人专门找到我要把发言稿留下来。可所谓发言稿只是在笔记本上有个提纲,当时实在难以满足大家的这个要求。当天晚上,文锦主席专门找到我住的房间,同样说了不少称赞我那个发言的话,并一再说今后要加强联系,也希望在《甘肃工人报》上能多一些宣传钻井二处的报道。从这天起,我在长庆油田又多了一个新朋友和好朋友。之后,我们之间常有联系,凡到长庆局开会或者采访,我都忘不了要去看看文锦主席;知道我到了庆阳,文锦主席也总是会与我联系,一定得邀我到钻井二处一叙。一次,文锦主席派时任钻井二处工会副主席的姚荣同志专程到兰州，商议要通过《甘肃工人报》对钻井二处做专题宣传的问题。说来也巧,姚荣副主席竟是我在原籍上中学时的语文老师姚义的儿子。我知道在“文革”中姚老师备受迫害,吃了不少苦头。从与姚荣副主席交谈中我知道了姚义老师后来调到了长庆石油学校任教。真是他乡遇故知,令人心头顿生亲近之感。于是,应文锦主席之邀,我专门去了趟钻井二处,共同研究了企业专题宣传的问题,采写和安排了报道的所需稿件。还与文锦主席商定,由钻井二处工会与《甘肃工人报》联合举办一期“劳动之歌”征文活动。记得当时正值一年一度的报刊订阅时间,为了掌握《甘肃工人报》在庆阳马岭一带的订阅情况,文锦主席还陪同我一起去了趟马岭邮局,查阅各企业订报数字。看到一些企业订阅份数较少,文锦主席就出面邀请长庆局在马岭川的十多户企业的工会主席在钻井二处召开座谈会,我与各位主席一起商谈《甘肃工人报》的订阅问题。大家在会上都表示一定扩大订阅,增加份数,从而让《甘肃工人报》在长庆油田的订数大幅增长,仅采油二厂一家就由原来订阅几十份增加到七百多份。座谈会后,我热情称文锦主席是马岭川道最有影响力和号召力的“道长”。这个称谓,至今还记在文锦主席的脑海里。

还有一次,甘肃工人报社组织了一次走进庆阳老区的采访活动,我带着采访小组专程赶往庆阳。海尔集团兰州分公司还为这次采访活动提供了支持,并派专人赴庆阳,对老区人民开展相关慰问活动。不料那天行至泾川至长庆桥境内时,同行的一辆汽车却发生了故障,在前不着村后不着店的地方,哪能找个修理汽车的场所。正在着急犯难之时,我突然想起文锦主席已经调任位于长庆桥的长庆石油学校党委书记,看来只能向他求援了。于是,我安排几个同志原地等候,便急匆匆驱车向石油学校赶去。巧的是文锦同志当时正好在学校。一见面他那个高兴劲就别提了,还没等我说话,他倒先开了腔:“这可是文总编头一次到石油学校,今天说啥你得在这住一晚啊!”可当我焦急地告诉他,我们同行的一辆汽车坏在了路上,庆阳那边还在安排迎候采访组一行,让人家等得太久实在不好意思。文锦同志当即安排石油学校的一辆小车,紧急赶赴出故障的地方,一方面帮助修车,一方面接上乘车的人,让我放心赶往庆阳,后面的车辆由他们负责安全送到西峰。听他这么一说,我悬着的心终于放了下来。告别时，文锦同志一再叮咛说:“返回兰州时一定到石油学校来，我等着你。”我也忙答应:“一定回来再感谢你。”临上汽车时,文锦同志又安排人专门给我们送来了矿泉水,让我们同行的几个人都为之感动。结束采访活动返回兰州前,我也专程到了长庆石油学校,感谢文锦同志的帮助和支持。他却说:“老朋友了,还说这些客气话干啥。”那天中午非得留我在石油学校吃饭,盛情难却,只能客随主便了。

一年国庆长假期间,我与家人去西安度假。这时,长庆油田机关已经搬至西安,文锦同志也调离了石油学校,到西安负责长庆局基建工作,挑起了承建长庆高陵生活区的重任。其实我到西安后,并没有电话告知文锦同志,知道他工作忙,找的人也多,真不想给他添麻烦。可是,他还是知道了我到西安的消息,专门打电话给我说:“老朋友多年不见了,到了西安不见一面怎么说得过去。”他在电话中还说,晚上一定一起吃饭,让我等他的电话。对文锦同志的一片真诚我只能满口答应。晚饭订在了有名的西安饭庄。当我们来到饭庄预订的包厢时,文锦同志及夫人等人已经在等候我们。环顾包厢,显得豪华而又典雅。我们彼此亲切握手,互致问候。只见文锦同志还是那样身材挺直,精气神不减当年,但从些许的白发似乎能感觉到这些年的操劳。饭菜极具陕西风味,席间文锦同志连连举杯相敬。我知道他还是有些酒量的,每次敬酒他总是一饮而尽,情意至深。我虽平日很少饮酒,但这次老友相逢,也一破旧例连饮数杯。一起吃饭的油田的几位同志说:张总这几年因为搞基建,约请吃饭的客户非常多,但几乎都谢绝了,这一段也从没有像今天这样喝酒,可见你们之间感情太深了。这时文锦同志接过话茬:“见到文总编高兴啊！再说在西安头一回和总编吃饭,我能不喝几杯吗？”听着文锦同志的话,我心头顿时一热,仿佛眼睛也有些湿润,连忙端起一杯酒,站起来说:“我喝了这杯酒,再一次感谢张总的一片深情。”此时,文锦同志连忙站了起来,也端起一杯酒说:“来,我们共同喝了这杯酒。”在座的几个人情不自禁鼓起了掌,见证了我与文锦同志之间的友谊。

一次我去长春出差,在西安中途转机。到西安后,我打电话联系了文锦同志,当时他是长庆石油勘探局党委宣传部的部长。电话中文锦主席约定中午与我见面，后来因为忙于接待大庆精神巡回报告团，他又专门打电话给我，说是中午局里安排了紧急工作，对不能见面表示歉意。直到下午我已乘飞机到了长春他还打来电话，再三说明情况。我笑着在电话中对他说："今后见面的机会多着哩，公事要紧，我们谁都会理解的。"2010年端阳节前夕，我专程去西安，这是文锦同志出任长庆油田公司工会常务副主席之后，我第一次到长庆油田，主要是商谈省总工会在庆阳进行慰问演出的事情。当我到达西安时，才知道文锦主席带着调研组正在陕北境内的一些企业检查工会工作。当公司工会的同志把我到西安的消息报告他时，文锦主席在电话中叮咛工会的同志转告我，一定要等着他回来，还安排工会的同志陪着我游览了西安附近的一些名胜古迹。也就是这次在西安，我第一次游览了华山，参观了香积寺、大唐芙蓉园以及曲江池畔的寒窑等景区。这期间，文锦主席还几次打电话，再三叮咛我一定在西安多待几天，非得等他回来。就在我到西安的第三天，工会副主席孟怀渊一大早就告诉我："文锦主席打电话来了，今天就回西安，他已经让人把晚饭都安排好了，晚上文锦主席专门宴请你。"晚饭安排在长庆油田附近的一家叫徐记的酒店。晚6时刚过一点，我来到酒店一间包厢时，文锦主席已经坐在里面。只见他穿一件雪白的衬衣，配上深蓝色的裤子，人显得格外精神。一见面我们俩都格外高兴，文锦主席拉着我的手说："没想到我们又走到一条战线了，真是缘分啊！"那天的晚饭始终都沉浸在欢乐的气氛之中，也商谈好了以长庆艺术团为主在庆阳市进行慰问演出的事情。由于工作安排上的原因，慰问演出一直到当年年底才进行，文锦主席亲率艺术团赶赴庆阳，保证了慰问演出的圆满成功。当省总工会党组书记、常务副主席代表省总工会慰问庆阳地区部分企业工会主席时，文锦主席在慰问座谈会上引吭高歌，博得了场内一片长时间的热烈掌声。

2011年10月底，我从成都返回兰州时，因公务与庆阳石化公司总经理张杰同机飞达西安。在西安逗留期间，我电话联系了长庆油田工会张玉平副主席，只是想和老朋友相见闲聊一会儿。我一再叮嘱玉平同志，因为是路过西安，不要告知文锦主席在内的工会其他同志，以免打扰他们。可是玉平同志还是告知了文锦主席,用他的话说,不告知文锦主席他怕遭抱怨。第二天上午,文锦主席一连开了好几个会议,还是抽出时间来陪我吃中午饭,说是为我送行。因为当天下午3点钟我就乘飞机回兰州。一见到文锦主席我便笑着说:"知道你很忙,本不想打扰你,这不又给你添麻烦了。"文锦主席却笑了笑说:"多年的老朋友了,还说什么打扰,文总编来了,再忙也得陪吃顿饭啊!"更令我惊喜的是,文锦主席还带来了他的两幅书法作品,一幅写着"宝剑锋从磨砺出,梅花香自苦寒来",一幅写着"高杰正中"。早就知道文锦主席的书法颇有造诣,亲眼目睹真令我惊叹不已。站在一旁的长庆油田公司工会副主席吴波说:"这是张主席上午特意为文总编写的,寓意深着呢!"一听这话更让我感动不已。直到坐在飞机上我还在回味着文锦主席两幅书法作品上的词句,一股强烈的感激之情怎么也挥之不去,我由衷地感受到,文锦主席对我的一片激励和关切之情都寄托在两幅难得的墨宝之中……

回想起来,自上世纪90年代初开始,这些年来,我几乎走遍了长庆油田在甘肃境内的所有单位。每当说起这些,就必须要提起现为长庆油田公司工会副主席的张玉平,说真的他可是领我走进长庆油田的第一人。

相识玉平同志是在90年代刚开头的时候。

一天,曾在甘肃工人报社工作过,后来调到省委宣传部企业宣传处的侯晓菲同志,带着两个人来到甘肃工人报社,还专门到了我的办公室。一进门侯晓菲便对我说,今天我陪长庆油田的两位同志是上门拜访文总编的。其实当时我任甘肃工人报社的副总编。说着晓菲同志把一起来的两个人一一介绍给我,一位是长庆油田运输处的宣传科长,叫王继忠,一位是长庆油田运输处的工会副主席,名叫张玉平,两人看上去最多三十挂零,年轻帅气,言谈之中令人感到颇有些学养。他们是来报社专门商谈企业新闻宣传问题的。初次见面,我们彼此交谈得十分投机。午间他们非要请在一起吃饭,其实他们在来报社之前,就委托侯晓菲同志已经在当时兰州最高档的恺撒龙酒店订好了包厢。盛情难却,这天中午我与时任报社总编的董育民同志一起赴约,大家又一起商谈了有关搞好企业宣传的问题。

过了一段时间，我就应继忠和玉平两同志的邀请，专程去了长庆运输处。到运输处的当天，处工会主席冉福川与王继忠科长、张玉平副主席一起接待了我们一行。冉主席从部队团职岗位转业不久，得知我也曾当过兵，冉主席显得格外亲切与热情，在运输处的几天里，他几乎每天都陪着我们。经过与玉平等同志一起商议，在运输处期间，我专门采访了时任长庆运输处处长后任长庆勘探局副局长的滕玉林同志，并以长篇通讯《山坳之星》报道了滕处长带领职工改革创新，谋求企业发展的先进事迹，在整个长庆局产生了广泛影响。一次见到已经担任长庆局副局长的滕玉林时，他还说起当年我写的这篇报道，并告诉我，他的妻子看了报纸竟然激动地流下了眼泪。也正是通过这次在长庆运输处的采访，甘肃工人报社与长庆运输处联合举办了"陇原方向盘"有奖征文，报道了全省交通运输战线一些驾驶员的先进事迹。征文结束后，我们还在兰州饭店举办了颁奖仪式。玉平同志陪同滕玉林处长专程到兰州为获奖作者颁奖。那天的颁奖仪式气氛热烈而又隆重，我们还特意邀请了时任省人大常委会副主任吴坚，著名全国劳模、兰州汽车运输公司汽车司机张金榜参加，他们都称赞这项征文办得很有意义。

以与长庆运输处举办征文活动为契机，后来在玉平同志的牵线搭桥下，我与整个长庆油田所属各单位有了广泛联系，先后到了长庆油建处、井下处、测井处、钻井二处、采油二厂、机械厂、研究院等主要二级单位。在油建处采写了反映该处处长邓火孝先进事迹的长篇通讯《怪人情》；在钻井二处联合举办了"劳动者之歌"征文；在采油二厂经过采访，联合在《甘肃工人报》开辟了"工人明星谱"专栏，为测井处开辟了专版宣传，让《甘肃工人报》几乎覆盖了长庆油田的各个单位和所有作业区。后来，玉平同志调任长庆局工会办公室主任，我们的联系更加密切。长庆油田经过改制重组，分别成立长庆石油勘探局和长庆油田公司两个单位，玉平同志调任油田公司工会副主席。在这期间每年都有几次来兰州开会或联系工作的机会，每到兰州他都会约我见面。就是后来担任油田公司党委办公室主任，或者到陕北长庆油田一个二级单位任党委书记，我们之间仍然保持着经常的联系。一次我到西安出差,玉平同志还抽出时间,专门陪我参观了周至县的道教圣地楼观台,岐山县的周公庙等历史名胜。当得知玉平同志重新调任长庆油田公司工会副主席,我是打心眼里高兴。知道他在北京学习,我利用赴京出差的空当专门给他打了电话,虽然未能见上面,但从电话中我感受到他对重返工会岗位满心欢喜。并在电话中说:“能与文总编在一条战线上真是缘分啊!”2011年春节过后,女儿结婚之时,考虑到玉平同志远在西安,没有打算告知他,可他还是知道消息后专门从西安赶来参加了女儿的婚礼,并且带来了油田公司党委副书记、工会主席冯尚存,常务副主席张文锦等工会同志的祝贺和情意,使我们一家都非常感动。

玉门油田工会常务副主席郝义栋是我在工会系统结识的又一位朋友,多年来他待我像亲兄弟一样,我们之间建立了深厚的情谊。

第一次见到义栋主席还是在2002年的夏天。那年我与时任省建七公司总经理何其实去玉门油田学习参观。当玉门石油管理局局长田玉军陪同我们去嘉峪关城楼参观时,一位当时三十岁出头的年轻人走到我面前,拉起我的手说:“文总编我可早就认识你,可你还不知道我是谁。”旁

边一位同志忙介绍说:“他是我们局工会的郝主席。”义栋同志忙说:“是副主席,主席由我们局党委副书记兼任呢。”我们互相寒暄了一阵,而且还互留了电话号码。之后不久,全国工会报刊协会在甘肃召开理事会议时,我们把会址放在了嘉峪关酒泉钢铁公司,期间我们组织与会代表参观了核工业四〇四厂和玉门油田等大型企业。义栋主席对接待会议代表十分重视,不仅在一些参观点铺上了红地毯,而且还举办了专场文艺联欢晚会,让代表们无不为之感叹。义栋主席还联系了油田唯一的一辆豪华型大巴,专门陪同代表们赴敦煌莫高窟观光,服务热情,安排周到,受到与会代表的交口称赞。

在与义栋主席交往的过程中,我深深感到他是一个十分善于思考的人。当甘肃省委省政府提出弘扬“人一之我十之,人十之我百之”的甘肃精神时,省总工会专门举办了座谈会。这次座谈会由甘肃工人报社具体承办,我便邀请义栋主席来兰州参加座谈会。他在会上以玉门精神为核心,深刻阐述了甘肃精神的内涵,畅谈了弘扬甘肃精神的意义,发言理论深刻,颇具激情,深受与会同志的好评。交往中我又体会到义栋同志待人十分真诚。一次他去北京出差,知道我的女儿在北京新华总社工作,还特意前去看望,并约请一起吃饭。女儿吃饭时打电话告诉我说郝叔叔请她吃饭,我只能通过电话感谢义栋主席的一片深情。就是这样,十多年来,我与义栋主席始终保持着密切联系,手机短信就成了表达我们互相牵挂的最好形式……

真可谓纸短情长,很难用笔墨把曾经给予我关爱、帮助与支持的工会主席们一一记录下来。诸如兰州石化公司党委书记、工会主席李政华，现任酒钢公司党委副书记、曾任金川公司工会主席的吴国贤，酒钢公司工会原主席唐方平，原副主席吴月菊，长庆油田公司工会原副主席林阳，中石油西北销售公司党委副书记、工会主席郑国玉，窑街煤电公司工会主席何明星，甘肃电力公司工会原主席任大康，兰石总厂原工会主席王廷福、汪玉江，刘家峡水电厂工会主席李孝仁，刘家峡水电厂原工会主席张志福，兰州机车厂党委副书记、工会主席李丛等等，都是我心头永远抹不去的名字。我将一辈子感念他们对我的厚爱，铭记我们之间建立的深厚情谊。

十二

在东郊巷工作生活的三十余年中，有许多往事注定是终生都要镶嵌在我记忆的屏幕之上的。在这诸多的往事中，我曾先后四次参加中国工会的全国代表大会，是最令我引以为豪的，因为它曾带给我说不尽的感动和荣耀。

早在1983年9月，中国工会第十次代表大会召开之前，我就渴望着能作为工作人员或随团记者，与甘肃代表团一道上趟北京。因为那个时候，我还从未到过北京，总盼望着能有一天走进北京，亲眼看一看天安门广场，看一看人民大会堂，看一看八达岭长城，看一看故宫等古迹名胜……为此，我还特意找了省总工会领导。得知我从没有去过北京，领导还专门让人与全总联系，希望能增加工作人员名额，最终还是因名额有限愿望没能实现。

1988年10月，中国工会第十一次代表大会在北京召开，我作为随团记者，与甘肃省的工会代表一起赴京参加了这次盛会。虽然在这之前，我因参加工人日报特约通讯员会议已经几次到过北京，但第一次参加五年一次的全国工会代表大会，仍然抑制不住喜悦和激动之情。当时出席中国工会第十次代表大会的甘肃代表团共有22名正式代表,7名特邀代表。代表团离兰赴京时,也就是1988年10月17日下午,时任省委书记李子奇、省长贾志杰、省委副书记卢克俭等省委、省政府领导,在兰州饭店与代表进行座谈并为代表团送行。代表团是当天晚上乘火车进京的。兰州铁路局对这次代表进京做了周密安排,从坐席到就餐列车上都给予了精心周到的服务。铁路局工会还派人专门陪送代表进京。

进京途中,省总工会领导组织代表在列车的餐车上与乘务人员进行了座谈,倾听大家对工会十一大的希望、建议和呼声。记得座谈会是在晚间进行的,听说出席全国工会十一大的代表要召开座谈会,乘务员们都集中到了餐车,一个个喜气洋洋,显得格外高兴。座谈中大家你一言我一语,发言十分积极。有的说,希望工会多为职工说话办事,当好工人的“娘家人”;有的说,工会要多关心职工的冷暖安危,让工会真正成为“职工之家”;还有的说,工会要大胆维护职工合法权益,当职工利益受到侵犯时,工会应仗义执言,敢于为工人撑腰。发言中大家说得最多的还是,铁路职工工作条件差,工资待遇低,尤其列车乘务人员,常年奔波在火车上,可一些劳保福利待遇却非常差,在列车上执勤一个晚上,仅能领到几毛钱的夜班费。听着列车乘务人员的发言,参加座谈会的代表心情都极不平静,纷纷表示一定把大家的意见和建议带到大会上去,积极反映铁路职工的意见与呼声。到达北京的当天,我就把列车上座谈会乘务人员的发言整理成稿件,以“出席中国工会十一大的甘肃代表团进京途中,倾听铁路职工的意见与呼声”为题,一方面及时传回甘肃工人报社,一方面向大会简报组报送了信息,很快就在大会简报上刊发出来。后来,这篇登在《甘肃工人报》上的稿件,还在中国工人报刊好新闻评选中获得一等奖。

在进京途中,我还与时任兰州市总工会主席翁翘,全国劳动模范、兰州汽车运输公司驾驶员张金榜进行了一番交谈。

翁翘是位老工会工作者,不仅熟悉工会业务,而且对工会工作似乎有着一种特殊感情。说起来,我与翁翘主席算是老相识,这位20世纪50年代就曾在甘肃省总工会工作,并担任宣传部副部长的老工会,曾因对工作中存在的一些问题提出过意见,竟被戴上右派帽子,蒙冤达二十余年之久。平反并当选兰州市总工会副主席和主席后,他的工作热情就像火山一样迸发出来。作为《甘肃工人报》的记者,我有不少的机会和场合见证了他下基层、进企业、访劳模、看职工,积极开展工会工作的情景。这次当选中国工会十一大代表,也是他第一次参加工会代表大会,激动之情溢于言表。他快人快语,说起话来侃侃而谈。言谈中得知他赴京之前,就曾深入一些企业和职工之中进行了大量调查研究,特别是听取了一些基层工会干部的意见。因此,他在与我交谈中着重说道:文化大革命撤销了工会,工会办公场所被占用了,工会的财产也没有了。现在虽然工会组织恢复了,但是工会工作中许多难题还没有解决。比如兰州市的工人文化宫、俱乐部等职工活动场所,至今还被一些单位无偿占用着,就归还文化宫、俱乐部的问题,市总工会写了多次专题报告,可问题总是久拖不解决。关键在于各级党委和政府要重视和支持工会工作,依照《工会法》和《工会章程》尊重工会组织应有的地位,只有这样工会工作才能正常开展。翁翘主席的话我也深有同感,过去也曾多次写过报道,呼吁归还兰州市工人文化宫、俱乐部的问题。于是我对翁主席说:"趁这次出席中国工会十一大,要把这个意见带到大会上去。"翁主席拍了一下腿说:"把文化宫、俱乐部归还市总工会这是全市职工的呼声,再说,兰州市工人文化宫还是全国总工会投资兴建的,我肯定要在大会期间向全总领导反映这一问题。"这当儿,坐在一旁的张金榜师傅也接过了话茬:"这个问题是得在大会上反映反映,要不现在兰州市几十万职工连个活动的场所都没有,工人们的意见大着呢。如今一些退休老工人,只能在马路边上下个棋、打个牌,这个问题是该到解决的时候了。"果然,大会期间,翁翘主席在代表团的讨论上,就解决兰

州市工人文化宫、俱乐部长期被占问题作了专题发言,大会简报中还摘编了他的发言。

张金榜师傅是出席中国工会十一大的特邀代表,他当时还是全国人大常委会的委员。平日里张师傅就以人大常委的身份,反映了不少人民群众关心的热点问题和实际困难。这次出席中国工会第十一次代表大会,他仍然不会放弃代表职工群众建言献策的机会。在与他的交谈中,我知道了张师傅为参加工会代表大会,真没少听职工群众的意见。他说,近两年工人们最反感的就是一些地方和单位,办起事来讲排场、图阔气、搞花架子,铺张浪费十分严重,老百姓怨声载道。比如兰州市一些地方搞所谓灯展,层层给企业搞摊派,搞得一些企业叫苦不迭,群众意见很大。在这次全国工会代表大会上我得好好说叨说叨,希望政府要刹刹这股风。听完张师傅的这番话,我禁不住称赞他说得实在太好了,并表示要把他的这些意见通过《甘肃工人报》反映出来。

我们出席中国工会第十一次代表大会的甘肃代表团到北京火车站后,全国总工会有关领导还专门到火车站迎接,并一直把我们送到入住的位于北京长安街的京西宾馆。这是一家由军队管理的最高级宾馆,据说党中央、国务院、中央军委的许多重要会议都是在这里举行的。甘肃代表团被安排在京西宾馆的前楼也就是主楼,房间宽敞明亮,设施庄重大方,给人一种高雅幽静之感。

1988年10月22日,举世瞩目的中国工会第十一次代表大会在北京人民大会堂隆重开幕。这天早上7时整,我与代表团的同志们一道,乘坐首都汽车公司派出的大客车,从住地出发前往人民大会堂。这是我第一次走进人民大会堂,心里别说有多么高兴和激动。运送代表的汽车排成了长长的车队,在长安街上缓缓行进。透过车窗可以看见道路两旁的高大建筑物上,挂满了热烈祝贺中国工会十一大召开的巨幅标语,两边人行道上也站满人群,有的人在鼓掌,有的人在招手,向代表们热情示意。到了天安门广场,距大会开幕的时间还有半个多小时,各个代表团都在人民大会堂门前或大厅合影留念,一些新闻媒体的记者也在代表中间来回穿梭,抓拍那些身着民族服装的代表们的镜头。我们甘肃代表团也

是一样，先是在大会堂门前集体合影留念，然后大家都是三两成群，在大会堂门前拍照留影。那阵儿我拿着几枚甘肃省总工会为祝贺工会十一大召开专门制作的纪念封，四处寻找加盖邮戳的地方。正巧时任兰州炼油总厂工会主席的王有发一见我就喊着要合影，并与我一起看起了纪念封，这个情景又正好被几位手持相机的记者看到，争相拍下了几个镜头。没料到在第二天的《工人日报》的一版上竟刊登了我与王有发主席一起看纪念封的照片。走进人民大会堂后，我和代表们一样，仍然忙着在大厅内拍照，连参观一下大会堂都顾不上。

大会开幕后，我坐在人民大会堂的二楼上，这里都是在京各新闻媒体的记者和大会的工作人员。置身于万人瞩目的人民大会堂，一种发自内心的幸福感油然而生。因为大会开幕前，在中央领导接见会议代表并合影留念时，我与代表们一起见到了邓小平、赵紫阳等中央领导。大会开幕时，赵紫阳、杨尚昆、李鹏、万里、王震等中央领导出席会议，我也与代表们一起聆听了赵紫阳代表党中央、国务院向大会的祝词，倪志福向大会所作的工作报告。记得在大会期间，我们就拿到了中央领导接见代表并合影的照片，当时我们甘肃代表团的同志们争相传看，一个个都寻找着自己在照片中的位置。在参加中国工会十一大时，还留给我深刻记忆的就是，会议期间，省总工会领导先后登门拜访了陕西、上海、北京几个代表团，学习这些省市开展工会工作的先进经验。记得在拜访陕西省代表团时，陕西省总工会的领导格外热情，一再说陕西甘肃两省是邻居，是最好的兄弟，并详细介绍了陕西省总工会与省政府建立联席会议制度的做法和取得的经验。同时也再三称赞我们甘肃省总工会以大企业为重点,实施分类指导开展工会工作的思路和做法。后来,我们甘肃省总工会借鉴陕西省总工会的做法,也很快建立起了与政府的联席会议制度,并且坚持每年召开一次会议,解决了一些涉及工会工作和职工利益的实际问题和具体困难。这个制度一直坚持了下来,目前甘肃省总工会与省政府已召开了十余次联席会议,既推动了工会工作发展,又密切了党委政府和职工群众的联系,受到全社会的广泛关注与好评。

中国工会十一大期间,最令我难忘和激动的就是登上了天安门城楼。这是大会闭幕的第二天上午,组织代表们游览天安门广场和城楼。据说这也是天安门城楼第一次对外开放,代表们一个个都显得格外激动。我们先是有组织地乘车来到劳动人民文化宫,然后按代表团为序依次排队登上天安门城楼。也许是考虑照顾边远省区的原因,我们甘肃代表团与新疆、宁夏、广西等几个代表团,都被安排在登主席台队伍的前列。置身代表们的队伍中,沿着铺着青砖的宽阔而又平缓的台阶拾级而上,我的心头涌起一股抑制不住的神圣之感。当登上天安门城楼时,我与代表们一道环绕城楼四周尽情浏览。站在城楼正面,俯瞰雄伟壮观的天安门广场,车流如织,人来人往,禁不住令人浮想联翩:我耳边似乎响起毛泽东主席"中华人民共和国中央人民政府成立了"的伟大声音,也让我想起了当年在红卫兵大串联的热潮中,我和几位同学一起到过北京,并在天安门广场受到毛主席接见的一桩桩往事。正当我陷入深深沉思之中时,站在我身边的时任酒泉钢铁公司工会主席李万选,时任金川公司工会主席黄永贵几位代表,都拉着我在天安门城楼上一起照像。当时我与代表们一样,激动之情真是难以言表,我不止一次在想,做梦也想不到能登上庄严神圣的天安门城楼,做梦也

想不到能在举世瞩目的天安门城楼上留下自己的身影，这是令我终生都会为之感动和自豪的！

1993年10月24日至30日，中国工会第十二次代表大会在北京隆重召开。我仍作为随团记者参加了这次盛会。

甘肃代表团离开兰州赴京前，也就是10月21日，时任甘肃省委书记阎海旺等省上领导专门为代表送行。代表们还拿出省总工会制作的祝贺中国工会十二大召开的纪念封，请领导们签字留念。代表团是乘火车抵达北京的，10月23日清晨当我们到达北京火车站时，同样受到了全总领导的欢迎，还为代表们送上了鲜花。我们甘肃代表团这次仍被安排住在了京西宾馆，所不同的是这次不再是工会十一大时的正楼，而是安排住在了西楼的二十六层。领导安排我的任务是除了搞好新闻报道外，还要承担为大会简报组及时提供甘肃代表团的一些情况。几天的会议期间，还真是忙得不可开交。好在负责代表团事务的同志，专门为我安排了一间住房，那些天几乎每天晚上写稿件都要到深夜，每天也都有稿件传回兰州，每天也都要为大会简报组报送有关信息。

在这次大会期间，令我感受最深的就是，我们甘肃代表团到京的当天晚上，时任全国总工会副主席、书记处第一书记的张丁华，带着全国总工会的几位领导，专程来到我们代表团住地一个房间一个房间看望与会代表。张丁华主席曾经多次到过甘肃，去过白银公司、兰州铝厂等企业，与代表中不少人都是老相识。特别见到时任兰化公司工会主席时庆林，时任白银公司党委副书记、工会主席王槐青，时任玉门石油管理局工会主席刘世洲和时任兰州铝厂厂长刘铁军、工会主席王万增等几位正式代表和特邀代表时，显得异常激动。他拉着刘铁军的手说：“铁厂长我们又见面了，要感谢你对工会工作的重视与支持啊，我们工会工作就要靠像你这样的企业家。”刘铁军乐呵呵地说：“我们做得还很不够，再说支持工会就是支持我们自己，行政也好，工会也好，大家干的都是把企业经营好这一件事。”张丁华伸出大拇指连声称赞：“说得好，说得好，甘肃省大企业多，大企业的工会工作也搞得好，这些年甘肃省总工会依托大企业抓工会工作，这个思路是对头的。大企业工会就是要在全省工会工作中带好头。”几位来自企业的代表几乎异口同声回答：“我们一定会按照全总领导的要求，把企业工会工作开展得更有成效，当好全省工会工作的排头兵！”听到这里，张丁华主席带头鼓起掌来，顷刻整个房间响起一阵长时间的掌声，直到目送张丁华等全总领导离去。

记得会议开幕的第二天上午，按大会安排各代表团组织学习讨论。正当我们甘肃代表团讨论得正热火的时候，时任全国人大常委会副委员长、全国总工会主席倪志福在全总有关领导陪同下来到了讨论会现场。志福同志一走进会议室就招着手说：“我来和甘肃的同志们一起学习讨论，听听大家的发言。”一见志福同志，代表们都站了起来，用热烈的掌声欢迎志福同志的到来。由于志福同志之前曾到过甘肃，与代表中的几个人都曾见面，因而再次近距离相逢显得亲切而又热情。有几位代表还走上前去向志福同志问好。目睹此景也勾起我对往事的回忆：中国工会十二大召开之前的一年夏天，志福同志专程到甘肃检查指导工作。作为《甘

肃工人报》的记者，我亲历了志福同志在甘肃检查工作的全过程。在甘肃的几天时间里，志福同志看望了省人大常委会机关的同志，走访了兰州铝厂、白银公司、银光化学工业公司、兰州石油化工机器厂等企业。特别是在兰石厂调研的情景至今让人记忆犹新。早在上世纪50年代，志福同志就曾到过兰州，并在兰州石油化工机器厂工作生活过一段时间，主要是推广志福同志发明创造的"倪钻"技术。至今在兰石厂的一个车间里，还保留着当年志福同志曾经操作过的机床。兰石厂工会的同志们得知志福同志要去厂里调研的消息后，特意收集整理了志福同志当年在兰石厂工作生活时的一些照片，并装在一个影册里。当志福同志一到厂里，工会的同志们就把影集送到他的面前。志福同志一边翻看着影集，一边回忆着像片上的每一个人，还不时询问着照片上一些人的情况。就在生产车间的大门口，一见到志福同志，有十多名老工人都围拢过来，纷纷争着与志福同志握手。他们都是当年与志福同志一起工作过的战友，有的还是志福同志手把手教过的徒弟。尽管他们中间有些人已经退休了，但得知志福同志要到兰石厂的消息后，大家心情格外激动，便不约而同等在车间门口，要目睹三十多年不见的老工友。看着围拢上来的老工人，志福同志也颇动感情，他一眼就认出了其中的几位，有的还能叫上名字。他连声向大家问好，并笑着对大家说：一晃三十多年过去了，我们都成老头子了，大家要多保重身体，在企业搞好传帮带。顿时现场响起一片掌声。作为记者我也注意到，有的老师傅尽管眼里闪着泪花，脸上却写满笑意。那种充满浓浓工友深情的气氛也深深感染了在场的每一个人。

走进生产车间后，厂领导把志福同志带到了他当年曾经操作过的机床边，只见机床显眼处挂着牌子“倪志福操作台”。此情此景又让志福同志颇显激动，他似乎加快了脚步走到操作台前，还情不自禁地摆弄起了机床，并和正在当班的一位年轻工人交谈起来。年轻工人告诉他，现在厂里还继续推广运用着“倪钻”技术，许多工人都成了“倪钻”技术的传承者。志福同志却笑着说：“对老的技术不仅是简单的照搬，还要不断革新改造，现在青年工人有文化、有知识，应该多搞发明创造，多研究一些先进操作法，这样才能推动企业的技术进步，提高经济效益。”

志福同志在兰石厂几乎待了整整一个上午，也许是故地重回，也许是往事依依，志福同志对兰石厂显得格外关心，每到一处他都询问得很仔细，问了生产经营，问了企业存在的困难，也问了不少的人，问了不少的事，问得最多的还是当时生产经营处于困境中的兰石厂职工的收入和生活情况。并再三叮咛工厂困难再多再大，也要千方百计把职工的生活安排好。他当时说的最多也是再三强调的一句话就是：“兰石厂的职工来自全国各地，他们为国家经济发展是做出过贡献的，党和政府有责任关心他们，更不能忘记他们。”正是这句话让兰石厂的干部职工激动不已，更感受到了一份沉甸甸的分量。直到要离开兰石厂时，我还能体察到志福同志依依不舍的眷恋之情，车辆已经徐徐启动，志福同志还从车窗伸出头来，向大家招手致意。返回住地的途中，志福同志几乎没有说一句话，似乎在静静地沉思……

就在我深深沉浸在对往事的回忆之时，不知是谁说了声“请委员长给我们在纪念封上签个名”，一下子让我回过神来。只见代表们都拿出纪念封来，呼啦啦围拢在志福同志周围，争相请他签名。志福同志边签名边笑着说：“甘肃工会集邮活动开展得好，也很会利用集邮来宣

传自己，这次大会上，我看到许多代表手里都有你们甘肃省总工会印制的纪念封。”当为一位裕固族女代表签名时，志福同志抬头看了看她：“你们的民族服装很漂亮啊，就像古典剧的服装，也像皇帝的帽子。”大家都笑了，志福同志也笑了。旁边不知是谁说了声：她就是那天照像时，给江总书记献哈达的那位代表！志福同志抬起头来，又一次看了看她，笑着点了点头。

相隔十年之后，我又以随团记者的身份参加了于2003年9月22日在北京召开的中国工会第十四次代表大会。这次甘肃代表团由30人组成，其中正式代表26名，特邀代表4名。代表团一行是9月19日乘飞机抵达北京首都机场的。我们到达时，时任全国总工会经审会主任李永安等领导在机场迎接，我省裕固族女代表郭萍还把一条洁白的哈达献给了李永安同志，表达了甘肃各族职工对中国工会十四大的祝贺之情。我们是乘大巴前往代表团住地的。在车上我即用手机把代表团抵京并受到全总领导欢迎的消息传回了甘肃工人报社。同行的代表们纷纷称赞说：文总编真会抓新闻。我们甘肃代表团这次被安排在北京西客站附近的北京铁道大厦。当我们来到宾馆时，全总有关领导和宾馆的服务人员列队欢迎代表们的到来。当晚时任全国总工会副主席、书记处书记张俊九等领导专门前来看望代表，并与代表们进行亲切交谈。这次我还是被安排在一个单人房间。入住不久，负责大会会务接待工作的全国总工会所属的中国职工之家副总经理李永安便来看望我，还带来了一大箱子各种水果。永安经理虽说是江苏南京人，却与我一起度过几年的军营生活，他的到来让我深深感受到了战友的情谊。

在工会十四大期间，良好的会风让代表们为之一震，也给我留下了极为深刻的印象。从我们入住宾馆的那天起，大会都安排吃自助餐，会议代表不管是领导还是普通代表，大家都排着队自己打饭吃。每个代表团都有省部级领导干部应邀出席会议，他们也与代表们一起吃自助餐，没有任何特殊招待。在铁道大厦的餐厅里，我不止一次看到张俊九等全国总工会的领导自己端碗拿碟，在长长的队伍中等着打饭，有时人多没有空着的位置，也是端着盘子站着吃。每当看到这种情景，常常令人颇多感慨。

在这次会议期间最让我不能忘记的就是，有幸参观了人民大会堂的每一个厅,并走进了中南海。那是大会期间的一天下午，出席中国工会十四大的代表，时任金川集团公司工会主席吴国贤,特意找到我说:人民大会堂管理局的一位领导约他参观大会堂和中南海,要我和他一同前去。我真有点喜出望外,连声说:“太好了,太好了!”于是这天下午,我与吴主席先是来到了人民大会堂的东门,大会堂管理局的那位领导非常热情地接待了我们。虽说已经多次到过人民大会堂,但真正走进大会堂深处还是第一次。热心的朋友领着我们先是走进了甘肃厅,看着装饰极具甘肃地域特色的大厅,我们感到分外亲切,还拍下了一幅幅照片。然后我们又相继参观了浙江厅、江苏厅、上海厅、云南厅、新疆厅、四川厅,几乎在每个厅里我们都拍照留念。特别是在大会堂的一个大厅里,一幅“江山如此多娇”巨幅画作气势非凡,我们在画前的铁架上拍了一张照片,仍然意犹未尽。来到又一个大厅时,大会堂的朋友告诉我们,这里是每年“两会”后,国务院总理会见记者的地方,我们更是以极大兴致在这里参观了好长时间。

参观完人民大会堂,热情的朋友又要带着我们看看中南海。那阵子中南海禁止对外开放,进入中南海必须要有通行证。后来才知道大会堂的朋友约请了时任中央领导的一位秘书,开着车在中南海入口处接送我们。虽然我们坐车进了中南海,但人不能下车,只能在车上游览一圈。即便如此,我与国贤主席也都感到大饱了眼福。

离开中南海时夜幕已经轻轻落下,热情的朋友又邀请我们在人民大会堂旁边的大会堂管理局餐厅就餐。说是吃便餐,其实菜肴还是蛮丰盛的,有好几道菜都是大会堂的看家菜。那位朋友介绍,有些菜还是大会堂常用来招待外宾的招牌菜。饭桌上除了燕京啤酒、各种饮料外,上的香

烟、白酒也都标有人民大会堂的标识,那位朋友告诉我们,这也是人民大会堂常用于接待宾客的烟酒。

能在人民大会堂管理局的餐厅就餐，我们的心情自然是十分激动。席间,大会堂的那位朋友频频举杯敬酒,中央首长的那位秘书也谈兴颇浓,说了不少中南海鲜为人知的轶闻趣事,使整个餐厅充满一片欢声笑语。晚餐持续了三个多小时,那天晚上一贯不饮酒的吴国贤主席与我由于盛情难却,也都破例多饮了几杯,尽管浑身都觉得热乎乎的,但心里都非常高兴。当我们走出大会堂管理局大门时,才知道正下着瓢泼大雨,而且听人说雨已经下了近一个小时，整个地面上已经形成了一道道小河流,雨下得那个大啊,是我从来都不曾见到过的。我们乘车沿着长安街向北京铁道大厦驶去,汽车仿佛就在雨幕中行进,刷刷的雨声不停拍打着汽车的玻璃,也紧扣着我们的心弦。车过天安门广场不大一会儿,就到了铁道大厦。目送走司机师傅,大雨没有一点儿要停下来的意思,还在一个劲地下着……这天晚上,又是一个不眠之夜,下午参观人民大会堂和中南海的一些情景,不时在脑海徘徊。出乎我意料的是,第二天下午,吴国贤主席就交给我一个装有照片的塑料袋,原来他把我们参观时拍的照片已经冲洗出来了,我便高兴地一张一张看了起来。

中国工会十四大期间,还有一件事令人记忆犹深,那就是由时任甘肃电力工会主席、中国工会十四大代表任大康张罗的一次甘肃代表团的联谊晚会。晚会在距铁道大厦不远的一家酒店举行，那天晚上我们甘肃代表团的每个人都参加了。时任酒钢公司工会主席、中国工会十四大代表唐方平正好是这天的生日，细心的任大康主席早已掌握了这个信息，专门为他制作了生日蛋糕。联欢会上，为方平主席祝贺生日把大家的兴致推向了高潮。赵宝生主席唱起了京剧唱段《甘酒热血写春秋》，任大康主席与一位女代表唱起了《康定情歌》，还有的代表跳起了回族和藏族舞蹈，应邀出席大会的副省长罗笑虎也和大家一起同舞同乐，欢快地跳起了锅庄舞，还兴奋地说："与工会的同志们在一起，真是充满着快乐与高兴。"

2008 年 10 月 17 日，中国工会第十五次代表大会在北京隆重开幕，我还是以随团记者的身份参加了这次盛会。

这次会议期间，除大会的一些正常活动外，在我的记忆里留下了这样几个难忘的镜头：

一天下午，出席中国工会十五大的甘肃代表团团长、省人大常委会副主任、省总工会主席孙效东，带领有关人员来到湖北省代表团驻地，把一面写有"地震无情人有情，鄂甘工会心连心"的锦旗交到湖北省委常委、省总工会主席张昌尔手里。

原来 2008 年受四川汶川大地震的波及，甘肃陇南成为仅次于四川省的重灾区。湖北省总工会、武汉市总工会及时向陇南灾区伸出援助之手，拿出 300 多万元支援陇南灾区。孙效东代表省委、省政府、省总工会特意向湖北省总工会表达了感谢之情。

还有一个难忘的镜头，就是大会期间，专门组织代表参观了北京奥运村，我和代表们一起走进了鸟巢、水立方等场馆，大家在此间或合影留念，或单独拍照，留下了一个个精彩瞬间。

还有一件令我不能忘却的事。大会期间，一天早上我的手机收到一则短信，打开一看，原来是省总工会党组书记、常务副主席陈琳发来的，是他写的两首中国工会十五大感赋诗：

（一）

平凡神圣是劳工，困苦艰难百炼身。
浪卷云飞长夜曙，山欢水笑画图新。
情归五月花烂漫，意守九州志恢宏。
盛会欣逢祈大治，和谐发展建丰功。

（二）

金秋盛会喜空前，继往开来境界观。
亮点频频出特色，华章处处谱新篇。
雪中送炭千家暖，法内维权九州安。
共筑和谐强国路，职工奋勇再争先。

收读陈主席大作，令我受益匪浅，深为其勤奋而感佩。之后的几年间，陈主席常到企业，下基层，也时有诗作通过手机短信发给我。正是在拜读这些诗作中，我也似乎逐步读懂陈琳主席的坦荡、耿直与深邃……

十三

有人把幸福比做登山，一些人在意的是登山的过程，一些人在意的是登山的结果。于是，幸福有两种，一种是享受过程，一种是享受结果。对我来说，我是看重拥有一种享受幸福的绵长过程的。在东郊巷生活的三十多年里，我经历了从第五次到第十一次共七次甘肃省工会代表大会，目睹和亲历了省总工会十余届委员会工作的过程。正是在这个漫长的过程中，我了解了工会，认识了工会，熟悉了工会，融入了工会，深深享受到从事工会工作的那份自豪与幸福。可以说是割舍不断的工会情结，让我把一串串脚印留在了东郊巷这个小道上。

我分配到省总工会的第三年，也就是1978年的8月，甘肃省工会第五次代表大会在兰州召开。作为省总工会的工作人员，我第一次感受到了工人阶级的力量，感受到了工会组织的伟大。翻阅当年我的工作笔记，还能清晰看到：出席这次会议的代表有1148名，特邀代表5名，职工家属代表25名。会议代表住在当时兰州最高档的兰州饭店，会场设在当时还被称为反修馆的省政府礼堂。开幕那天，代表们都从兰州饭店列队出发，步行进入会场，成为兰州饭店到省政府礼堂道路上的一道亮丽风景，吸引了许多行人驻足观望。会场内更是显得格外庄严隆重。时任甘肃省委第一书记宋平以及省党政军主要领导都出席了大会。当领导们走上大

会主席台时,会场上掌声雷动,经久不息,把大会的热烈气氛推向了高潮。这是自1976年粉碎“四人帮”后,甘肃省最高规格、最大规模的工人阶级的盛会,与会千余名代表的热情犹如火山迸发,会内会外都洋溢着喜悦激动之情。我当时在会议期间的主要任务就是编写简报,因此在短短的几天里,我走进了一个个代表团讨论的现场和住地,走访了不少的与会代表,听他们畅谈这次代表大会的重大意义,听他们倾吐对这次大会的愿望和呼声。代表们的满腔激情,朴实话语,常常让我受到强烈的感染。也就是从这个时候起,我这个刚步入工会岗位的新兵,心灵深处激起对工人运动和工会工作的极大兴奋点。因此,会议期间,我几乎每天都在四处奔忙着,每天都在奋笔疾书着,采访编写出了一份份会议简报。每当看到我写的东西变成了铅字,心里别说有多高兴。

记得在这次大会上,时任甘肃省委常委白明同志代表省总工会第四届委员会作《高举毛主席的伟大旗帜,进一步动员全省工人阶级为实现新时期的总任务而奋斗》的工作报告。会议以无记名投票方式,选举产生了由61名委员、12名候补委员组成的省总工会第五届委员会。白明同志当选为省总工会主任。大会还选举出了甘肃省出席中国工会第九次全国代表大会的代表。会议期间,最为激动人心的时刻,就是代表们在听取省委第一书记宋平讲话时,所爆发的一阵又一阵热烈掌声。我在与一些代表的交谈中,大家表达的同一个心声就是:通过参加会议,看到了粉碎“四人帮”之后,国家发展的希望,感受到了工人阶级担负的历史使命,风正了,气顺了,甩开膀子大干社会主义的新时期到来了。我把这些铿锵有力的语言,都写入了大会的简报之中,在代表中间产生了强烈共鸣。大会结束后,省总工会在进行会议总结时,都称赞大会简报办得又快又好,领导还对我提出了表扬。当时我还是二十多岁的毛头小伙,能听到领导的表扬,心里确实美滋滋的。

这年的10月11日,中国工会第九次全国代表大会在北京开幕。邓小平代表党中央在会上发表了热情洋溢的祝词。祝词中强调,工会组织必须密切联系群众,使广大职工都感到工会确实是职工自己的组织,是职工信得过、能替职工办事的组织。甘肃省有45名正式代表,1名列席代表。大会闭幕之后,甘肃工会系统掀起了学习传达贯彻会议精神的热潮,从省总工会机关到各产业系统的基层工会,广大工会干部发出的同一个感慨是:"工会的春天来了!"那时,我初到工会不久,没有对"文革"中工会组织被解散,工会干部受压抑的真切感受,但我亲眼目睹了那段日子里,工会干部扬眉吐气,精神为之一振的情形。省总工会办公大楼里到处洋溢着春天的气息,会议多起来了,活动开展起来了,工作活起来了,来来往往的人也不断了。一些被迫离开工会的同志又重新回来了,受到错误批判和处理的工会干部平反了。一时间省总工会各项工作充满了生机与活力。我也仿佛更加感受到了工会工作的无穷魅力。

1983年7月14日,甘肃省工会第六次代表大会在兰州召开。出席会议的代表803人,特邀代表57人。这时,我已由省总工会宣传部调到于1981年元月21日创刊的《甘肃工人报》工作。这次代表大会期间,我除了负责采访报道会议的新闻外,还承担了为大会撰写少先队员献词的任务。当时由兰州西固热电厂工会的一位同志负责大会开幕时的少年乐队组织。我俩紧密配合,选择由当时兰化公司一所小学的学生担任鼓乐队,并从中挑选一男一女两名少先队员在大会上献词。对我一个到工会工作不久的人来说,头一回写少先队员的献词,心里真有点打怵。于是我提前找来大会的工作报告认真阅读,又详细了解来自全省各地区、各产业系统代表团的组成情况,用了一个晚上就写出了献词,并几次与西固热电厂的同志一道,来到兰化公司子弟小学,一边排练鼓乐演奏,一边进行献词朗诵预演。

大会开幕那天,兰州下着濛濛细雨,给酷暑季节带来些许凉意。各代表团排着整体的队伍,步行进入设在省政府礼堂的大会会场。当代表们进入会场时,少先队站在一边高奏鼓乐,舞动花束,气氛喜庆而又热烈。大会开幕仪式开始后,当主持人宣布少先队员献词的话音刚落,少先队员鼓乐队和花束队,排成两行分别从会场的两条过道击鼓鸣号进入会

场，两名少先队员走上主席台，用清脆稚嫩而又充满激情的童音，有板有眼地朗诵献词。当时我站在主席台一侧的幕布旁边，双眼紧紧盯在主席台中间两个孩子身上，生怕有个什么闪失。就在两个少先队员献词的过程中，台下不时响起一阵又一阵的掌声，每当掌声响起，我的心伴着掌声不停跳起，又是高兴，又是激动。献词结束，台下更是响起长时间暴风雨般的掌声，我不知代表们是在赞美孩子们激昂的朗诵，还是在赞美献词的优美。但我深知，不管赞美什么，代表们用掌声对献词给予了崇高褒奖。我急匆匆离开主席台后台，在礼堂大厅里一见到献词的两个孩子，嘴里一个劲地夸个不停。

在这次大会上，选举产生了 61 名委员和 17 名候补委员组成的省总工会第六届委员会；选举曹坤根为省总工会第六届委员会主席。还选出了甘肃省出席中国工会第十次代表大会的代表。会议期间，我除了采写大会的有关消息外，还专访了几位工会代表，让我又一次受到了工会工作的历练。在这次代表大会之后 1986 年 8 月 21 日至 25 日召开的省总工会六届四次全委会议上，补选窦恒通同志为甘肃省总工会主席，省总工会原主席曹坤根因离休返回原籍，离开了省总工会领导岗位。

1988 年 8 月 23 日，甘肃省工会第七次代表大会在兰州召开，出席会议的代表 518 名，特邀代表 39 名，列席代表 59 名。大会开幕时，时任省委书记李子奇、省委副书记卢克俭分别发表了重要讲话。会议期间，时任省委副书记、省长贾志杰作了经济形势报告。大会选举王新中为甘肃省总工会第七届委员会主席。以这次大会为标志，我对工会工作在认识上仿佛产生了新的飞跃，强烈感受到工会工作是一个有利于展示个人才华的广阔舞台，是一个理论含量非常丰厚的富矿，是一个有利于锻炼和提升个人综合素质，培养多面手的干部学校。更感受到沐浴着中国工会九大以来全国工会工作发展的春风，甘肃工会工作进入了新的发展时期，迎来了创造性开展工作的崭新局面。省工会七大闭幕不几天，新当选

的省总工会主席王新中就提出了“全省工会工作一年上一个新台阶,五年提高到一个新水平,力争赶上全国工会工作先进水平”的奋斗目标。而且围绕实现这一目标,省总工会提出了“以省级产业工会为龙头,以大型企业为重点,带动辐射中小企业和地县工会工作,提高全省工会工作整体水平”的总体工作思路,以及实施分类指导、整体推进的工作方针。并相继建立了大型企业工会、省级产业工会、地市工会、少数民族地区工会四个层面的工会主席联席会议制度,为全省工会工作带来了勃勃生机,展现了工会工作取之不竭的活力源泉。特别自1989年元月21日,省总工会通过《甘肃工人报》向全省工会组织发出了开展为困难职工送温暖活动的通知,要求全省各级工会在元旦、春节、“五一”、“国庆”等节日期间,走访慰问困难职工,并于当年元旦、春节前夕,组成省总工会慰问团,分赴全省十八个产业系统的困难企业看望一线工人,看望劳动模范,救济生活困难职工,在全省引起广泛影响。因此,甘肃省总工会率先在全工会系统提出并开展了送温暖活动,以至后来引起各级党委政府的重视,使这一活动成为党委、政府、工会齐抓共管并坚持了三十多年的一项工程,开了全国送温暖活动的先河,也成为甘肃工会工作的一大品牌。围绕着省总工会开展的送温暖活动,我曾经写了大量新闻报道稿件,除在《甘肃工人报》报道外,有的稿件上了《工人日报》一版头题,有的稿件上了《甘肃日报》一版头题,还有的稿件上了《人民日报》、《光明日报》、中央电视台。2009年是省总工会开展送温暖活动整整三十周年,在省总工会领导的重视支持下,由我负责策划和撰写脚本,联合甘肃电视台录制了反映甘肃坚持开展送温暖活动三十年情况的名为“大爱无垠”的专题片,省人大常委会副主任、省总工会主席孙效东还亲笔题写了片名。在甘肃电视台播出后,受到了广泛好评。

在甘肃省工会第七次代表大会召开期间,我有幸见到了专程从无锡赶来参加会议的省总工会原主席曹坤根同志。就在他下榻的兰州饭店的房间里,曹主席与我进行了一番交谈。也许都是军人出身的关系,当年曹主席在任时,我们之间别有一番感情,他对我的工作也给予了不少肯定和赞许。有一年,《工人日报》聘我为特约通讯员并邀请出席在北京召开

的表彰会议。当时由于单位工作较忙，难以抽出身来，去北京参加会议的事一直定不下来。工人日报社的同志，便联系到正在北京参加全国政协会议的曹坤根主席。当听说要聘我为工人日报特约通讯员，曹主席连连对工人日报社的同志说这是好事啊！他专门打电话给省总工会有关领导，派我到北京参加了会议。也就是在这次会议上，工人日报社还专门安排记者对我进行了采访，并以"远距离投篮手"为题，在《工人日报》上报道了我热爱工会新闻宣传工作的事迹。从北京参加会议回到兰州后，我向曹主席汇报了会议的一些情况。他一见我就高兴地说，《工人日报》的文章我看了，就应该这样热情宣传工会工作，并勉励我今后要把办好《甘肃工人报》与搞好对外宣传结合起来，多为其他报刊写一些宣传工会工作的稿件。那些年我也记着曹主席的要求，为《工人日报》、《甘肃日报》、甘肃人民广播电台写了不少稿件。每有工会的报道见报，曹主席一见到我都会给予赞扬。曹主席离休后，我还把每一期的《甘肃工人报》寄给他，让他能够通过报纸了解甘肃工会工作的情况。为此，曹主席还专门给我写信表示感谢。在省工会七大期间，曹主席与我聊起过去的一些往事，让我深深感受到了他对工会工作的眷恋。此时，我已经担任了甘肃工人报社副总编，曹主席为此颇感高兴，说了不少勉励我继续努力的话。省工会七大之后的近二十年间，尽管再也没有见过曹主席的面，每当回首工会往事，总会勾起对他老人家的思念之情。

1993 年 8 月 21 日，甘肃省工会第八次代表大会召开。我作为《甘肃工人报》的记者，全程参与了这次会议的宣传报道工作，详细采撷和记录了会议期间的不少精彩镜头。在这次会议上，王新中继续当选为省总工会主席。会议留给我记忆最深的一件事就是，时任省委书记顾金池，在大会开幕式一结束，就与大会主席团成员进行座谈并发表了重要讲话，足以说明省委领导对这次会议的重视。座谈会结束后，我详细报道了顾金池书记的讲话精神。他在讲话中特别强调，要重视各级工会领导班子建设，坚持民主集中制原则，凡是重大问题都要经过班子集体讨论，从而做出正确决策；要特别坚持走群众路线的工作方针，使工会组织与职工群众保持广泛密切的联系；要下决心抓好职工队伍建设，从政治上、业务上、作风上培养和教育职工，引导职工树立顾全大局、克服困难的主人翁精神，经得起各种形势的考验；工会工作既要坚持以经济建设为中心，又要重视精神文明建设，做到两手抓，两手都要硬。《甘肃工人报》刊发有关顾金池书记讲话的报道之后，广大工会干部无不为之叫好。

还记得省工会八大刚一闭幕，就迎来了著名笑星牛群以集邮爱好者的身份来甘肃采风。

那是 1993 年 8 月 30 日下午，牛群与爱人刘肃一起从北京飞抵兰州。先是入住兰州铝厂的宾馆，当天晚上便在兰铝举办了集邮讲座。按照省总工会领导的安排，我参加了当晚的集邮讲座，与牛群夫妇有了近距离接触，牛群的幽默、诙谐，常常令人开怀大笑。第二天，牛群夫妇又赶赴白银公司举办集邮讲座，并与五百多名邮迷一道共品集邮乐趣。省总工会为牛群的到来专门印制了纪念封，牛群也现场为邮迷们在纪念封上签名留念。这天中午，在白银公司的宴会上，我与牛群夫妇同席就餐，更是一睹笑星的风采。当天晚上返回兰州铝厂宾馆后，就在牛群夫妇入住的房间，我不仅与牛群合影，而且对他进行了专访。在近两个小时的采访中，我了解到发生在牛群身上的一桩桩趣谈。

其实我并非头一次采访牛群，早在 1990 年初春，牛群偕同冯巩、黄宏、宋丹丹等著名笑星一道来兰州演出，我有幸采访了牛群。但由于当时要求签名的人多，采访的时间十分有限，谈及的内容也只是有关演出的一些事儿。这次有机会单独采访牛群，我们交谈的话题多是集中在牛群的业余情趣和成长经历等问题上。这天晚上牛群谈兴颇浓，告诉了我一桩桩鲜为人知的趣事：

1982年，牛群与妻子刘肃结婚时，原先商定的结婚日子眼看就要到了，可当时牛群正在无锡搞创作，连回北京领结婚证的时间也没有，他又不忍心更改原定的结婚日子，于是便给在北京的一个哥们儿打电话，委托他代替自己去领结婚证，还真被居委会的同志认真盘查了一番。

牛群结婚两年后，妻子临产前的十几天，他却要赴西藏慰问演出两个月。在飞往拉萨的途中，牛群饱含泪水记下了发自肺腑的心声：

告别妻子我飞往西藏
北京—拉萨划出泪水一行
泪水顿作美丽的彩虹
是架在妻子和我心间的桥梁
我把你的欢乐带走送给别人
把别人的痛苦换来交给你珍藏
你咽下痛苦却嚼出了甘甜
用理解一次次把折磨原谅
幸福就要走出产房
襁褓里捧出我们的希望
亲爱的孩子我不知你是男孩还是女孩
甚至不敢把你的模样想象
我不要求你能原谅你的父亲
我只乞求你永远不要忘记
你的妈妈经历了怎样一个时光

虽然与牛群近距离接触是发生在甘肃省工会第八次代表大会闭幕两天之后的一段故事，它却让我连同省工会八大召开的这个神圣日子一起，久久埋在了心底，仿佛回忆起采访牛群，也就想起了甘肃省第八次代表大会。没过两年，我有幸赴京参加全国集邮联在中央电视台演播大厅举办的“方寸情缘”电视晚会时，见到了正在北京大学深造的牛群，他还

邀请我们一起共进晚餐。一见到我他就高兴地说:“我们在兰州见过面,我还收到你从兰州寄来的报纸,感谢你写的精彩报道。”我笑着说:“那是我们甘肃省工会第八次代表大会刚一闭幕,我们就迎来了你来兰州举办集邮讲座的。”说着我与牛群合影留念,他还在一本邮册上为我签名留念,写下了“志祥兄留念”几个别具一格的题字。我至今作为珍品收藏着。

还要说到的是,省工会八大召开后的第二年,也就是1994年的7月,我从甘肃工人报社副总编的岗位被提升为总编辑,又在同年被递补为甘肃省总工会第八届委员会委员,从这一年起,一直到省总工会第十一次代表大会,我连续担任了四届省总工会委员。也就是从我担任甘肃工人报社总编的这一年起,《甘肃工人报》由原来的周三四开小报改为对开大报,以至发展到后来的每周五期对开大报,使《甘肃工人报》进入了全新的发展时期。

甘肃省工会第九次代表大会是在1998年8月24日召开的。在这次大会上,选举赵宝生为省总工会第九届委员会主席,我也当选为省总工会第九届委员会委员。这次会议留给我最深刻的记忆就是大会闭幕的当天,我专访新当选的省总工会主席赵宝生的情景。

其实我与赵宝生主席早就认识。还是在他担任核工业四〇四厂工会主席时,我就多次到过四〇四厂采访,还与赵主席一起商谈联合举办过“劳动者之歌”有奖征文。就在他任四〇四厂党委书记时,还专门找到我,一起研究为庆祝四〇四厂建厂四十周年,在《甘肃工人报》进行专题宣传的问题。经过共同商量,我们在《甘肃工人报》开辟“核城之光”专栏,介绍了四〇四厂建厂四十年来艰苦创业的不平凡历程和为我国核工业发展

做出的重大贡献。赵宝生是从四〇四厂党委书记任上调任省总工会主席的。在他当选的当天下午，我就在他下榻的西北宾馆专访了他。因为是老熟人，一见面我首先祝贺他当选省总工会主席，他也连连祝贺我当选为省总工会委员。宝生主席还同过去一样，谦和、斯文，说起话来有条不紊。他高兴地说，有幸参加省工会第九次代表大会，并当选为省总工会主席，是省委和全国总工会对我的关怀和信任，也是全省职工和广大工会工作者对我的重托。我决心不辜负大家的期望，全力履行职责，和全省工会干部一道肩负起做好跨世纪工会工作的历史重任，努力把甘肃工人运动和工会工作不断推向前进。

宝生主席还表示，省总工会九届委员会是处于世纪之交，承前启后、继往开来的一届委员会。工会工作面临着新的挑战，这就要求工会组织必须紧紧依靠党的领导，依靠政府的支持，依靠职工群众的广泛参与，努力探索适应发展社会主义市场经济形势的工会工作新路子。尤其重要的是要建设好政治坚定，团结奋进，廉洁自律，联系群众，求真务实的领导集体，全心全意为职工说话办事，为基层工会排忧解难，当好职工群众的服务员。

宝生主席几乎是一口气倾吐了这些肺腑之言，我连夜整理访谈记录，很快在《甘肃工人报》上作了报道。

按常规甘肃省工会第十次代表大会应于2003年召开，但由于一些特殊原因，直到2004年才召开。早在甘肃工会第十次代表大会召开之前，省委决定调整了省总工会领导班子，并经省总工会按照有关民主程序，选举时任省人大常委会副主任李德奎为省总工会九届委员会主席，选举省委新任命的省总工会党组书记王玺玉为省总工会九届委员会常务副主席，从而实现了省总工会主席按省级领导干部配备的要求。以李德奎为主席，王玺玉为党组书记、常务副主席的省总工会新一届领导班子组成后，就紧锣密鼓地展开了召开省工会第十次代表大会的筹备工作。他们一手抓省总工会机关建设，一手抓调查研究，短短时间全省工会工作各种新变化、新气象应运而生，为省工会第十次代表大会的召开创造了十分良好的内外部条件。2004 年 4 月 13 日，甘肃省工会第十次代表大会隆重开幕，五百多名各界代表济济一堂，共商甘肃工运事业发展的大计。在我的记忆里，这是我所经历的最为隆重的一次工会代表大会。作为《甘肃工人报》的总编辑，对省工会十大的宣传工作我在会前就做了精心策划和周密安排，并组成专门记者组，在会前对各方面代表进行了采访，拍摄了部分工会干部的新闻照片，在《甘肃工人报》进行了大密度的宣传。为了配合大会开幕式的报道，我与编辑部同志们一道，专门精心编辑出版了一期彩报。当报纸发送到与会代表手里时，大家争相传阅，赞不绝口。记得大会开幕的当天，我特意找到刚刚作完工作报告的李德奎主席，他一见到我就称赞说，大会期间的宣传报道很及时，也很有特色，报社的同志们辛苦了。我忙说参加会议报道的同志们积极性很高，几乎是白天黑夜连轴转，但大家谁也不喊一声累。紧接着我请德奎主席在大会制作的纪念封上签字，并说《甘肃工人报》要专门刊发由他签名的纪念封。德奎主席听后连声说好，就接过我手中的纪念封，工工整整写下了“祝甘肃省工会第十次代表大会圆满成功”，并签上了自己的名字。我拿着签好名的纪念封就要离开，走到房门口又转过身来说：“李主席，大会闭幕后还准备对您做一次专访，要请您谈谈当选新一届省总工会主席后的新打算。”他连忙笑着一边点头，一边连说了几个“好”，并把我送到了门外。在这次会议上，李德奎全票当选省总工会主席，王玺玉高票当选为省总工会常务副主席。我也荣幸地

又一次被选为省总工会委员。

就在大会闭幕的当天，在宁卧庄宾馆我专访了德奎主席。这天他身穿一套藏蓝色西装，洁白的衬衣配上条黄色领带，更显得风度翩翩。因为之前有过电话联系，一来到德奎主席住处，我们就热情交谈起来。他似乎早已胸有成竹，与我面对面坐下来侃侃而谈："在新世纪、新阶段，工会组织要准确把握自己的定位，做到围绕中心，服务大局，全面履行各项社会职能，这是工会组织践行'三个代表'重要思想的具体体现，也是适应现阶段我国劳动关系变化的迫切需要。全面建设小康社会，是党和国家在新世纪、新阶段的奋斗目标，既反映了党的事业发展的要求，也充分体现了工人阶级和最广大人民的共同心声和根本利益，为广大职工更好地发挥作用，提供了广阔舞台。工会组织就是要围绕这个中心，服务这个大局，把广大职工团结和组织起来，为全面建设小康社会贡献力量。"在谈到突出工会的维权职能时，德奎主席更感责任重大。他说："工会组织必须把维护职工群众的合法权益作为一切工作的出发点和落脚点，只有这样才能把广大职工群众的利益引导好，保护好，发挥好。应该看到，随着企业改革改制的不断深化，社会主义市场经济的不断发展，各种利益矛盾的不断调整，社会劳动关系的日趋复杂，工会在维护职工权益方面的任务更艰巨，责任更重大。这不仅关系职工利益的保障，更关系到社会大局的稳定。"德奎主席还表示："新时期工会工作的任务光荣而又艰巨，要开创工会工作新局面，关键在于各级工会干部求真务实，真抓实干，知难而进，奋发有为，以强烈的政治意识和社会责任感，坚定搞好工会工作的信心。"他还满怀信心地说："有全省各级党委与政府的坚强领导和大力支持，经过全省各级工会的齐心协力，艰苦奋斗，甘肃工运事业和工会工作的明天会更加美好！"

德奎主席一席充满激情的谈话，也使我受到强烈感染，专访一结束，我就按捺不住激动之情，一口气写完了以“牢记重托，不负使命”为题的访谈录，连同省工会十大闭幕大会的消息一起，在《甘肃工人报》上刊发。

甘肃工会十大闭幕之后，德奎主席就带领省总工会新一届领导班子，积极投入开创全省工会工作新局面的一系列扎扎实实的工作之中。在不少的工作实践中，我也有机会一次次感受了德奎主席旺盛的工作热情、朴实的工作作风、卓越的工作才能。一次我有幸随同德奎主席深入平凉、庆阳两市的一些企业、县区开展工会工作调研。在短短几天里，他进企业、走社区、下基层、访职工，进行深入细致的调查研究，对搞好工会工作提出了一系列指导性意见。特别是在华亭煤业公司调研时，德奎主席探访农民工宿舍，与工人们促膝交谈，了解他们工作、生活情况，倾听他们的酸甜苦辣；查看职工食堂，询问饭菜质量，调研饭菜价格，他对着食堂的菜谱，逐一了解职工的满意程度。不仅如此，德奎主席还穿起矿工服，戴起矿工帽，下到数百米的井下，在掌子面悉心检查井下安全生产情况，一边查看，一边叮咛矿上领导说：井下工人很辛苦，一定要多关心他们的生活，一定要加强劳动保护和安全卫生工作，把确保井下职工的生命安全放到一切工作的首位。得知井下工人中有相当数量的农民工，德奎主席又说：“农民工是新时期我国工人阶级的重要组成部分，企业党政

工组织和全社会都要尊重和关爱农民工，在政治上、工作上、生活上对他们一视同仁，尤其要保证他们劳动经济权益的落实，坚决防止和纠正随意拖欠农民工工资的现象。”这一番暖人心窝子的话，在井下掌子面引起了一阵长时间的掌声。透过一盏盏矿灯的微光，我看到挂在德奎主席两额的汗珠，看到了矿工兄弟一张张写满喜悦的笑脸。

这次随同德奎主席平凉、庆阳之行，一路走来，我详实记录了德奎主席就做好新时期工会工作发表的一系列重要讲话，在《甘肃工人报》相继刊发了六七篇报道。后来，我还写下了长篇通讯《我随德奎主席走陇东》，并载入了我撰写并出版的《今生有缘》一书中。

也就是通过陇东之行，不仅让我更加深刻地认识了德奎主席，也让德奎主席对我多了一些了解，对我的工作给予不少的肯定与赞扬。一次，全省大企业工会主席会议在金川公司召开，德奎主席在会上讲话时提出关于在全省开展基层工会组织建设年和创建“五好”县区工会的一些想法。我从捕捉新闻的角度，感到这个想法抓住了工会工作的根本。于是，会议结束后，我经过一番深思熟虑，就开展基层工会组织建设年和“五好”县区工会创建活动，专门写信给德奎主席，提出了一些具体意见和建议。德奎主席看信后，专门批示给省总工会有关领导和部门，对我提出的一些建议给予肯定，很快基层工会组织建设年和“五好”县区工会创建活动在全省开展起来，并分别制定了三年规划，最终收到了良好效果。

2007 年，德奎主席虽然离开了省总工会，但我们之间还一直保持着联系，作为老领导他依然关心着我的工作。2008 年 11 月，省委任命我为省总工会副巡视员，就在《甘肃日报》刊发公示的当天，德奎主席专门给我发来手机短信表示祝贺，让我深感领导的关心之情。2009 年 8 月的一天，德奎主席还特意邀请时任中石油西北销售公司总经理田玉军，庆阳石化公司总经理张栋杰与我一道，走进他的家乡肃南裕固族自治县。两家企业对这里的民族教育事业给予了热情支持。

2009 年 8 月 25 日，甘肃省工会第十一次代表大会在兰州宁卧庄宾馆隆重开幕。在这次会议上，省人大常委会副主任孙效东当选省总工会十一届委员会主席，陈琳当选为省总工会常务副主席。我也又一次当选为省总工会委员，并被推选为大会主席团成员和大会副秘书长。这在我参加省工会历次代表大会中还是第一次。

这次会议上，有几件事给我留下了深刻印象：大会开幕那天，省党政军领导都出席了会议，如果能在大会制作的纪念封上，请每位领导签名该有多好，而又十分难得啊！其实我早就做好了准备，把十多枚纪念封随时带在身边。大会开幕后，看见省上领导一个个都坐在了主席台上，我便把纪念封交给工作人员，请每个领导都在纪念封上签了名。第二天，这封有时任甘肃省委书记陆浩、省长徐守盛、省委副书记刘伟平、全国总工会副主席陈荣书等十多位省级以上领导签名的纪念封就登在了《甘肃工人报》的一版上，同时这枚纪念封也成为我珍藏的邮品之一。

还令我铭记于心的就是，新当选的省总工会主席孙效东在省总工会十一届委员会第一次会议上发表的一番语重心长的讲话。这篇讲话从加强学习、提高能力，发扬民主、和谐共事，崇尚实干、狠抓落实，发扬传统、注重创新，严于律己、清正廉洁五个方面对新当选的委员提出要求，寄予厚望。整篇讲话精辟生动，情真意切，在每一个委员心头激起层层涟漪。《甘肃工人报》一版以通栏大标题报道了讲话的主要精神，在全省工会系统产生了强烈共鸣。

十四

有位哲人说过，幸福有两种，一种是享受过程，一种是享受结果。在沿着东郊巷漫漫三十多年的行走中，我享受到了甘于坚守、矢志不渝地为自己所钟爱的事业而奋斗的过程所带来的幸福，更品尝到了这种奋斗的结果赐予我的丝丝甘甜。就是享受着这种甘甜，我从东郊巷出发，走进了大洋彼岸的欧洲六国，走进了日本，也走遍了台湾全岛以及香港、澳门等地……

1998年夏秋之交，应中国工人报刊协会的邀请，我随中国工人报刊代表团出访了法国、德国、比利时、卢森堡、奥地利、荷兰等欧洲六国。这是我头一次走出国门，内心的喜悦与激动真是难以言表。

我是在代表团出访前的头天晚上，由兰州乘飞机抵达北京的。临赴京前正好遇见时任玉门石油管理局局长田玉军，他特意给玉门局驻京办事处打去电话，安排司机专门到机场接我。傍晚时分，一抵达北京首都机场，热心的司机师傅就接上我，直接送到了代表团下榻的位于北京市紫竹苑附近的一家宾馆里。刚安置好住的地方，代表团便召开会议，主要是介绍出访期间的有关注意事项。这时我才知道我们这个代表团共有二十来人，成员都是全国各工人报刊社的社长、总编，也有几位来自企业报的人员，团长则由工人日报社的有关负责同志担任。为了出访期间管理方便，代表团还将二十多名成员分成了三个小组，我被分在了第二小组，并指定我与黑龙江工人报社的总编辑李拙同志为第二小组的正副组长。别看这个小组长，出访期间从住房分配、乘车、就餐，到考察、参观，样样都得操心到，还真忙乎了一阵子。

第二天清晨6时许，我们代表团就从住地出发，赶赴首都机场，搭乘北京至巴黎的国际航班。代表团的二十多名成员，几乎全都是第一次出访国外，从登上飞机的那一刻起，每个人的激动之情都溢于言表。面对宽敞的机舱和法国女乘务员热情周到的服务，以及各种高档又极具人性化的服务设施，大家无不都投以新奇、赞叹的目光。记得在飞机上，因为语言不通，常常出现代表团的同志与乘务员打哑谜的情况，有时只能通过手势表达意向。可喜的是，我们在飞机上遇到国内一位勤工俭学的大学生，她是被法国一家航空公司招聘到北京至巴黎的国际航班上做翻译工作的。小姑娘看上去二十三四岁，一口标准的北京普通话，每当看到我们与乘务小姐打哑谜，她就走上前来做起了翻译。一路上她为我们解答了不少问题，介绍了航班上的不少情况，也解除了我们旅途中因语言不通带来的诸多不便。

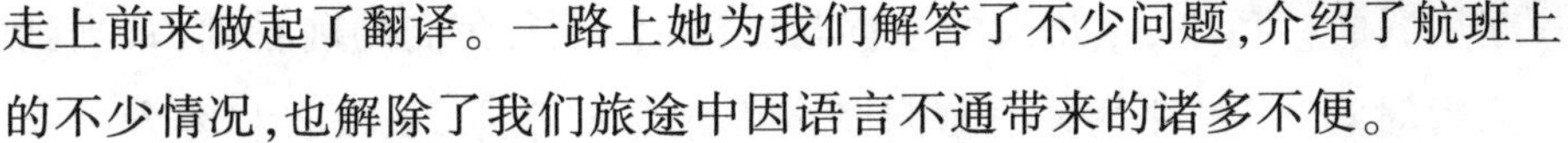

经过二十多个小时的空中飞行，第二天大约是北京时间下午 4 点多钟，我们抵达法国巴黎的戴高乐机场。当我们代表团一行一走出机场，一位年轻的导游就上前迎接我们。小伙子看起来年纪不大，最多二十七八岁，说一口带着南方口音的普通话。后经交谈才知他是从深圳到巴黎留学的，主要是学习美术，毕业后在巴黎干起了导游，专门从事对中国游客的翻译工作。年轻的导游对我们显得格外热情，脸上写满深情的笑容。把我们迎上一辆豪华的大巴车上后，便滔滔不绝介绍起了巴黎的一些情况。从他的介绍中，我们知道到整个法国的面积也仅相当于我国的一个江苏省。我一边听着他的介绍，一边透过车窗玻璃观赏着沿途的风光。机场距市区似乎不是太远，留给我最深的印象是一路上来往车辆不多，更难见到一些行人。最吸引人的是道路两边高大的建筑，造型奇特的景观以及一块连着一块、一片连着一片的花坛、草坪、树林。再仰望天空，一望无垠的蓝天，飘动着朵朵白云，显得高远深邃，心头禁不住涌起别样遐思……

经过约半个小时的车程，我们住进了位于巴黎市中心香榭丽舍附近的一家五星级宾馆，从门面上看去，并显不出这家宾馆有多么豪华。当我们一个个下车后，都准备着搬运自己的行李时，只见开车的司机急忙走

了过来,一边朝我们摆着手,一边半蹲下来,从车上的行李厢中把我们的行李一件一件搬运出来。有人上去帮忙他也不允许,整个几十件行李全由司机一个人搬运,我们大家既感动又迷茫。忙乎着办理入住房卡的翻译先生对我们大家说,在国外凡是拉运乘客的司机,不仅要按客人要求准时出车,而且途中要为客人提供应有的服务,包括客人的行李,完全要由司机本人搬运装卸,不得让客人动手,旅途中司机也是不能与客人一起用餐的。后来,在几天的考察与旅游活动中,我们的确看到,每当到了用餐时间,司机往往是吃着自备的面包和矿泉水,从没有和客人一起吃过饭。当我们用餐后返回乘车时,司机早已经站在车门口迎候大家上车,等到每个客人都上了车,司机才回到座位上,先是向大家鞠躬后再开车前行。不过每个客人都是要向司机付出一些小费的。司机师傅的敬业精神和服务态度令我们代表团一行颇多感触。

走进宾馆大厅,才让我们领略到了国外五星级宾馆的豪华、气派,装饰之考究,设施之高档,空间之宽敞,真令人赏心悦目。尤其是服务人员之热情,更让人有种回家之感。在巴黎的三天时间,我们游览了巴黎圣母院、卢浮宫、凯旋门、埃菲尔铁塔、凡尔赛宫、协和广场、塞纳河、爱丽舍宫等名胜古迹和景点,感受到了巴黎这座举世闻名的文化古都,到处是历史遗产和文化古迹,随处可见浓郁的文化气息。时隔十年之后,出访法国期间的所见所闻在记忆中难免已经淡去,而唯有一些记忆却从来没有从脑海中屏幕上抹去:

那是我们到巴黎的第二天。头天晚上导游兼翻译就告知大家,第二天上午先组织大家参观凯旋门、协和广场与巴黎圣母院,下午考察当地一家报社时,大家必须穿西装、打领带。翻译还说,要考察的这家报社非常重视,要以鸡尾酒宴的形式接待大家。这么一说,我们大家都格外地认真起来。那天下午,每个人都穿上了西装,打起了领带,显得格外精神。临出发前团长还又叮咛大家注意言谈举止，在参观访问过程中不要随便提问，以免语言不通引起误会。离开住地乘车约有二十来分钟，我们就到了所要考察访问的报社。据介绍这是一份由法国共产党创办的报纸。当来到报社门口时，有两个人在门口迎候我们。翻译介绍说，其中一位是报社负责行政事务的领导，一位是曾到中国北京留学过的记者。两人看上去都很年轻。在他们的陪同下，我们一行先是参观了报社编辑部，走进几个办公室，所见到的编采人员并不多，只有几个人在电脑前工作着，见有客人进来，只是抬起头来看看，仍然在忙着手头的工作，仿佛什么事情都没有发生。看了几个办公室，我们又被领到了办公楼的平台上。举目望去，这家报社位于整个居民区之中，四面都是一些民房。据介绍是法国共产党组织帮助找到的这样一个办公场所。离开这里后，我们又被领到一个像会议室的地方。说是会议室，其实设施非常简单，不足二十平方米的面积，四周放着一些凳子，中间有一张长形桌子。在会议室的一端有两个稍长一点的桌子，上面摆放着几样类似饼干、果脯一类的小食品，以及啤酒、红酒、白兰地等几种酒品，也就是所谓的鸡尾酒宴了。在这里经过对方的一些介绍，我们也才知道，这家由法国共产党办的报纸，稿件来源主要由当地共产党组织的一些成员提供，办报经费全靠发行报纸的收入，记者、编辑的工资也从报纸发行收入中提取。提供稿件的人并不发给稿费。在会议室里我们逗留了约有四十来分钟，除双方相互介绍一些情况外，主人也邀请我们品尝了准备好的酒品和糖果糕点，令我们感受到了“鸡尾酒宴”的异国风味。

结束了对这家报社的考察访问，返回住地的路上，我们每个人心里颇多感慨，深为法国人在迎来送往工作中的简洁、务实、节俭而有所触动，深深感到与我们在接待工作中的繁文缛节形成鲜明的反差。特别是

整个考察访问中,没有领导作陪,就两名工作人员介绍情况,更没有任何的欢迎标语,也许会令人产生对方似乎不够重视的感觉。其实他们介绍有关情况,回答我们提出的问题时,显得十分认真,甚至不厌其烦。只能让我们意识到是中西文化差异在接待工作中的反映,也启迪我们在工作中少一点形式主义,多一点简朴务实,这必将是提高工作效率的有效措施。

在巴黎参观凯旋门时,我们二十多个人都忙乎着拍照留念,有的人忙于摄影,竟然顾不上来往的车辆,在凯旋门两侧的公路上不时来回穿梭着。我目睹有几次都是来往行驶的汽车主动减速或停了下来,司机还主动放下车窗玻璃,一面伸出头来向我们点头微笑,一面伸出手来示意让我们通过,毫无任何不悦之色。后来我们在巴黎的其他一些地方访问、考察和参观时,也常常遇到横穿马路的情况,往往都是司机停下正在行驶的车辆先让我们或其他行人通过。仅此,就足以让我们感受到了巴黎的城市文明。

在巴黎期间,我们入住的宾馆正好位于香榭丽舍大道附近。这里是巴黎最为繁华的商业区,更是一片不夜的闹市。一天晚饭后,我们代表团的同志们,三五成群相约步行游览香榭丽舍大道。虽是夜晚,但这里灯火辉煌,灿如白昼,各类商铺鳞次栉比,来往游人如织。我们走进一个个商店,琳琅满目的商品真令人有点眼花缭乱,目不暇接。尤其是服务员满面春风的微笑,热情服务的举止,尽管我们听不懂她们在说什么,但却能感受到那发自内心的热忱。逛了一个个商店,虽然我们并没有采购什么商品,但依然领略到了巴黎的市场繁荣和商业文明。就在我们返回住地的途中却发生了一件出乎意料的事情。当时与我同行的有四个人,在经过路边一个花坛时,突然走过来一个高个头、长型脸,约有三十来岁的男子,看上去似乎喝多了酒,走起路来摇摇晃晃。走到我们面前时,不时伸出脚来向我们几个人使绊子。由于语言不通,我们只能躲闪离开,后来他还把手伸进了我们其中一个人的裤子口袋, 只不过是掏去了一包餐巾纸。回到宾馆后,我们几个人都不免有了几分担心。翻译得知情况后说,在巴黎总体上社会治安还是很好的,平时街头也见不到警察,不过警察都在隐蔽之处，一旦发生问题，都会及时出面处理。也会有一些滋事者，但并不多见，我们见到这位年轻人很可能是酒喝多了。他还叮嘱我们外出时尽量人多一点，不要单人外出，一旦遇到一些无理者也不必多纠缠。在后来的几天里，我们凡有外出基本上都是集体行动，不管是街头、旅游景点，也确实没有见到过执勤警察，连交通警察也没有发现，再也没有遇到什么不愉快之事，但那天晚上在香榭丽舍大道发生的事还是留给我极深的印象……

进入德国境内后，也有一些经历令人难以忘记。按日程安排，一天上午我们在德国的柏恩考察访问一家集电视与报纸为一体的新闻中心。原计划是当地时间下午2时整到达考察的地方，可中午在一家华人餐厅吃饭后，有几个人在附近商店购买东西耽误了一些时间。等我们乘车来到这家新闻中心后，门口有一男一女两个人在等候我们的到来。他们先是与翻译又说又比划了一阵，然后翻译告诉我们说：本来新闻中心的总编要接待大家，并在门口等候了一阵，因为我们没有按时到达，总编已经离开忙别的工作了，留下他们俩负责接待大家。经翻译介绍，他们俩一个是报纸的编辑，一个是电视方面的编辑。在他们的带领下我们先是参观了这里的报纸编排和电视的录播中心，还观看了一些电视新闻，之后便来到一个类似会议室的地方。可室内竟然没有桌椅，我们大家只好站着听了两位陪同者的情况介绍，我们也提出了一些问题，他们一一作了回答。大约过了半个来小时，他们又通过翻译告诉我们说："对不起，给我们陪同大家一个小时的时间已经到了，现在他们必须到自己的工作岗位上去完成自己的任务。"说完他们就向我们招了招手离去了。这件事在我们每个人心头引起强烈震撼，深为德国人的时间观念强而叹服，也

为德国人做事的认真而由衷赞叹。

在德国的慕尼黑的一天早晨，我们代表团的成员在宾馆用早餐时，突然过来一位年约五十开外的女服务员，端走了几个人已经盛好饭菜的盘子，非得要我们到一边较简易的餐厅吃饭。大家不明就里只好到这位服务员指定的地方去。不大一会儿，翻译来到餐厅后，发现我们吃饭的餐厅不对头，赶忙与服务员交涉，原来是服务员搞错了。后来我们终于知道，饭店早餐分为美式早餐和欧陆式早餐两种。所谓美式早餐就是品种十分丰富，服务水平和食品档次都很高。所谓欧陆式早餐就是食品较为简单，除了几种面包和牛奶外，再没有什么食品。在这家服务员看来，来自中国的客人都比较穷，只能吃欧陆式早餐。可恰恰我们的出访团与有关方面商定的协议中，不论到哪里都按美式早餐的标准用餐。得知这个情况后我们大家都非常气愤，感到自尊心受到了严重伤害，更觉得这是对我们中国人的歧视。于是大家纷纷要求翻译与饭店交涉，必须向我们当面道歉。经翻译一番交涉，那位服务员也知道自己搞错了，还通过翻译告诉大家，她马上就六十岁了，过不了几天就要退休，希望能原谅她。可我们代表团团长义正辞严地说："这不是原谅不原谅的问题，而是对中国人的尊严问题，饭店负责人必须出面道歉！"翻译又只得与饭店有关人员交涉。这天又正好是星期天，饭店经理不在单位上班。经过有关人员联系，我们一直等了近两个小时，饭店经理总算赶来了。经理是位女性，看上去四十来岁，她走上我们乘坐的汽车，面对我们大家先是深深鞠躬，然后通过翻译向我们表达歉意，并用中国话说了声"对不起"。尽管在这里耽误了我们两个多小时的行程，但大家一个个都显得非常高兴，都认为是为维护中国人的尊严做了一件必须做的事。后来在国内一些报纸上也看到，我国一些赴欧美出访团，也遇到过与我们相同的情况，更加感到我们在慕尼黑的行为太值得了。

在法兰克福考察访问期间的一些所见所闻也给我留下了深刻印象。

我们在法兰克福有一整天的时间，除过参观一些名胜古迹之外，应大家的要求，专门安排了半天时间游览当地的商业街。我们在翻译的带领下走进了几个最为繁华的闹市。在闹市区我们见到了一些街头卖艺的艺人，多半是拉着小提琴一边演奏一边唱歌，也有一些人在音乐的伴奏下又跳又唱。在有的咖啡屋或者餐饮店，也能见到或拉小提琴或唱歌的艺人，不时有人向这些艺人给予钱币。翻译告诉我们，这样的人在德国各地都有，他们基本是以此来谋生的。在法兰克福街头我们也见到了一些说中国话的人，他们多是一些出售具有中国特色的工艺品的。这些人一见到我们显得格外热情，主动上前与我们搭话。经交谈他们大都是来自深圳、广州和东北一些地方的年轻人，有的是在当地留学的学生，通过这种形式勤工俭学，挣点生活费；也有的是通过各种渠道走出国门闯世界的，找不到正当职业，只能靠卖些小工艺品来谋生。听他们说出来混是十分不容易的。在路过一个地下通道时，通道口上有一个小商铺，主要经营当地一些旅游产品。一见到我们走过来，女服务员满面春风用一口流利的普通话与我们打招呼。在异国他乡听到乡音令人倍感亲切，我们一行都情不自禁地停下脚步。女服务员看上去不到四十岁，白皙的圆型脸盘，闪动着一双明亮的大眼睛，苗条的身段透出东方女性特有的美。她告诉我们她与丈夫来法兰克福已经有七八年时间了。丈夫是出国留学后留在这里的，她原在北京铁路局工作，还是一位工会干部，是随着丈夫一起来到国外的，现在就靠经营这么个商铺来打拼。从她的话语中我们也能感受到在国外谋生的艰难和对国内亲人的思念。在这里我们几乎每个人都买了几样东西，我是专门买了德国的几种邮票作为纪念。服务员高兴得脸上泛起片片红晕，临走时她把我们一直送到通道的出口处，还久久招手致意。

在法兰克福那天的晚餐是在一家台湾人经营的饭馆吃的。这家饭店坐落在一个

高坡之上，餐馆虽不算大，但装饰却显得十分考究，店堂内的桌椅极具中国特色，清一色的全为紫红色木桌木凳。店堂迎门供着一尊关公塑像，并有香火缭绕。店主人是一男一女，年龄都在四十岁左右，说一口带有浓厚闽南口音的中国话。看到我们一行人走进来，两个人都拱着手欢迎我们，并忙不迭地招呼着我们，又是让座，又是沏茶，使我们大家都感到了一份浓浓的亲情。在等候用餐的空档，我们与主人聊了起来，他们告诉说，他们原籍是福建，从祖父辈就到了台湾。这家饭店原来由父亲经营，在这里已经几十年了。后来父母年龄大了，又都回到了台湾，便把饭店交由他们夫妻俩经营。他们来这里也有近十年的时间，主要经营中国餐饮，客人多是到德国旅游或考察访问的来自中国大陆和台湾及港澳地区的人。当地一些人也常来就餐，对中国风味的餐饮挺感兴趣。不大一会儿，各种菜肴已经摆满了两桌，红烧肉、糖醋鱼、青椒炒肉片、黄瓜炒鸡蛋等菜肴看上去色香味形俱全，真让人有点垂涎欲滴。尤其是一盆鸡蛋西红柿面条，更让大家味蕾大开，不过缺了一些辣椒与醋，令一些人多少有点遗憾。在我的记忆里这是我们在欧洲几国吃的最为可口的一次晚饭。就在晚餐即将结束时，饭店主人夫妇拿出一些精致的巧克力非要送我们每人一盒。面对主人的一片盛情，团长也当场提议，我们每人在这里买了几盒巧克力，以示对主人的感谢。

我们来到比利时考察访问的那天，正好下着大雨。尽管如此，我们还是冒雨参观了几个名胜古迹。由于大雨一直下个不停，我们在一个大教堂里停留了好长时间，在这里真切感受到了比利时人对宗教的崇拜。在高大宽敞的教堂里，足有几百人静静坐着，但整个大厅几乎听不到一丝声音，坐着的人们一个个端端正正，或闭目静思，或目不斜视，看不到交头接耳，听不到任何话声。受这种气氛感染，我们也一个个找地方坐了下来，就连平时喜欢说笑话的人也没有了往日的活跃，静静坐在长条桌旁，谁也没有说一句话。就这样我们在布鲁塞尔这家比利时最大的教堂里足足待了有两个多小时。

离开大教堂时，已到了傍晚时分。走出教堂，雨过天晴，碧蓝的天空，一片火红的晚霞挂在天际，宛若一幅美丽的图画，缕缕清风带着沁人心脾的潮气徐徐飘来，更令人顿感心旷神怡。街道上行人不多，来往车辆缓缓行驶，用各色彩砖铺成的街道雨后显得格外清洁鲜艳，整个城市更显温馨和谐。热情的翻译兼导游带着我们在一家不大的餐馆吃饭，说是让大家品尝当地的风味。其实也就是烤牛排，吃面包、喝啤酒什么的，我们大都不很习惯，尤其是浓烈的奶油味，使得好几个人直喊头晕。幸好黑龙江工人报的李拙总编带着一些四川榨菜之类的咸菜，大家都争着咸菜配面包算是吃了晚饭。目睹此情此景，饭店的主人也凑了过来，品尝起了榨菜，连连伸出拇指称好。李拙总编便给了他一包榨菜，他拿到手里高高举起，一连说了几个OK、OK，还拿出几盒巧克力要我们分享。翻译告诉我们说："店主人说，他不能白吃中国客人的东西，送几盒巧克力算是回报与感谢。"我们大家都不约而同地鼓起掌来。当晚，我们就住在布鲁塞尔市中心的一家四星级酒店，翻译介绍这是当地最高档的一家酒店，因为在布鲁塞尔当时还没有五星级酒店，从酒店的设施、服务档次来看确实比不上其他几个国家的酒店。第二天我们起了个大早，按当天的安排我们要经过卢森堡直达奥地利考察访问。所以这天清晨当地6时整我们就起了床，在宾馆吃完早餐后，导游安排我们乘车参观布鲁塞尔市容。大雨过后的布鲁塞尔清晨，显得十分静谧，没有汽车喧嚣，没有出行的人流，染红天空的朝霞与金灿灿的太阳浑然一体，在大地上洒下片片淡淡的霞光，犹如给城市涂上了一层耀眼的色彩，整个城市似乎还沉睡在清晨的温馨梦乡之中。我们的汽车沿着城市街道缓缓行进，一行行浓郁青翠的行道树，一片片五颜六色的街头花园、草地，一股股散发着泥土味的花香扑鼻而来。树林间，花园里，偶尔可以见到三三两两跑步的老人或遛狗的妇女，成为这座城市清晨幽静、美丽的绝妙点缀。透过车窗望去，那清绿欲滴的树木，那竞相怒放的花丛，那错落有致的高大建筑，俨然就是一幅充满灵性的巨幅油画。我们乘车观看了欧盟总部、尿童以及比利时市政大厅等景点，带着依依不舍的心情离开了布鲁塞尔这座美丽的城市。

车出布鲁塞尔市，不大一会儿又下起了瓢泼大雨，铜钱大的雨点有节奏地拍打在车窗上，如同不停奏响的音乐，成为我们每个人难得的催眠曲。也许连续几天长途奔波的劳顿，大家都不约而同在车上打起盹来。

直到导游大声唤醒大家时，车窗上已经洒满金灿灿的阳光，大雨早就停了。在欧洲境内国与国之间是没有关卡的，一天下来可以通过几个国家，也不会受到什么检查。在通往卢森堡的途中，我们只能透过车窗的玻璃尽情饱览沿途风光，放眼望去那逶迤起伏的山峦，一望无垠的农田，郁郁葱葱的树木尽收眼底，令人深为欧洲之美而赞叹。汽车即将进入卢森堡境内，老天爷又变了脸色，顷刻彤云密布，阳光被深埋在了厚厚云层之中，连片的黑云从天边重重压了过来，车内也立时暗了下来。不大一会儿又是一阵倾盆大雨，车前的挡风玻璃上已形成了密密麻麻的雨幕，汽车只好放慢速度，在雨幕中行进。翻译告诉我们，欧洲的天气说变就变，有时一天就能经历几个季节。果然如此，一个多小时前还是艳阳高照，车内还令人有点闷热，可这阵下起大雨，车内温度急剧下降，有些人已经有点瑟瑟发抖。一直到了卢森堡雨还没有停下来。导游安排在城中心一家中餐厅吃饭，走出汽车顿觉一股寒意袭来。吃过饭后，有的人实在挡不住寒冷，便找商店去买衣服。有个同行走了几家商铺，总算买了件夹克衫。当他兴冲冲拿到车上时，几个人争相看起了衣服的质量，不料在衣服上的一角终于发现，这件夹克衫竟然是中国制造，这也成了我们重新上路后大家一路谈论的话题。过去也曾听朋友当做笑话说过，出国时买了不少东西，可回到国内后仔细一看，有的商品产地都在中国，而且价格比国内高了不少。没料到这事竟让我这次真真切切看到了。

离开卢森堡我们继续向奥地利前行。汽车没开多久，雨也渐渐小了起来，不大一会儿太阳又从深深云层中露出脸来。我们透过车窗的玻璃看见，碧蓝如洗的天空飘动着一片片红色的云彩，一道彩虹就像一座孤桥悬挂在天边，有的同行忙摇下车窗的玻璃，把头伸出窗外拍摄下了这美丽的景色。到达奥地利首都维也纳的时候，已经是当地时间下午 7 点多了。一踏上这座著名的音乐城市，我们每个人都忘记了一天来长途坐

车的疲劳,在下榻的宾馆里一放下行李,我们就在导游带领下,先是在一家中餐馆用餐后,便游览维也纳市区。这里真是一个不夜城,灯火辉煌,交相辉映,一派繁华景象。几位喜欢摄影的人忙着要去看城市北边的多瑙河,竟然没有让翻译带领,几个人便结伴而去了。我与几个同仁便在翻译的带领下,在称为维也纳内城的老城观光游览。这里街道狭窄,卵石铺路,纵横交错,游人如织。我们沿着内城一路漫步,满目尽是密集的商业区,其间也有一些教堂、宫殿等建筑。尽管已是夜晚,但整个街道如同白昼。几个同行购物心切,我们便走进了一个又一个商店。这里的商品柜台基本上都是开放式的,由顾客自主挑选。记得在一家卖衣物的商店,正当我们几个人商量着要买几件T恤时,突然身边一男一女两位老人与我们搭起话来:

"你们是从大陆来的吧?"

在这里听到中国话,我们都不禁为之一怔,连忙回答:"是,是,我们是从中国大陆来的。"

说着我细细打量着眼前的两位老人,看上去都年近七十,身体却显得十分硬朗,两位老人都是清一色白衣白裤,脚蹬白色旅游鞋,头戴红色棒球帽,一看就是老两口。望着两位老人慈祥的目光和一脸的笑容,我笑着问道:

"你们是从哪儿来啊?"

还没等我话音落地,老人几乎同时说:

"我们是从台湾来的,是到这里旅游观光的,我们一家人都来了!"

看得出来两位老人格外高兴,于是我们就在商场一角聊了起来。老人告诉我们他们的祖籍是山东,随着父辈到了台湾,再也没有回到过大陆。现在他们全家都在台湾的高雄,经营着一家以生产各种水果为主的农场。这次他们和儿子、儿媳及孙子一起专门到欧洲一些国家旅游。我们欢迎老人有时间回大陆看看,正好我们同行的还有山东一家杂志社的同志,他欢迎老人到山东老家探亲访友。听着我们的话,两位老人颇为激动地说:这些年大陆经济发展很快,面貌变化很大,我们早就盼望着能有一天,踏上大陆的土地,看看改革开放带来的新气象。我们也希望大陆更加繁荣富强,大陆同胞生活更加幸福美满,更盼望祖国早日实现统一,实现我们炎黄子孙的同一个愿望。从老人说话的神情中,我似乎触摸到了那两颗滚烫的思念故乡的游子之心。十多年过去了,每每说起宝岛台湾,两位老人期待的目光与隐隐愁思的眼神,就止不住在我眼前闪现……

这天晚上回到住地,我们还沉浸在维也纳的美丽夜景之中,尽管整整一天的长途劳顿,可一点儿倦意也没有。与我同住的来自山西一家企业报的同志,更是显得格外兴奋,滔滔不绝地畅谈着所见所闻的感受。几乎一个晚上我俩都没有入睡。刚有点迷糊时房间响起了一阵清脆的叫早的电话铃声,我们只能翻身下床,急忙整理好行装,开始了大半天时间在维也纳的访问考察。

夏末秋初维也纳的清晨,凉风习习,气候十分宜人。一大早我们就在导游的带领下,参观了城内城市公园的约翰·施特劳斯铜像、世界音乐圣殿——维也纳金色大厅,1979 年建成的奥地利国际中心,又称“联合国城”,以及圣斯特凡大教堂、双塔教堂和位于维也纳城西南部的奥地利历史上繁荣时期的遗址——舍恩布龙宫等景点,通过参观访问,我们无不为奥地利悠久的历史、灿烂的文化和现代文明而折服。

离开维也纳时已经是当地时间下午两点来钟,太阳高高挂在蔚蓝的天空,气候变得闷热起来,我们又开始了向荷兰进发的行程。大巴车刚一启动,司机就兴奋地喊了起来。翻译告诉我们说:司机是荷兰人,此刻他高兴地说着“马上就要到我的国家了!”也许正是这个原因,汽车的速度仿佛比往日快了许多。因为天气太热,我们都打开了车窗的玻璃,一是为了乘凉,二是为了观赏沿途的风光。翻译先生也不停介绍着沿途的一些景点和即将到达的荷兰国的情况。约两三个小时之后,我们先是到了荷兰的海牙。当汽车停在海牙国际法庭大门口时,一轮夕阳燃红了半边的天空,阵阵晚风吹来令人颇感惬意。不巧的是海牙法庭的铁门紧关着,也没有见到一个人影。翻译告诉我们,不审理案件时,海牙法庭都是大门紧关着的。但从那黑黑的铁门上,我们似乎感到了这里的庄重与威严。离法庭不远处便是一个以各种树木为主的花园, 翻译带着我们步入其间观赏。园内游人很少,偶尔能见到几位老年人结伴或在林间散步,或在小石椅上默坐，但凡见我们走过，他们都会主动地点头微笑。林间有一条小溪缓缓流过，溪水清澈见底，水面上有些许发黄的树叶飘动。有几个同志在小溪边戏起水来，还捞起几片飘浮的树叶，要么在手中把玩，要么贴在了脸上，别有一番异国情趣。

夕阳就像一团燃烧的火焰，已经钻进了深深的云层，夜幕也重重压了下来。我们的汽车又朝着荷兰的首都——阿姆斯特丹行进。尽管已近黄昏，可荷兰的傍晚另有一番景致。晚霞给沿途的山岭、村舍洒下了缕缕五颜六色的光彩，远处金波鳞鳞，近处鲜花簇簇，尤其是道路两边连片的郁金香竞相怒放，还有望不到尽头的风车，形成一道道壮景奇观。

虽说一路上马不停蹄，困倦不时向我们袭来，但翻译先生热情的介绍，让我们的困意荡然无存。从翻译的介绍中，我在随身携带的小本上记下了这样一段话语：荷兰首都阿姆斯特丹是荷兰最大城市和第二大港，人口69万，连同郊区109万。它只是荷兰的法定首都，王室、国会和多数政府机关、外交使团都驻在60公里外的海牙市。这里是一座用桩支起来的“海底城市”，大部分地区处在海平面4米以下，靠拦海大坝和抽水设备保证城市安全。阿姆斯特丹是一座风光绮丽的水城，市内有一百六十多条大小水道，将城市分割成无数的小岛，一千多座风格各异的桥梁穿梭其间。风车是荷兰的标志，世界上第一座风车就是荷兰人一千四百多年前发明的。荷兰风车最多时曾达到九千多座。郁金香是荷兰的国花，与风车、奶酪、木鞋统称为荷兰的“四宝”。花的品种多达一千多个，有黄、红、蓝、白、紫、黑、橙等颜色。听着导游生动的介绍，更加增添了我们对荷兰的向往。车子停稳在我们当晚入住的宾馆时，已是华灯齐放的时候。我们下榻的宾馆正好位于阿姆斯特丹火车站的对面，火车站看上去是座雄伟而古老的建筑，四周全被五颜六色的霓虹灯包绕，显得璀璨辉煌。一住进宾馆，有的同行就按捺不住激动之情，走上街头观看夜景去了。我却一个人留在了房间,本想好好休息一会儿,稍稍缓解一天来的疲劳。可住的房间在二十层楼房以上,打开窗户整个城市尽收眼底。望着灯火宛若海洋般的夜景,我的兴致顿增,拿起照像机从窗口拍下了一个个精彩镜头。

又是一个不眠之夜。按行程安排,我们在荷兰只有一天的时间。第二天一大早,吃过早餐我们就乘船游览了阿姆斯特丹,感受到了这座水城特有的情调,尤其河流两岸,连成一片的小小咖啡屋精巧别致,成为这个城市的一道靓丽风景。还有那星罗棋布的一座座船屋,把整个城市装扮得独特而美丽,真是河流波光如缎,船屋状似蛛网,形成了屋居水上、水入城中,人水相依、景自天成的奇妙景观。这天我们还先后参观了阿姆斯特丹的风车、郁金香花卉市场、奶酪加工房、木鞋销售店以及市立现代艺术博物馆和凡·高美术馆, 在这里我们见到了 17 世纪荷兰的一些艺术品。据介绍,陈列在这里的凡·高去世前两天完成的《乌鸦的麦田》和《吃马铃薯的农夫》两幅画作是镇馆之宝。这天吃过午饭我们游览市区的一家公园时,一位老人引起我们每个人的关注。老人看上去有七十多岁,留着长长的胡须,一双幽黑的眼睛直勾勾看着我们一行,高高翘起的颧骨显得有棱有角。几位同行连忙端起照像机都争着为老人拍照。可老人立时瞪大眼睛,头也不停地转动着,从面部表情上可以看出,老人对拍照很不乐意。一位同行灵机一动,快步走到老人面前,一边点头向老人致意,一边从身上掏出几张美元送到老人手里。立时老人脸上泛起了笑容,并坐正了身子,大家再拍照时,老人总是面带微笑,十分配合。这阵儿我与几个同行在公园的石凳上坐下来小憩一会儿,只见一个细高个儿,满头花发,年约五十开外的妇女,身穿一套咖啡色长衫走了过来,并把一只手向我们伸出来,显然是讨要钱物。我禁不住仔细看了看眼前的这位乞讨者,衣服穿得整整齐齐,脚上一双浅灰色皮鞋看上去还半成新,两只手上都戴着一枚戒指,从打扮来看并不像穷人。几个同行都从衣袋里掏出一些当地的硬币放到她的手里,她深深弯腰鞠躬答谢,又带着微笑走向另一有人的地方。翻译先生对我们说,在欧洲一些国家,以乞讨为生的人也不少,在各大中城市都能见到,多为中老年人,要么干脆在街头乞讨,要么就在街头或卖艺或卖唱。但这些人大都衣着整齐,没有明显的乞丐特征。

当天的晚饭是在阿姆斯特丹郊外的一家当地民俗风味店吃的。这是我们走进欧洲几国后,第一次到了近乎乡村的小餐馆。翻译先生说,特意为我们安排了这次具有当地民族风味的晚餐,让大家感受一下当地民风民俗。虽说去的是郊外的一个农庄所在地,但这里似乎跟城市没有什么两样,街道宽敞干净,两边商铺林立,尽管车辆和行人不多,但还是蛮有现代化气息。晚餐安排在一个不算太大的饭店里,店主人通过翻译告诉我们说,晚上主要是品尝当地风味的烤肉、奶茶、奶酪以及面包等食品。等到开饭时,桌上摆满烤牛排、烤羊腿和烤猪腿等烤制品,颜色黄里透红,香味扑鼻而来,尤其是那摆在每人面前盛着鲜热奶的茶壶和镶着金边的小花碗十分精致。我们一边喝着奶茶,一边吃着烤肉,无不感到惬意。热心的店主人还从外边专门请来了一位小提琴演奏手,特意为我们演奏起了一曲曲美妙的旋律,为我们的晚餐增添了欢乐温馨的气氛。在翻译的提议下,大家也纷纷向演奏者付了一些小费,有的同行还向他敬了啤酒,使得演奏者高兴地连连点头,并不时伸出拇指称好。结束了晚餐,当我们赶回住地时,整个阿姆斯特丹已成为一片灯海,空气中弥漫着一股挡不住的郁金花香……

2003 年 12 月,我有幸随甘肃省总工会赴台湾考察交流团,走进了与祖国大陆隔绝了半个世纪的宝岛台湾。从踏上台湾的那天起,我每天都沉浸在无比激动和兴奋之中:那独具特色的亲切乡音,那一见如故的同胞亲情,那如诗如画的秀美风光,那质朴和善的风俗民情,无不引人思绪万端。站在台湾那片热土上,我也曾有感而发,默默吟唱:满目青山叠峦嶂,蓝蓝海水绕宝岛。华夏海域史悠远,炎黄亲情渊源长。血脉相连割不断,祖国统一归众望。

考察结束后,我曾以日记的形式,写下了十五篇近两万字的散记,详细记录了访台期间的所见所闻及深切感受,在《甘肃工人报》连续刊发后,还真在读者中产生了反响,不少人还打来电话,希望把这些见闻汇集成册,以便保留,也有的读者自己把报纸剪辑下来作为收藏。后来在我出版的第二本报告文学集《映日荷花》一书中,我便把访台时的十五篇散记收录了进去,同样受到不少读者好评。虽然时间过去已近十年,可当年赴台湾考察交流的情景仍然历历在目,有时再次翻阅当初写下的文字还是倍感亲切。每每回忆当时的所见所闻,唯有这样几个镜头总在脑海中挥之不去:

这是2003年12月13日。头天晚上我们考察团一行入住台湾东部重要城市花莲县的统帅饭店。导游小陈先生告诉我们,第二天要到台东县考察,大约有一百七十多公里车程。因此,12月13日清晨我们大家都起了个大早,8时30分就向台东县赶去,要去的第一个地方就是台湾著名风景区——太鲁阁大峡谷。花莲县城距太鲁阁近八十公里,完全被夹在崇山峻岭之中,沿途要么峭壁直插云霄,要么峡谷深入千丈,地势十分险峻。一路上导游向我们介绍说,太鲁阁原为山间小道,行进十分困难。大约在1954年曾动员当地十万农民,先后花了8年时间,修筑了公路,才使天堑变为通途,从此吸引了众多游客来这里观赏"天下绝色"。记得我们沿着大峡谷游览了近四十分钟,来到一个名为长春桥的景点时,突然一个看上去六十多岁的老人兴冲冲向我们走来:

"你们是从大陆甘肃来的?"老人急切切问道。

"是啊,我们是从甘肃来的。"我们几个人几乎是同时回答。

"有兰州人吗?"老人又问道。

"有啊,有啊,我们几个都是从兰州来的。"我一边回答一边打量着眼前这位老人。

他高大个儿,虽说已是上了年纪的老人,身体却很硬朗,上身穿一件白底蓝格衬衣外加黑色坎肩,下身穿一条蓝色牛仔裤,脚穿一双白色休闲鞋,入时的着装,让这位老人浑身透出一股青春活力。于是我与老人就在他驾驶的出租车旁聊了起来。原来老人名叫赵金城,祖籍山西省夏县。他的父亲赵采晨,国民党在大陆统治时期,曾供职于甘肃省法院。1949年兰州解放前夕,已经十二岁的他随父亲经新疆到了台湾。赵先生现在还清楚记得幼年时,他家住在兰州市省文化会堂附近以及山字石、兰园、贡元巷一带的情况。在台湾见到曾在兰州生活过的人,令人顿时感到格外亲切。赵先生说清晨他在花莲统帅宾馆门前,看到写有"甘肃省总工会考察团"的标牌后,十分惊喜,便随着我们乘坐的大客车一起赶了过来。

在交谈中，赵先生还告诉我们，他的父母到台湾后都相继去世，他原来从事教育工作，现已退休，如今干起了跑出租车的工作。说着他又兴冲冲对我们说，他的三姐一家现在仍然在兰州，三姐夫还是兰州商学院陇桥学院的副院长。由于一时记不起陇桥学院的名字，赵先生当时就给在台北的二哥打电话询问。临分别时，赵先生还专门为我们留下了他在台湾的通信地址：赵金城，台湾花莲市村森 315 巷 40 号。直到我们乘坐的汽车已经缓缓开动，赵先生还一直招着手向我们告别。这么多年过去了，当时的情景还常常在我眼前浮现。

2003 年 12 月 14 日清晨，我们在台湾台东县统信饭店吃过早餐后，几个人在饭店门前散步。突然发现一位七十多岁的老人一直目不转睛地看着我们代表团的几个同志，并慢慢向我们走了过来："你们是从大陆甘肃来的？"

一听老人地道的甘肃会宁方言，我们大家都猛然一愣，急切切问道："老人家也是从甘肃来的？"

老人连连摆手："不，不，我现在就在台湾，我的祖籍就是甘肃省。"说着老人告诉我们，他的老家在甘肃会宁县，年轻时在国民党部队当兵，1950 年随部队到了台湾，现在在台湾已经生活了五十多年，家就住在台湾高雄市。接着他又问我们:“认识不认识一个叫王明远的人,他过去曾在甘肃日报社工作,后来听说又当过甘肃经济日报的总编辑。”一听说王明远的名字,我马上说王明远我们是老熟人了,他在甘肃经济日报担任总编期间,我们可没少打交道,他现在已经退休多年了。

我的一番话,仿佛勾起老人心头的一些往事:“青年时期我和王明远是小学的同学。后来我当了兵,他继续上学,没料到这一分别天各一方,半个世纪都过去了,我们现在也都是七八十岁的人了。”我又问道:“这些年有没有回大陆和甘肃老家看看?”老人立时满脸布满笑容,连连说:“去过,去过,我已经先后三次回过大陆,到过老家,真没想到大陆变化那么大,尤其是兰州和我的老家会宁,高楼多了,道路宽了,小时候熟悉的一些老地方也找不到了。真想有机会再回老家看看,多住些日子。人老了总恋故土,这是人之常情嘛!”说这些话的时候,老人显得格外激动,眼睛似乎也有点潮湿。遗憾的是只顾与老人交谈,没能问问老人的名字,只知道他姓赵。

2003 年 12 月 16 日傍晚, 我们考察团参观台湾著名风景区阿里山之后,住进了一家五十年前由日本人兴建并经营的木式小客店——阿里山阁饭店。住宿条件比较陈旧简陋,房间既没有暖气,也没有空调设备,电视机也只能收到两三个台。夜幕落下之时,我们几个人相约走进阿里山景区的一些商铺。当我们来到一个经营各种工艺品的小商铺时,店老板热情地招呼我们。细细打量这位老板不过三十岁出头。听说我们是大陆来的,老板显得非常热情,又听说我们是甘肃来的,他更是快人快语,更加来了精神,连连说:“酒泉就在甘肃,神舟五号就是从你们那里发射成功的,真了不起啊,希望你们把神舟六号早日送上天,为中华民族争光!”说完他还送给我们每人一张印有阿里山风光的明信片。我请他在明信片上签名,他便为我们每个人亲笔写了一张明信片,他名叫叫简森旺,并表示一定会寄到大陆甘肃。当我回到兰州不几天,就收到简森旺从台湾寄来的明信片。更出乎我意料的是2004 年春节前夕,我收到了简森旺特意寄来的贺年卡,令人深深感受到浓浓的同胞之情。

2009 年岁末, 我有幸随中国教科文卫工会代表团对日本进行了为期6天的考察访问。在短短几天内，对日本教职员组合的组织体系、会员发展、工会干部选举、经费来源、活动方式等进行了深入考察，并与日教组的朋友们进行了广泛交流，所到之处让人深深感受到了中日两国人民之间一衣带水的友好情谊。

访日期间，我们先后在东京、长崎、静冈、富士山、福冈等县市参观考察，留下了许多美好的记忆。我也曾写下了8篇访日散记，在《甘肃工人报》予以连载。

十五

走别人没走过的路，肯定要比别人多付出，然而，终究会开辟出一片新境界。行走在东郊巷的三十多年中，我正是怀着这样的心境，不仅坚守着一份执著与笃定，而且在别人看来是分外的工作中，策划和组织了一系列大型社会活动。也正是通过这些活动，似乎让我灿灿烂烂、蓬蓬勃勃活了一回，虽说苦了，累了，但我却始终无怨无悔。有时静下来，那一次次活动的宏大场景总是令我回味无穷……

1997年，对全中国人民来说，真是扬眉吐气的一年，也是全世界对中国最为关注的一年。因为这一年的7月1日，是我国政府对香港恢复行使主权的日子，也是香港历经百年沧桑回归祖国怀抱的日子。为迎接这一天的到来，中华民族盼望了整整一个世纪。面对20世纪末叶这一举世瞩目的重大事件，整个中国都处在了欢腾振奋的海洋之中。在喜迎香港回归的那些日子里，作为甘肃工人报总编辑，我想的最多的是，如何通过报纸，充分表达和反映全省职工迎接香港回归祖国怀抱的喜悦心情和由此而激发的爱国之志。为此，我与报社的同志反复商量后，专门在《甘肃工人报》开辟“拥抱香港”专栏，集中报道了省内各企事业单位和广大职工群众以多种形式和活动喜迎香港回归的情况，一时间形成了宣传香

港回归的浓厚氛围。

尽管如此,我总有点在香港回归的宣传上意犹未尽的感觉,常常在思量着有一个更能表达陇原职工心声的形式,营造迎接香港回归的喜庆场景。于是,一个周末的下午,我专程来到位于兰州市西关什字的甘肃化工机械厂,找到时任厂长的邓代维,想从他那里讨教一些高招。

说起邓代维厂长,我们算是老朋友了。他曾是甘肃省一度颇有知名度的企业家,我曾多次采访报道过他的先进事迹,他也曾多次参加过甘肃工人报社组织的一些宣传活动。一来二往我们彼此有了较深的了解,也建立了深厚的友谊。代维厂长思想十分活跃,不仅管企业、抓生产、搞管理是位行家里手,对宣传工作和相关社会活动也很有见地,常常是语惊四座、高人一筹。因而,在迎接香港回归的宣传上,我很想请他出些点子。

记得那是阳春三月的一天下午,兰州的冬天刚刚过去,初春的阳光给大地洒满一片淡淡的黄色。那时的兰州, 还没有像现在这样车多、人多,交通拥堵不堪。车经东方红广场,穿过南关什字,没多大一会儿就到了化机厂。因为上午就有了电话预约,我径直来到代维厂长的办公室。推开虚掩的房门,代维厂长连忙笑盈盈迎了过来,又是让座,又是沏茶。一落座我就说:“邓厂长,我今天是特意来向你讨教的,要请你为我们搞好迎接香港回归宣传出点主意。”代维厂长一边给我递茶,一边操着浓重的四川口音笑着说:“我能出个啥子主意嘛! ”接着他又冲我一笑说:“我看你们最近搞的拥抱香港的宣传就很有特色,许多企业迎回归的活动甘肃工人报可真没有少报道啊!”听邓厂长这么一说,我脑子里立时闪出一个念头:搞一个“拥抱香港”陇原万名职工大签名活动,这样可以动员和组织更多的企业参与到这一活动中来,充分显示出工会报刊和工会组织迎接香港回归宣传活动的鲜明特色。当我把这一想法说给代维厂长,他一下子从座椅上站了起来,并用手拍了一下桌子:“好点子,好点子,大签名活动搞好了,一定会在全省产生巨大反响,还是文总编有高招啊! ”

经代维厂长一番赞同,我更加来了精神,便一边思量一边说:“这个活动光靠工人报一家不行, 得联系众多企业和省级产业系统一起参与,方可形成规模。”还没等我说完话，代维厂长便表示：“我们甘肃化工机械厂愿做这次活动的后盾，也可与甘工报携手成为这次活动的主办单位。”这下我更加有了信心，与代维厂长一起还设想起了大签名活动的一些细节。记得当时我就提出：因为香港回归是1997年，我们就动员省城万名职工在1997.71米长卷上签名，寄语，祝福香港，活动结束后，再将近二千米的长卷送往北京中国历史博物馆或甘肃省博物馆，使之成为一份非常珍贵的纪念品。这一想法自然又赢得代维厂长赞同，此时此刻我们两人都颇为激动，似乎已置身于万名职工大签名的那种沸腾场景。

商定好“拥抱香港”——陇原万名职工大签名的活动，我从心底里透出抑制不住的兴奋与喜悦，更对代维厂长给予活动的全力支持表示万分感激。这天下午，代维厂长说啥也不让我走，非要我留下吃晚饭。用他的话说：“还有些想法要与你说说。”却之不恭，我只好答应下来。

晚饭就定在距化机厂很近的亚欧酒店，其实吃饭时也就是我与邓厂长两个人。一个小雅间，点了三四个菜，我与邓厂长平时都不饮酒，席间也只能以茶代酒了。说是吃饭，但我们俩对下午商定的大签名活动，仍然意犹未尽，话题始终没有离开如何搞好大签名活动。代维厂长说了不少的想法，尤其是他对这个活动的意义所说的一番话，直到现在我还能记起一些：祖国统一大势所趋，香港回归众望所归。我们要抓住香港回归祖国怀抱的有利时机，在职工中进行一场生动的爱国主义教育，引导职工增强爱国、爱党、爱厂、爱岗意识，团结起来，振奋精神，以搞好企业的实际行动向香港回归祖国怀抱献礼。我们要发动全厂职工，积极参加“拥抱香港”——陇原万名职工大签名活动，以展示工人阶级的时代风采。记得就在我们吃饭结束的当儿，代维厂长颇显激动地说，团结职工，爱我中华，是历史赋予我们的责任，凝聚职工，振兴企业，是党和人民交给我们的神圣神命。一番话说得人心里热乎乎的。

与邓代维厂长的一番交谈，激起我心头的层层涟漪。这天晚上我几乎又失眠了。躺在床上，满脑子都是组织大签名活动的事，甚至设想出了几种不同的活动方式。第二天早上，天空刚露出点曙光，我便急匆匆向单位赶去。此时，正是兰州的初春时节，马路两边的树枝已经开始泛绿吐翠，晨风徐徐扑面而来，倒让我感受到了几分惬意。路经东方红广场，晨练的人们伴着乐曲声正在翩翩起舞，放眼望去，四周建筑物上，到处都是迎接香港回归的巨幅标语、宣传画和广告牌，一股油然而生的激动之情涌上心头，我情不自禁地加快了脚步。到办公室时，距上班还有近一个钟点的时间，我一口气写完了关于举办大签名活动的实施方案。上班后我便召开了有关人员会议，向大家介绍了举办大签名活动的想法和初步考虑的方案，与会的同志们无不称赞这是一项很有意义的活动，并七嘴八舌又提出了不少好的建议。于是，我便带领和组织报社的同志们，积极展开了大签名活动的各项筹备工作。很快我们就联合省级各产业工会及二十多家大型企业，共同发起了以“喜迎香港归、扬我中华魂、真情吐心曲、拳拳爱国心”为主题的“陇原职工献辞大签名”活动。并在《甘肃工人报》连续刊发了大篇幅广告。许多企业的党政工领导、劳模先进和职工代表，纷纷通过《甘肃工人报》赋诗献辞，抒发喜迎香港回归祖国的情怀。一时间，在《甘肃工人报》形成了迎香港回归的宣传热，有几十家企业的数百名劳动模范、一线工人，通过《甘肃工人报》寄托了对香港的美好祝福。时任中共甘肃省委副书记杨振杰也欣然提笔，为我们举办的万名职工大签名题词祝贺。他在题词中写道：“值此举国上下喜庆香港回归祖国怀抱之际，甘肃工人报社联合各大企业联合举办‘迎回归陇原职工大签名’活动，充分表达全省工人阶级喜迎香港回归的共同心声。这对激发职工的爱国之情，增强职工的报国之志，发动全省职工为振兴甘肃建功立业，必将产生重要影响。我代表省委对此表示热烈祝贺，并预祝大签名活动圆满成功！”

时任省总工会主席王新中在大签名活动前夕，也专门撰文对大签名活动给予热情盛赞。他在题为“喜迎香港回归，共创美好未来”的撰文中写道：在历史的钟声即将敲响 1997 年 7 月 1 日零点——我国政府对香

港恢复行使主权的神圣时刻,甘肃工人报社联合一些企业共同举办“迎香港回归陇原职工大签名活动”，这是全省职工献给香港回归之日的一份厚礼。香港回归,举国欢庆。全省各条战线职工要抓住香港回归这一历史机遇,进一步解放思想,转变观念,坚定改革开放的信心,坚持走建设中国特色社会主义的道路,当好维护改革、发展、稳定大局的主力军。各级工会组织要以香港回归为契机,发挥工会组织的优势,通过各种丰富多彩、形式多样的活动,在广大职工中开展爱国主义教育、理想信念教育、职业道德教育以及形势政策教育,努力把广大职工的积极性引导到爱国、爱党、爱岗、爱业,积极为社会主义现代化建设多做贡献上来。从而,给了我们组织开展迎香港回归万名职工大签名活动以极大的支持和鼓励。

迎香港回归陇原万名职工大签名活动，是1997年6月14日上午，在兰州市东方红广场隆重举行的。这天清晨,兰州地区几十家企业数以万计的职工就从四面八方涌向东方红广场,人们穿着印有“拥抱香港”字样的文化衫,或打着企业门旗,或手持气球和小五星红旗。整个广场人头攒动,气球腾空,秧歌队载歌载舞,军乐队鼓乐齐鸣,俨然成了欢乐的海洋。

这天，天公作美，晴空万里，晨风送爽。特别是当120名身着文化衫的青年职工在广场中央拉起象征香港回归之日的1997.71米长，印有“‘拥抱香港’——陇原万名职工大签名”巨幅大字的白色长卷时，整个广场群情激动，人们无不为之赞叹。说起近两千米的长卷，还真出乎我们的意料。原考虑按香港回归的年月日为长度设计签名长卷，谁知当长卷拿到广场展示时，其长度远远超过我们的预想，只能在广场绕圈展示，竟也成了签名现场的一大风景。许多行人纷纷驻足观望，称赞这样盛大的签名活动，用这样特殊的方式表达了陇原职工对香港回归的热切盼望之情和拳拳爱国之心，也向全社会充分展示了工人阶级的伟大力量和豪迈气概。就在活动现场，甘肃电视台的记者要我谈谈对策划和举办这次大签名活动的想法，我抑制不住激动的心情说道：这是一次振奋民族精神，增强民族自豪感的活动；是一次表达甘肃工人阶级满腔爱国热情的活动；是一次展示甘肃工人阶级精神风貌的活动；是一次显示工人阶级伟大力量的活动；是一次动员甘肃工人阶级为振兴陇原建功立业的活动！

上午8时整，当金灿灿的阳光洒满东方红广场时，各路职工队伍会聚一起，广播里“春天的故事”的优美旋律在广场上空一遍遍回荡，军乐队不时奏起“咱们工人有力量”、“歌唱祖国”的雄壮乐曲。来自各企业的职工秧歌队、舞蹈队、鼓舞队，都在现场表演起了精彩的节目，更为大签名活动增添了喜庆气氛。更为引人注目的是，在大签名的队伍中，来自各条战线的几十名劳动模范，手持五星红旗，胸挂各种奖章，显得格外精神。当主持人宣布签名活动开始时，劳模们一个个满怀喜悦在长卷上签下了自己的名字，写下了祝福香港回归的深情话语。出席活动的领导，各企业的负责同志以及广大职工及行人，也都争先恐后在长卷上签名留念，抒发豪情，场面十分感人。整个大签名活动一直持续到下午两点钟。我们举办的这场声势浩大、规模空前的大签名活动，成为甘肃省兰州市庆祝香港回归的重大活动，在中央电视台曾经滚动播出，充分反映了甘肃喜迎香港回归的隆重庆典。许多参与和目睹了此次活动的各界人士也都称赞甘肃工人报举办的大签名活动创意好，声势大，影响广泛，非常成功！

大签名活动的成功举办，使我与报社的同志们沉浸在无比激动和喜悦之中。尽管那些天里，我们确实起早贪黑，非常辛苦，但大家都为在迎香港回归中尽了一份力量而自豪。至今还令我有点遗憾的是，签名的长卷后来没有按我们原先的设计，送到北京交给国家历史博物馆，或送交甘肃省博物馆能够收藏。虽然多次联系，都没有实现这个计划，只好由报社自己收藏了一段时间，在几次搬家中也只好另做处理了。

大签名活动结束之后，我与报社的同志们又一起策划了一场名为“回归之夜”的广场文化活动，喜庆香港回归动人时刻的到来。

经与时任兰化公司工会主席李政华商议，我们共同商定在兰化公司文化宫门前，举办“回归之夜”文化活动。政华主席对我的这一提议给予热情支持，工会的同志们更是全力配合。那天晚上，兰化文化宫门前张灯结彩，一派节日气氛。我们同样邀请了兰州地区数十家企业组织职工代表和劳模代表参加了活动。晚会开始前，十几家企业的秧歌队、舞蹈队现场即兴表演，把活动现场的热烈气氛一次次推向高潮。兰化公司、兰州铝厂等企业的职工艺术团也表演了精彩的文艺节目，报社的十多名职工也登台演出，整个活动现场成了舞的海洋、歌的海洋，就连在兰化工作的一些外国朋友也赶来观看，还不时拍照留念。为纪念“香港回归之夜”文化活动，我们还专门制作了一枚纪念封，时任省总工会主席王新中为纪念封题写了“回归之夜”四个大字。晚会现场，与会职工代表纷纷请王新中等省总领导为纪念封签名，成了活动现场一道独特的风景。大家正是用这种方式，迎接“香港回归”——1997 年 7 月 1 日零点这一激动人心的时刻的到来。由于我们印制的“回归之夜”纪念封只有五百枚，真应了那句物以稀为贵的话，后来不少人都向我要这枚纪念封，遗憾的是我很难满足不少朋友的心愿，不过这枚纪念封也成了我至今保存的珍贵邮品。

如果说，1997 年由我策划的 “迎香港回归”——陇原万名职工大签名活动，在甘肃工运史上留下了一段美好的传说，那么，1999年，又由我策划的那场陇原职工“迎我澳门赋诗献辞大赛”，更是留下了一段精彩篇章。

1999年12月20日是举世瞩目的澳门回归祖国怀抱的日子。为了营造喜迎澳门回归的浓厚氛围，热情宣传甘肃二百多万职工的满腔爱国热情，讴歌广大职工立足岗位、争创佳绩，以实际行动迎接澳门回归的精神风貌，早在这年的5月初，我就与当时的华亭矿管会的有关领导经过一番精心策划，商定澳门回归之日，联合举办陇原职工“迎我澳门赋诗献辞大赛”，以此独特方式喜庆澳门回归祖国怀抱。为把这一活动搞得有声有色，我们又联合省内数十家企业，发动职工积极为澳门回归赋诗献辞，并在《甘肃工人报》连续刊发“百米长卷抒发爱国情怀，浓墨重彩喜庆华夏盛事——陇原职工‘迎我澳门赋诗献辞大赛’”的巨幅广告，引起了全社会广泛关注。上百家企业工会组织职工积极赋诗献辞，一时间各企业参加赋诗献辞大赛的活动搞得红红火火。

12月20日，澳门回归的神圣日子终于来到了。这一天，尽管兰州的天气格外寒冷，但却挡不住广大职工参加赋诗献辞大赛火一般的热情。这天清晨6时，我就与报社的同志们一起来到了东方红广场。因为这一天，省城万余名职工将云集东方红广场，在百米长卷上赋诗献辞尽抒情怀。不到8点钟，东方红广场已是一片欢乐的海洋。省委、省人大、省政府、省政协以及省级各群众团体和各企事业单位的领导，与上万名职工汇集于此，共庆澳门回归神圣时刻。上午10时30分，陇原职工“迎我澳门赋诗献词大赛”在欢快的乐曲声中正式开始。亲临活动现场的省上领导和职工群众，一起涌向设在广场的百米长卷，或赋诗题词，或挥毫作画，用一首首充满深情的诗句，充分表达对祖国母亲的热爱；用一篇篇感人肺腑的词章,抒发喜庆澳门回归的喜悦情怀。在他们中间既有省上有关领导,也有各企事业单位党政工负责同志;既有省部级以上劳动模范,也有奋战在生产一线的工人。大家都把满腔爱国之情凝聚在画笔上,在百米长卷上尽抒情怀,一展风采,为我省庆祝澳门回归写下了浓墨重彩的篇章。

尤其令人难忘的是,时任省人大常委会主任卢克俭、七届省政协副主席应中逸、杜大仕和时任省总工会主席赵宝生也赋诗献辞,祝贺陇原职工“迎我澳门赋诗献词大赛”活动的举办。

卢克俭的两首诗是:

(一)

祖国统一在望

实践增长才干,富民强国有方。
回归捷报频传,祖国统一在望。

(二)

迎接新世纪

回首百年站起来,改革开放创新路。
展望百年齐心干,富民强国震寰宇。

应中逸的赋诗为:

庆回归

严冬腊月展双眉,荆蕊荷花雍睦随。
香港迎来真可喜,澳门过去实堪悲。
今朝共建中华业,世纪之交举国威。
甘肃人民同祝贺,敦煌伎乐庆回归。

杜大仕的赋诗为:

澳门回归感怀

山河欢唱澳门归,慈母开怀喜泪重。
莲花妍丽香寰宇,霜雪春秋四百会。

国耻激奋自强路，炎黄青史再扬眉。

待到两岸团圆日，邓公两制树丰碑。

赵宝生的赋诗为：

醒狮飞燕喜昂头

濠江黄河一脉流，莲花漂白望神州。

世纪钟声圆归梦，醒狮飞燕喜昂头。

整个赋诗献辞大赛现场，荡漾着浓浓的爱国深情，涌动着股股动人心弦的暖流。真是百米长卷写不尽满腔喜悦情，浓墨重彩绘不完拳拳爱国心。来自不少企业的秧歌队、鼓舞队、军乐队，或翩翩起舞，或鼓声震天，或军乐高奏，把现场热烈气氛一次次推向高潮，东方红广场成为澳门回归之日，兰州最为壮丽的一道风景线。活动结束后，我们又邀请有关方面专家组成评委会，对长卷上的诗词作品进行了评选，还为获奖者颁发了奖品与证书，也为陇原职工喜庆澳门回归留下了永久的纪念。

2008年，举世瞩目的奥运会在我国北京举办。为了欢庆这一具有历史意义的盛会，我与报社的同志们精心策划并举办了一场名为“奥运之光”的大型职工文体表演晚会。数十家企业的职工几千人会聚于兰州市黄河之畔的水车博览园载歌载舞，共庆奥运盛典。我满怀激情，为“奥运之光”晚会撰写下了主持词：

序　幕

今夜星光灿烂
奥运之光洒满千里陇原
今夜歌潮震天
奥运圣火把陇原儿女激情点燃
滔滔黄河拨动金色琴弦
雄壮的奥运交响震撼河山
悠悠水车炫起多彩祥云
翩翩舞姿敞开拥抱奥运胸怀
为奥运争光　为奥运添彩
为奥运加油　为奥运祝福
这是陇原职工同一声呐喊
这是陇原职工同一个心愿

第一章　奥运之光

祥云托起飞天神女
祥云飘过巍巍雄关
大漠深处点亮奥运圣火
黄河古道燃起奥运烈焰
多彩五环装点漫漫丝路
奥运之光唤来陇原气象万千
百年梦想　百年期盼
沧桑巨变　换了人间
盛世中华红旗漫卷
巨轮飞奔高扬时代风帆
我们踏着奥林匹克精神的豪迈旋律
朝着更快更高更强的目标奋勇向前

第二章　陇原华彩

沐浴着奥运圣火的万道霞光

陇原处处奏响华彩乐章
我们与奥运同行
我们意气风发豪情万丈
敦煌神韵洒下吉祥花雨
把陇原儿女的深情祝福传向远方
我们为奥运加油
凝聚起无往不胜的力量
彩练飞舞我们激情荡漾
和谐陇原插上腾飞的翅膀
我们为奥运争光
凌云壮志与祖国一起飞翔

第三章　众志成城

五星红旗迎风飘扬
伟大中国傲然屹立世界东方
共产党指引着前进航向
泱泱华夏天翻地覆蒸蒸日上
征程上虽然有惊涛骇浪
我们攻无不克战无不胜意志如钢
任何困难都难不倒英雄的中国人民
这伟大的声音是震惊世界的历史巨响
天灾算什么
我们身后有强大的祖国
困难算什么
我们有中华民族不屈不挠的脊梁
我们众志成城
撑起共和国的擎天大厦
我们万众一心
筑起社会主义中国坚不可摧的铁臂铜墙

第四章　飞越梦想

同一个世界　同一个梦想
鲜艳的五星红旗把世界照亮
我们相聚在北京
友谊之花万紫千红竞相开放
赢在中国
我们傲然雄起在世界舞台上
奥运中国
我们实现了中华民族的百年梦想
飞越梦想
我们的未来充满希望
飞越梦想
我们的前程灿烂辉煌
腾飞吧　伟大的祖国
阔步前进在中国特色社会主义康庄大道上
腾飞吧　美丽的甘肃
建设更加繁荣昌盛的飞天故乡

2009 年 10 月 1 日，是中华人民共和国成立 60 周年。我又精心策划

并组织了一场名为“盛世欢歌”的大型职工歌会。省人大常委会副主任、省总工会主席孙效东题写了“盛世欢歌”四个大字。窑街煤电公司、中石油西北销售公司等六个单位协办了这次活动。兰州铁路局、白银公司、省电力公司等二十多家企业的职工参加了演出。我又一次撰写了歌会的主持词：

序

鼓舞盛世举国欢腾
六亿神州歌声如潮
欢庆祖国六十华诞
五星红旗分外妖娆

第一章　欢庆歌潮

巍巍祁连扬起欢乐琴弦
千里陇原奏响雄壮诗篇
滔滔黄河翻滚动人音符
豪迈歌声唱响红色经典
革命红歌响彻中华大地
红旗漫舞卷起红流滚滚
光荣传统代代相传永远铭记
继往开来红色中国永立世界之林

第二章　陇原朝晖

沐浴着共和国蒸蒸日上的灿烂阳光
盛世甘肃日新月异插上腾飞的翅膀
飞天神女翩翩起舞洒满祝福花雨
嘉峪雄关引吭高歌陇原世纪辉煌
大漠敦煌孕育多少中华神奇
莫高神韵播撒多少华夏文明
丝路古道繁花似锦万民齐舒广袖
飞天故里江山多娇今朝更加壮美

黄河奔腾豪韵生生不息
慈母深情养育世世代代华夏子孙
为了中华民族的崛起腾飞
搏风击浪方显黄河儿女本色

第三章　时代乐章

六十年风雨兼程沧桑巨变
共和国地覆天翻换了人间
改革开放我们昂首阔步走进新时代
科学发展开创中国特色社会主义新纪元
今天是盛大的节日
今天是欢乐的海洋
我们为祖国祝福
我们为祖国歌唱
我们用勤劳的双手铺出条条坦途
我们用勤劳的双手描绘人间彩虹
我们是新时代的筑路工人
为共和国繁荣昌盛竞显风流

第四章　奋进旋律

中国特色社会主义大业道远任重
伟大的中国共产党指引着奋进航程
工人阶级使命在肩砥柱中流
永远是共和国建设的排头兵
共和国旗帜历经风雨更加鲜红
中华民族百折不挠脊梁坚强高挺
新时代的奋进旋律已经奏响
召唤我们朝着新的目标奋勇攀登

2012年，省总工会为配合全省区域经济发展战略的实施，决定开展走进重点工程建设现场和部分大型企业慰问职工的活动，并把这项工作的策划、协调、组织的任务交给了我。在省总工会领导的重视与支持之下，我相继策划并组织了“兰渝放歌”、“情动雄关”、“情满陇东”三场大型慰问演出活动，产生了十分广泛的社会影响。下面是我为三场演出活动撰写的主持词：

兰渝放歌

欢庆的锣鼓响彻兰渝铁路建设的火热战场
欢腾的歌舞让兰渝铁路建设者豪情激荡
带着省委省政府对重点工程建设职工的亲切关怀
带着省总工会对兰渝铁路建设职工的深情厚谊
今天我们相聚在中铁二十一局兰渝铁路建设工地
今天我们在这里共同唱响劳动伟大的时代乐章
站在兰渝铁路建设的施工现场
我们仿佛看见铁龙奔驰天堑变通途
面对日夜奋战不辞辛劳的工人师傅
我们仿佛闻到滴滴汗水的芳香
铿锵的劳动号子唤醒沉睡的荒野
高耸的桥梁犹如中铁二十一局职工不屈的臂膀
他们的斗志为什么这样昂扬
因为他们把国家的富强、民族的重托担在肩上
漫漫青藏铁路线上
是他们打破了亘古神话
敦煌莫高窟下
是他们把铁路建设的经典竖立在飞天故乡
河西走廊的乌鞘岭上
是他们打出了亚洲隧道第一长
茫茫大漠戈壁
是他们创造了武嘉电气化改造的奇迹

鏖战兰青二线
是他们书写了大西北铁路建设的精彩篇章
更有那走太中、进福厦、上包西、下渝襄
决战京石客运　奋战满铁贵广
是他们驰骋华夏大地
创造了一个个时代辉煌
这就是英雄的中铁二十一局
这就是被胡锦涛总书记称赞为铁军的国家栋梁
蜀道难啊　难于上青天
这是古往今来多少人发出的同一个哀叹
遥望巴蜀盛地与丝绸古道何日相连
这是世世代代陇蜀人民的同一个期盼
改革开放启开盛世中国新的历史纪元
党中央绘就西部大开发的宏伟画卷
铁路发展战略为大西北插上腾飞翅膀
兰渝铁路上马终于实现了几代人的梦想
兰渝铁路建设总公司使命崇高　勇于担当
中铁二十一局建设者兰渝线上再显铁军风光
今天我们在这里为建设者歌唱
今天我们在这里为劳动畅想
兰渝铁路建设工地一片激情荡漾
工人阶级伟大品格闪耀着时代光芒
兰渝铁路再不是美丽的神话
兰渝铁路已经带去我们久远久远的向往
请记住今天这深情的慰问
请记住今天这深情的歌唱
待到通车礼炮鸣响的时刻
我们再向英雄的建设者
双手举杯敬上美酒佳酿

情动雄关

第一章　情动雄关

今天巍巍嘉峪雄关
为什么翩翩起舞群星灿烂
今天浩瀚大漠钢城
为什么歌声如潮百花争艳
那是飞溅的钢花映红的一张张笑脸
那是高高的石油井架舞动的一条条彩练
那是纵横交错的电网弹奏的一曲曲动人琴弦
那是核城骄子的智慧双手把科技之光点燃
那是莽莽铁龙高亢的笛声震撼西域荒原
今天省委省政府的亲切关怀
像缕缕春风拂动我们的心田
今天省总工会的深情厚谊
为我们带来无尽的温暖
今天我们在这里共同唱响劳动伟大的时代之歌
今天我们在这里共同抒发盛赞工人阶级伟大品格的情怀

第二章　西域礼赞

谁说春风不度玉门关
谁说西出阳关无故人
如今　荒漠杨柳胜绿染
羌笛悠悠弄丝弦
祁连群峰伸开双臂舒广袖
长城逶迤放声欢歌舞蹁跹
诗人兴会心潮澎湃激情无限
共同吟唱茫茫边陲换了人间
钢铁巨子撑起河西走廊半壁江山

石油摇篮励精图治竖起永不褪色的标杆
两弹元勋为共和国旗帜上增彩添色
风电建设开创西部腾飞亘古未有的一片新天
我们在这里深情礼赞
礼赞西域蓬勃发展功业赫赫
我们在这里深情礼赞
礼赞西域蒸蒸日上辉煌灿烂

第三章　激情岁月

改革大潮掀起神州大地层层波澜
玉关内外走进创新发展的激情年代
跨上中国特色社会主义的航船破浪向前
西域工人阶级豪情满怀奋勇争先
酒钢公司舞动改革春风阔步雄起
不愧飞天故里快速发展的坚挺脊梁
美酒紫轩更胜　夜光盛名播远
让丝路花雨在万里神州飘香
玉门油田枯树绽放片片新绿
铁人精神代代相传风采依然
核工业四〇四公司扎根荒漠无悔无怨
壮军魂扬国威使命神圣重任在肩
电力职工把密密电网架设到无垠天边
750超高压开创甘肃电力发展史上新的纪元
风驰电掣的列车高鸣时代交响
铁路伴随滚滚巨轮一路凯歌还
这一切的一切
是工人阶级伟大品格铸就的宏伟画卷
这一切的一切
是工人阶级无私奉献精神熠熠生辉的闪光点

这一切的一切
凝固成激情岁月永恒的诗篇

第四章 共创未来

中国特色社会主义指引前进航船
党的十七届五中全会扬起新的风帆
“十二五”规划绘成共和国发展的宏伟蓝图
全面建成小康社会是历史的重托时代的召唤
共创未来，酒钢公司肩负着振兴陇原西翼排头兵的重担
共创未来，玉门油田重振雄风任重道远
共创未来，核工业骄子奔向更高更新的科技尖端
共创未来，电力职工求创新、谋发展，永不停步、奋力登攀
共创未来，火车头将满载人民的喜悦与期盼，跨越万水千山
共创未来，我们万众一心，风雨共担
用勤劳的双手，无尽的智慧
建设更加充满生机活力，人民安康幸福的嘉峪雄关

情满陇东

第一章　魅力庆阳

这是“周道之兴”的故里
这是“教民稼穑”的源头
农耕文化开启历史先河
岐黄魅力源远流长
这是红星闪耀的地方
高擎旗帜挺起了中华民族解放的脊梁
这是硕果仅存的革命圣地
南梁星火铸就陇东儿女世代荣光
革命传统永放光芒
高天厚土屹立起日新月异的庆阳
长庆油田让陇东乘上了腾飞的巨轮
庆阳石化书写着陇东发展的崭新篇章
石化基地肩负陇原两翼齐飞的重任
环江两岸到处是万马奔腾的战场
唢呐声声　荷包飘香
演绎着陇东凯歌高奏的时代交响

第二章　奋进潮声

共和国的旗帜高高飘扬
红旗漫卷染透陇东峻岭山岗
英雄的庆阳人民掀起奋发进取的重重声浪
把一幅幅美丽画卷镌刻在黄土地上
奋进潮声中工人阶级扬帆远航
雄壮的劳动号子响彻沉睡的山梁
长庆油田开掘出厚土深处的无穷宝藏
为古老陇东披上奔向现代化的万道霞光

庆阳石化历经艰辛昂首崛起
高耸的炼塔凝聚深情造福梓桑
庆阳供电播下光明的种子
照亮老区天翻地覆的万千气象
庆阳公路总段架起道道彩虹
让陇东社会主义康庄大道条条通畅
奋进的旋律铿锵嘹亮
奋进的激情化作老区腾飞的诗章

第三章　时代乐章

陇东道情优美豪放
时代乐章唱响老区改革开放的辉煌
红绸舞动古老秧歌还是那样情韵悠长
记录下了工人阶级振兴老区的庄严承诺伟大担当
长庆油田吮吸着庆阳人民甘甜的乳浆
根系黄土写下责任与使命史诗般的雄壮
西峰雄起强劲发展引擎
长庆引来举国注目世人神往
油气当量实现三千万吨
把中国第二大油气田的神圣使命担在肩上
建设西部大庆
这是几代长庆人的同一个梦想
庆阳石化饱经风霜发奋图强
三百万吨炼化工程托起老区振兴的太阳
五个之最　五个翻番
十大科技成果　十五套装置一次开车成功
创造的这一个个神话般的奇迹
让心血与汗水一起流淌
是广大职工靠白加黑的日夜奋战

把“工人先锋号”的旗帜插在了巍巍炼塔之上
庆阳供电公司架设起密密电网
把光明送到了陇东山山乡乡
户户通电把老区人民心儿照亮
全国“五一劳动奖章”是对他们的最高奖赏
庆阳公路总段让千里道路改变模样
把老区发展的喜讯传到四面八方

第四章 辉煌之光

“十一五” 英雄的陇东科学发展成就显赫
“十一五” 英雄的老区生机勃勃一派艳阳
石油化工基地建设初具规模
亿吨级大煤田更是举世震惊的储量
大手笔绘就“十二五”宏伟蓝图
庆阳人民志当陇原区域发展的领头羊
生产总值突破一千亿元
书写亘古未有的历史辉煌
长庆油田年产油气当量冲上五千万吨
撑起陇东发展的半壁江山

庆阳石化销售收入达到一百五十亿元
挑起建设和谐陇东富裕庆阳的大梁
同心同德站在庆阳新的发展起点
万众一心共同点燃陇东新世纪辉煌之光
老区人民挺起自豪与骄傲的胸膛
伸开双臂拥抱更加繁荣昌盛的庆阳

十六

有人说过，幸福是一种心的富足，一种敦实深厚的满足感，它不以物质的多寡来衡量，而是付出、分享和爱的感受。用心感受生活，你会发现，幸福就在你的身边。在东郊巷走过的三十多年中，我体味到心无旁骛经营那份魂牵梦绕的甘肃工人报带给我许多幸福的同时，还感受到承担一些社会活动或被人看做是“分外”工作带给我的快乐。也正是这些快乐，让我有了一份自我价值得以体现的满足，更多了一份能为记录甘肃工人运动中的重大事件贡献些力量而带来的幸福。

那是在2007年的国庆节前夕，甘肃省总工会为欢度国庆节、喜迎党的十七大，唱响奥运会，决定举办一场职工大型文体表演，并把整个活动策划的任务交给了我。原计划是要把这次活动放在重点工程建设的现场，但由于场地、交通、音响、灯光等多方面的原因，最终把演出现场放在了兰州铁路局火车头体育馆。我经过一番精心策划，并征得省总工会领导同意，一场名为“黄河潮声”的职工文体表演，在国庆前夕隆重上演。其热烈的场面，恢宏的气势，让数千名观众赞叹不已。我为晚会撰写的主持词也颇获好评：

欢庆的歌潮让我们热血沸腾
欢庆的劲舞让我们心潮澎湃
欢度国庆节
喜迎十七大
唱响奥运会
这是奔腾不息的黄河潮声
这是我们陇原工人阶级的豪迈气概

今天我们在这里相聚
今天我们在这里欢庆
我们满载向共和国58岁生日献礼的丰硕成果走来
我们满怀迎接党的十七大胜利召开的豪情走来
我们伸开拥抱奥运的双臂走来
我们高唱着甘肃精神的奋进旋律走来
我们为着展现甘肃工人阶级的风采走来

没有共产党就没有新中国
这歌声响彻了长城内外大江南北
没有共产党就没有新中国
这歌声唱出了中华民族的共同心声
没有共产党就没有新中国
这歌声唱出了一个颠扑不破的真理
没有共产党就没有新中国
这歌声我们世世代代永远不会忘记

我们的时代英雄辈出
我们的时代劳动模范无上光彩
劳动伟大，劳模光荣
这铿锵有力的时代强音

激荡着我们每一个职工的心怀
感召着我们用辛勤劳动和聪明才智
创造社会,创造未来

是谁把铁路修进了世界屋脊
是谁把火车开到了我的家乡
是谁为雪域高原送来安康
是谁为藏家儿女带来了吉祥
听着这藏族同胞发自内心的赞歌
我们怎能不为青藏铁路建设放声高唱
遥望那翻山越岭的神奇天路
把建设者的奉献之歌传遍四方

北京2008
全世界都在翘首期待
奥运圣火将在这里升起
伟大的中华人民共和国
将昂然挺胸大放异彩
这是我们民族的骄傲
这是我们祖国的自豪
我们为奥运歌唱
我们为奥运喝彩

我们同在一片蓝天下
共和国的阳光把我们一样照洒
我们是新时代的农民工
用勤劳的双手为祖国建设增砖添瓦
是我们把温暖送到千家万户
是我们在平地上建起一座座高楼大厦

脚手架上我们的身影绘成美妙的音符
百姓社区我们的脚步奏出时代的交响
别看我们手上沾满泥巴
别看汗水浸透我们的衣褂
可我们心里总是甜啊
因为哪里有人民哪里就有我们用汗水浇灌的鲜花
党和政府时刻把我们在心中牵挂
工会组织已经成为我们最温暖的家
我们光荣！我们自豪
我们和城里人一样潇洒
此时此刻我们要向党说句心里话
为了共和国的明天
我们不怕风吹雨打

《咱们工人有力量》
这首歌唱出了咱们工人阶级的豪迈
《我为祖国献石油》
这首歌道出了咱们石油工人的情怀
《工人阶级硬骨头》
这首歌抒发出咱们工人阶级的英雄气概
全省工人阶级意气风发、斗志昂扬
前进在建设和谐甘肃的康庄大道上

五星红旗迎风飘扬
胜利歌声多么嘹亮
歌唱我们伟大的祖国
建设小康繁荣富强
邓小平理论武装着我们
“三个代表”重要思想指引着前进方向

我们万众一心
我们意志如钢
我们信心百倍
我们豪情万丈
我们把和谐社会共建
我们把和谐成果共享
我们阔步奔向中国特色社会主义道路的前方

滔滔黄河水
悠悠陇原情
黄河潮声永不落
甘肃精神代代传
我们是黄河儿女
我们是陇原建设的精英

2008年5月，为了迎接奥运会在北京举办，广泛深入开展全民健身运动，省总工会和省体委联合举办了第四届全省职工运动会。大会组委会领导也把为运动会开幕式大型文体表演“我与奥运同行”主持词的任务交给了我。在运动会开幕式上，我写的主持词由著名播音员边城等同志朗诵，为开幕式增添了浓厚色彩。

序　曲

巍巍皋兰山起舞
滔滔黄河水欢唱
春色满园关不住
金城百花吐芬芳
奥运圣火照寰宇
中华之光耀五洲
我与奥运同放歌

陇原儿女激情扬
今朝盛会喜空前
各路健儿最风光

第一场　花季放歌

这是花的世界
这是歌的海洋
这是火红的五月
这是劳动人民的伟大节日
今天我们在这里相聚
今天我们一起把奥运之歌唱响
今天我们意气风发豪情万丈
今天我们激情奔涌斗志昂扬
我们是甘肃的工人阶级
我们是陇原顶天立地的脊梁
这一刻我们心潮澎湃
这一刻我们激情荡漾
多彩的舞蹈是我们对美好生活的祝福
豪迈的歌声是我们对未来的憧憬与向往
听啊,咱们工人有力量的雄壮旋律已经奏响
冲锋的号角震撼着我们的心房
看啊,翩翩舞姿催开百花竞放
飘动着爱我中华的盛世乐章
我们与奥运同行
同一个世界同一个梦想
我们迈着青春的步伐
昂首挺胸奔向前方
我们沐浴着五月的阳光
为奥运喝彩　为奥运歌唱

第二场　劳动礼赞

翻开人类历史的长卷
有多少赞美劳动伟大的壮丽诗篇
是劳动推动社会车轮滚滚向前
是劳动者用辛勤汗水创造世界改天换地
劳动号子化作最激越的音符
弹奏出一曲曲催人奋进的劳动礼赞
喜看陇原大地沧桑巨变
百万工人阶级发奋图强撑起锦绣河山
劳动光荣　知识崇高
人才宝贵　创造伟大
这是时代的豪迈旋律
激励广大劳动者无坚不摧勇往直前
我们满载着劳动的丰硕成果
我们捧着弘扬甘肃精神的炽热情怀
我们攻无不克　不畏艰难
我们顽强拼搏　奋勇争先
我们是浩浩荡荡的工人阶级大军
我们是建设甘肃的刚强铁汉
我们高擎双手托起太阳
开创人类历史新的纪元
高举着中国特色社会主义伟大旗帜
我们的队伍雄壮步伐豪迈

沐浴着改革开放春风
我们朝气蓬勃　阔步走进新时代
我们与时代的巨轮一起飞奔
我们永远是振兴陇原的领头雁
我们唱着雄壮的劳动之歌
用双手创造和谐甘肃更加美好的明天

第三章　奥运心声

奥运圣火已经在全球点燃
北京伸开双臂向我们热情召唤
我们欢腾　我们跳跃
尽情倾诉祝福奥运的美好心愿
七彩陇原编织成喜迎奥运的巨幅画卷
万紫千红描绘出各民族和谐团圆
浓浓京韵唱响百年奥运
演绎中华文明五千年辉煌灿烂
震天动地的威风锣鼓
激励我们众志成城气吞河山
我们汇集在中国工会的旗帜下
共同把甘肃职工运动会的火炬点燃
这是我们奋发拼搏的舞台
这是我们激情燃烧的火焰
今天古城兰州红旗漫卷
今天陇原职工风采无限
甘肃北京一脉相连
同一个奥运同一个企盼
我们为北京祝福
我们为北京呐喊
让我们手挽手肩并肩

迎接中华儿女扬眉吐气的春天

尾　声

歌潮掀起黄河滚滚波浪
把我们美好的祝愿传向远方
劲舞伸开大山般的臂膀
陇原儿女心与奥运一起飞翔
我们与奥运同行
我们为奥运圣火护航
爱国是我们神圣的尊严
强国是我们永恒的信念
我们来自陇东高原
我们来自白龙江畔
我们来自羲皇故里
我们来自河西走廊
我们是陇原娇子
我们是共和国栋梁
我们放歌高唱同一首歌
团结就是力量
这力量是铁
这力量是钢
这力量筑起不可动摇的铁臂铜墙
这力量让中华民族傲然屹立世界东方
党中央指引着中国特色社会主义航向
我们的队伍永远向着光明向着太阳

运动会开幕式文体表演主持词受到了不少企业同志的好评,有人或发手机短信,或打来电话,说了不少赞扬的话。有好几个企业还说到,以后厂里搞大型运动会还要让我帮着写主持词,我心里明白这是大家对我的鼓励。

自 2009 年以来，我连续几年承担了省总工会“五一双奖”颁奖词的撰写任务，同样也留下了许多美好记忆。

“工人先锋号”颁奖词（2009 年）

今天是劳动者的节日
今天是工人阶级的盛会
今天这里荟萃各路群英
今天这里高唱劳动伟大的同一曲歌声
伴着建设中国特色社会主义的豪迈旋律
“工人先锋号”的雄壮号声响彻陇原大地
和着建设和谐甘肃的铿锵节拍
“工人先锋号”的雄壮号声唤起浩浩荡荡劳动大军
这号声是排山倒海的劳动号子
这号声是无坚不摧的开路先锋
哪里响起“工人先锋号”的号声
哪里就崛起高楼大厦筑起万里坦途
哪里飘起“工人先锋号”的旗帜
哪里就有抢险救灾、攻坚克难的身影
这号声在中国石油摇篮的玉门油田响起
古老的鸭儿峡油区焕发令人惊叹的青春
这号声在大漠深处的大唐八〇三电厂响起
小小检修班创下了五十多项技术革新的业绩
这号声在东航甘肃分公司响起
飞机维修二车间靠优质维修为企业挣回百万美金
这号声在兰州燃气化工集团响起
输配公司管线所优质服务让四十万居民用户有口皆碑
这号声在兰州西固邮政局响起
投递队连续多年创下投递邮件合格率三个百分之百

这号声在镇原县疾病防控中心响起
哪里有疫情哪里就有预防控制科职工洒下的汗水
这号声在渭源县第一中学响起
数学教研组连连在各项会考中夺魁
这一个个“工人先锋号”的号声
构成了建设中国特色社会主义旋律最壮美的音符
这一面面“工人先锋号”的旗帜
把共和国神圣的五星红旗装点得更加鲜红
今天各路“工人先锋号”在这里聚首
接受党和政府的检阅
接受全社会的爱戴、崇敬
展现陇原工人阶级的时代雄风
今天各路“工人先锋号”在这里聚首
共同演绎催人奋进的交响重奏
高奏劳动光荣、知识崇高、人才宝贵 创造伟大时代巨响
让建设中国特色社会主义的时代强音震撼万里神州

“五一劳动奖章”颁奖词(2009年)

他们迎着五月的浩荡春风走来
他们披着辛勤劳动的一身汗水走来
他们带着技术革新的累累硕果走来
他们怀着争先创模的满腔豪情走来
站在这庄严神圣的舞台
陇原骄子神采飞扬激情澎湃
劳模辈出意气豪迈
“五一劳动奖章”闪耀着异样光彩
酒钢工人技师郑志刚
“五一劳动奖章”上凝结着他技术革新的绝技奇才
“五一劳动奖章”上铭刻着他攻关破难的高超硬功

"五一劳动奖章"上闪现着他甘于奉献的炽热情怀

甘肃移动公司总经理黄立伟

"五一劳动奖章"写下他创业发展的非凡气派

"五一劳动奖章"写下他立志创新的非凡气概

电话"村村通工程"甘肃大地铸就辉煌丰碑

"四个第一"业绩写下他人生精彩

兰州市公安局特警一大队大队长陈卫

危难关头挺身而出本色不改

擒凶顽、斗劫匪总把生死置之度外

走甘南、进西藏勇把维稳重任担起来

抗震救灾哪里有危险就在哪里站在最前排

"五一劳动奖章"为闪闪警徽增添别样风采

兰州铁路局局长吴天云

铁路建设的宏伟蓝图巧安排

兰青二线开通运营

天平铁路正式动工

兰渝铁路开工建设

敦煌站房投入运营

开启大西北铁路建设新时代

"五一劳动奖章"把荣耀和汗水一起承载

甘肃地质一〇六队副总工程师浩成德

二十多个风雨春秋地质找矿痴情不衰

身影留在了陇南山脉

足迹踏遍祁连雪山里里外外

无数宝藏伴着他的汗水挖掘开采

"五一劳动奖章"是他的人生豪迈
甘肃电力公司副总经理杨玉林
湖南抗冰抢险他重重困难脚下踩
陇原抗震救灾他日夜操劳艰辛安危无所惧
奥运保电他把崇高使命记心怀
"神七"飞天他的心时刻与祖国同在
"五一劳动奖章"为他带上功臣光环
窑街煤电集团三矿农民工赵国正
煤海深处走出工人阶级新一代
百米井下把艰苦奋斗的旗帜竖起来
"五一劳动奖章"为他作证
扎根矿山是他人生的辉煌、永远的光彩

我们盛赞"五一劳动奖章"
我们向劳模致敬
我们盛赞"五一劳动奖章"
我们为劳模喝彩

"五一劳动奖状"颁奖词(2009年)

五一是光辉的节日
五一是神圣的时刻
五一是团结的象征
五一是战斗的召唤
五一旗帜下汇集着无产阶级革命大军
五一旗帜下凝聚起劳动者的伟大力量
继承五一光荣传统是我们永恒的信念
发扬五一革命精神是我们坚定的理想
"五一劳动奖状"放射着时代光芒
她是对建设中国特色社会主义功臣的最高奖赏

喜看今日陇原大地
从黄河两岸到河西走廊
从羲皇故里到陇东高原
从甘南草地到白龙江上
“五一劳动奖状”之花争奇斗
艳　竞相怒放
簇簇花丛中屹立着共和国长子山一般的脊梁
簇簇花丛中挺起着建设陇原栋梁高高扬起的胸膛
张开高举“五一劳动奖状”的臂膀
意气风发　斗志昂扬
引领着甘肃经济社会发展的前进方向
中国铁建二十一集团公司
以骄人业绩为“五一劳动奖状”添彩增光
青藏线上挑战生命极限
乌鞘岭上打通亚洲铁路隧道第一长
胡锦涛总书记为他们鼓掌
把铁军美名传遍四面八方
长庆水电厂科技创新成果辉煌
百余项科研项目为企业插上腾飞翅膀
建设老区崇高使命担在肩上
四千多万资金支援庆阳经济建设
让“五一劳动奖状”之花独具芬芳
中国石油西北销售公司兰州西固油库
随着共和国前进的脚步一起成长
创建国内一流国际先进标杆油库
这是全体员工同一个追求同一个梦想
千万吨石油奔流不息
为祖国建设输送着源源不断的血液食粮
宝石花与“五一劳动奖状”交相辉映

弹奏出更加雄壮的时代交响
甘肃路桥建设集团公司
不愧甘肃公路建设的标兵
赫赫十九亿元的年施工能力
铺出陇原大地条条坦途
架起陇原大地道道彩虹
绘成甘肃小康社会建设的壮美画图
沐浴着“五一劳动奖状”的霞光
昂首阔步前进在社会主义康庄大道上
“五一劳动奖状” 催人奋进
“五一劳动奖状” 凝聚力量
“五一劳动奖状” 激励创造
“五一劳动奖状” 崇尚劳动
“五一劳动奖状”是我们永远的奋斗方向
让“五一劳动奖状”的旗帜高高飘扬
激励我们建功立业促发展
激励我们同舟共济保增长
让我们把五一劳动之歌唱得更加嘹亮
朝着建设中国特色社会主义的宏伟目标
迎接新的战斗　创造新的辉煌
让我们把五一劳动之歌唱得更加嘹亮
用歌声迎接甘肃省工会十一大胜利召开
用歌声欢庆新中国成立六十周年的华彩乐章

序

五月的鲜花竞相开放
奋进的旋律在陇原大地奏响
“十二五”宏伟目标是时代的召唤

工人阶级使命神圣豪情万丈

建功立业　促进跨越

劳动号子如万马奔腾掀起重重巨浪

中心带动　两翼齐飞　组团发展　整体推进

战地黄花分外香

今天我们在这里欢聚一堂

把丰硕的成果一起分享

沐浴五一劳动节的历史光芒

盛赞劳动模范创造的伟大辉煌

(一)“工人先锋号”颁奖词

在欢庆五一国际劳动节的喜庆时刻

飞天故里生机盎然跨上奔腾的巨龙

在实施“十二五”规划的进军声中

“工人先锋号”的雄壮号声把沉睡的土地唤醒

“工人先锋号”的旗帜在火热的劳动工地猎猎舞动

集结起一路路劳动精英

意气风发　精神抖擞

朝着实现甘肃跨越发展的目标发起总攻

兰渝铁路施工场上——

争创“工人先锋号”高潮迭起热情奔涌

河西风电建设工地——
争创“工人先锋号”的热流胜似钢水沸腾
陇东化工基地项目建设工地——
“工人先锋号”的旗帜把老区照得通红
舟曲抢险救灾的战斗——
“工人先锋号”冲锋陷阵攻坚啃硬
陇南灾后恢复重建——
“工人先锋号”的旗帜插上高高山顶
这一幅幅“工人先锋号”的壮丽图景
汇成推动甘肃经济社会发展的巨大洪流
“工人先锋号”的旗帜在甘肃天庆公司高擎
莱茵小镇物业服务引领时代新风
“工人先锋号”旗帜在兰州飞行控制公司高擎
精加工班练硬功保军品不辱使命
“工人先锋号”旗帜在张掖市邮政局高擎
投递班打造出全省星级优质服务窗口
“工人先锋号”旗帜在兰州机车公司高擎
变压器班六天六夜终于啃下机车检修硬骨头
“工人先锋号”旗帜在刘家峡水电厂高擎
运行一值班四万项操作无差错令人震惊
“工人先锋号”旗帜在酒钢公司高擎
轧钢丙班创下机时产量179吨的新纪录
“工人先锋号”旗帜在白银集团公司高擎
动力厂管道维修二组干出了一个个精品工程
“工人先锋号”旗帜在中石油西北销售公司高擎
管道运行组把保证油品供应时刻记在心中
“工人先锋号”旗帜在舟曲灾区高擎
舟曲县邮政局抢险队把“帐篷邮局”建在灾民的门口
“工人先锋号”旗帜在陇南公路总段高擎

抗洪抢险队舟曲堰塞湖上打先锋
成县黄渚镇生命线上竞风流
一面面“工人先锋号”的旗帜
与甘肃跨越发展的大旗一起舞动
一面面“工人先锋号”的旗帜
召唤工人阶级勇当振兴甘肃经济的排头兵
让我们永远把“工人先锋号”的旗帜高擎再高擎
同心协力开创千里陇原更加美好的锦绣前程

(二)“五一劳动奖章”颁奖词

今天我们在这里举行盛大庆典
群英荟萃　星光灿烂
高歌五一壮举开创历史新纪元
劳动伟大劳模光荣成为时代主旋
今天这里鲜花朵朵气象万千
这是对劳动者的深情礼赞
今天这里“五一劳动奖章”金光灿灿
这是对共和国功臣的崇高嘉勉
走上光荣神圣的领奖台
陇原骄子光彩照人激情无限
“五一劳动奖章”是他们用辛勤编织的光环
“五一劳动奖章”是他们精彩人生的新起点
他们站在改革发展航船的风口浪尖
破坚冰战恶浪无往不胜一路高唱凯歌还
他们满怀爱国爱党的永恒信念
描绘出甘肃现代化事业建设的美好画卷
甘肃移动酒泉公司网络中心副经理边柯宝
网络维护是他挂在心中的生命线
网络建设他把聪明才智用到极限
为保奥运火炬传递通信畅通

盛夏酷暑不知多少次他一夜无眠
“神六”“神七”发射通信保障
他勇挑重担祖国利益高于天
甘肃电力公司总经理尹正民
舟曲抢险救灾临危不惧冲锋在先
查灾情　调强将　抢线路　保电网
把国有企业社会责任担在肩
蹚洪水　踩泥滩　汗水洒遍甘之南
“五一劳动奖章”是共产党员高尚境界的彰显
中铁二十一局项目经理冯建军
二郎山上打隧道不怕风险
走福厦建专线攻克了重重难关
格尔木把忠诚写在唐古拉山之巅
进中南国内第一条重载铁路奋战正酣
“五一劳动奖章”渗透着他的血与汗
中石油庆阳石化公司总会计师何英
“五一劳动奖章”伴着他精打细算的多少个夜晚
“五一劳动奖章”伴着他筹资金保重点不畏暑热冬寒
庆阳三百万吨炼化工程离不开他东跑西颠
陇东石化基地建设连着他的拼搏与奉献

天水星火机床公司工人技师康育红
闪光的青春与机床朝夕相伴
平凡岗位写不尽拳拳主人翁情怀
苦练硬功赢得一个个技术能手桂冠
“五一劳动奖章”让金色年华分外绚丽灿烂
平凉市总工会副主席杨红星
“工会”二字在他心中何等神圣庄严
情系职工胸中时刻揣着烈火一团
为职工维护权益仗义执言
扶贫济困把温暖送到弱势群体的心坎
“五一劳动奖章”倾洒着他激情写下的诗篇
长庆油田采油二厂厂长张应科
扎根老区任重道远
四十年老厂屡创佳绩风采依然
年产原油攀上二百万吨
企地联手成果共享小康共建
和谐油区树起誉满全国的样板
“五一劳动奖章”胜似永不褪色的金匾
肃南县明海林场护林员石德福
年近半百无悔无怨
默默无闻换来层林绿染
万余里莽莽林海他的脚印有深有浅
护林卫士的美名传遍了肃南草原
“五一劳动奖章”是裕固人民献给他的同一个心愿

注目“五一劳动奖章”
我们心潮澎湃热情盛赞
敬礼“五一劳动奖章”
这是中国工人阶级献给劳动节的最好庆典

(三)“五一劳动奖状”颁奖词

穿过五一国际劳动节百年历史长河
全世界无产阶级劳动大军浩浩荡荡
信念坚定　立场鲜明
艰苦奋斗　勇于奉献
胸怀大局　纪律严明
开拓创新　自强不息
中国工人阶级的伟大品格
为五一光辉谱写新的篇章
中国特色社会主义伟大事业
让五一之歌更加豪迈雄壮
高举五一革命旗帜乘风破浪
中华民族昂然雄起屹立世界东方
科学发展观指引前进航向
征途上工会的旗帜高高飘扬
凝聚起振兴中华的千钧力量
“五一劳动奖状”闪耀着万道金光
“五一劳动奖状”是万众一心托起的太阳
“五一劳动奖状”是祖国腾飞的世纪梦想
“五一劳动奖状”是聪明才智的结晶
“五一劳动奖状”是心血与汗水铸就的英雄勋章
我们追赶太阳勇往直前高歌远航
我们追求梦想坚韧不拔何惧风雨雪霜
“五一劳动奖状”之花竞相怒放
给力陇原跨越发展插上奋飞的翅膀
中国石油兰州石化公司
高高挺起共和国长子山一般的脊梁
把使命和责任始终担在肩上
千万吨原油加工能力是何等气派

百余项科技创新成果镌刻在中国石油发展史上
超百亿元纳税造福甘肃人民
工业强省是他们扬帆领航
“五一劳动奖状”是人民的崇高褒奖
“五一劳动奖状”是兰州石化人当之无愧的荣光
四十载扎根羲皇故里
天水供电树立起电力铁军光彩形象
客户第一优质服务誉满秦州大地
危急关头挺身而出勇于担当
三湘大地抗冰抢险
汶川地震生死救援
玉树抗震一马当先
舟曲泥石流抢通保电
钢铁般的意志筑起重重屏障
把责任与忠诚铭刻在人民心上
历经七十年风雨沧桑
玉门老君庙油田还是那样傲雪凌霜
新中国石油工业摇篮在这里诞生
现代石油工业第一矿举世名扬
铁人精神锻造成铮铮硬骨
创建百年油田豪气如虹意志如钢
老君庙枯木逢春还是生机勃发依然风光
滚滚车轮高奏时代交响
兰州铁路局客运段与火车头一起飞翔
红旗列车桂冠是良好职业道德结出的丰硕之果
“五一劳动奖状”是激情与梦想汇成的精彩乐章
当着舟曲特大泥石流灾害突从天降
临夏公安交警支队筑起抢险救灾的铜壁铁墙
坚守腊子口奔走铁池梁

疏导交通　抢运物资
警徽闪处集结着抢险救灾的巨大力量
警笛声声把平安与希望传向灾区四面八方

结　尾

这里是花的海洋
掌声一浪高过一浪
鲜花是对劳动模范的深深爱戴
掌声是对劳动模范的崇高敬仰
今天各路群英欢聚一堂
接受党和政府的盛大检阅
接受全省各族人民的最高奖赏
劳动光荣　知识崇高　人才宝贵　创造伟大
让我们把这一时代壮歌在陇原大地唱得更响
朝着“十二五”奋斗的方向
演绎新时期工人阶级伟大品格的精彩乐章
用优异成绩向中国共产党成立九十周年献礼
用勤劳双手创造甘肃更加光彩夺目的世纪辉煌
让我们再次向劳模们致敬
让我们热情为劳模们喝彩

五一颁奖词(2012年)

序

千里陇原沐浴浩荡春风
黄河两岸发展大潮奔腾涌动
转型跨越开启富民强省新的征程
飞天故里绘就一幅幅宏伟壮景
雄壮国歌激发我们万丈豪情
国歌声中工会的旗帜格外鲜红

五一光芒映照万代千秋
工人阶级永远是推动历史车轮前进的尖兵
今天我们在这里为劳动喝彩
今天我们在这里为劳模庆功
我们盛赞群英辈出的时代
我们盛赞勤奋劳动　诚实劳动　创新劳动的英雄
工人伟大　劳动光荣
这是盛世中华撼天动地的豪迈巨声

(一)“工人先锋号”颁奖词

听啊,“工人先锋号”的嘹亮号角昂扬高奏
掀起甘肃经济跨越发展的波涛洪流
看啊,“工人先锋号”的旗帜猎猎生风飘扬舞动
集结起浩浩荡荡、勇往直前的劳动先锋
号角声中无处不跳跃着气壮山河的音符
旗帜飘扬处无不闪现着奋力争先的身影
肩负建设富强甘肃的神圣使命
工人阶级顶天立地高唱凯歌壮志酬
从黄河之滨到庆阳石化新城
从羲皇圣地到河西风电之都
“工人先锋号”引领千军鏖战万马奔腾
换来丝绸古道日新月异一派锦绣
争创“工人先锋号”　兰州万里航空机电公司精密加工班
敬业诚信　创新超越
培养出一个个技术创新的标兵
争创“工人先锋号”　甘肃地质工程公司舟曲项目部
顶风冒雪奋战罗峪沟
把“生命防线”牢筑在灾区人民心中
争创“工人先锋号”　庆阳电信环县公司洪德支局

山高人稀无所惧　经营业绩连年飙升
全省电信十佳支局汗水洒遍了崇山峻岭
争创“工人先锋号”　兰州市邮政局汽车运输二班
服务一丝不苟　时限比泰山还重
每年十五万公里邮路风雪无阻　承载着一腔忠诚
争创“工人先锋号”　中铁二十一局大西铁路第三项目部
坚持科技创新　注重绿色环保
采用数控张拉创下国内铁路建设史上之首
争创“工人先锋号”　中石油西北销售钦州调运中心
稳占西南成品油市场前沿阵地大展雄风
云贵湘川纵横驰骋何惧酷暑寒冬
创建“工人先锋号”　玉门油田1763队
挺进内蒙雅布赖　奋战镍都龙头山
刷新三项纪录　书写玉门精神新的春秋
创建“工人先锋号”　白银公司深部铜矿掘进三段
二千七百米掘进胜似汗水铺成的万里长征
二万立方米掘进量是白银精神的巨大支撑
创建“工人先锋号”　酒钢西沟矿潜钻孔班
海拔三千米创造年钻孔六万米纪录
傲迎风沙雨雪犹如大漠戈壁不屈的红柳
创建“工人先锋号”　平凉市总工会职工服务大厅
情系职工扶危济困　播洒缕缕春风
彰显新时期工会职能是何等的神圣
创建“工人先锋号”　兰铁兰州客运段深圳K132/131列车
莽莽铁龙穿越万水千山架金桥
万余里漫漫行程一路春风洒向旅客都是情
一曲曲“工人先锋号”的雄壮号声
让我们信心倍增众志成城
一面面“工人先锋号”的旗帜

指引我们朝着新的奋斗目标攀登

(二)“五一劳动奖状”颁奖词

“五一劳动奖状”闪耀着时代光芒
“五一劳动奖状”托起振兴中华的坚挺脊梁
工人阶级高擎旗帜奋力拼搏乘风破浪
中国特色社会主义伟大事业扬帆远航
“五一劳动奖状”凝聚排山倒海的千钧力量
“五一劳动奖状”给力陇原腾飞　雄起无坚不摧的臂膀
高擎科学发展旗帜　追求同一个梦想
飞天儿女引吭高唱甘肃精神豪迈交响

刘家峡水电厂

黄河明珠　气势磅礴　举世向往
为共和国添彩　为中华民族争光
四十载风雨沧桑铸就历史辉煌
赫赫功绩镌刻在滔滔母亲河上
“五一劳动奖状”是党和人民的最高奖赏

中石油西北化工销售公司

伴随着改革大潮茁壮成长
年轻的企业雄风勃发不同凡响
忠诚与责任彰显中国石油崭新形象
美名与西部大开发号角一起高高飞扬
“五一劳动奖状”书写勇于担当的精彩华章

兰州昆仑燃气公司

千余里输气管线满载春风和吉祥
铺架起一条条通向幸福的温暖桥梁
优质服务编织一幅幅和谐景象
赞扬的口碑竖立在老百姓的心房
“五一劳动奖状”挥洒情注民生的汗水流淌

长庆钻探长庆固井公司
陕甘宁蒙足迹踩出一行又一行
井架林立挺立起国有企业高耸的胸膛
“我为祖国献石油”壮歌代代传唱
谁与争雄　敢叫荒原披上万道霞光
“五一劳动奖状”铸就石油人一片雄心和浩然胆量
甘肃忠恒房地产开发集团
铜城崛起民营企业的榜样
诚信经营迅猛发展雄踞一方
上亿元捐款扶贫济困造福梓桑
热心社会公益拳拳侠情慈肠
“五一劳动奖状”悬起非公经济金子般的光荣榜
长庆公安分局刑警三中队
油区是他们日夜奔忙的战场
井站是他们日夜守卫站岗
风雨无阻　雪霜难挡
茫茫油海布下了天罗地网
“五一劳动奖状”是对油田卫士最好的褒奖
庆阳长荣机械设备制造公司
工会旗帜在这里高高飘扬
企业发展成果让员工充分共享
养老医疗失业工伤都有保障
员工当家做主撑起振兴企业的大梁
“五一劳动奖状”是对民营企业组建工会的表彰

金川公司精炼厂
镍都骄子举世无双
年产六十余吨稀有金属谁不敬仰
开展立足岗位比贡献主题劳动竞赛
捷报频传打了一个又一个漂亮仗

"五一劳动奖状"让金娃娃分外风光

我们为"五一劳动奖状"放声歌唱
我们为"五一劳动奖状"献上雷鸣般的鼓掌

(三)"五一劳动奖章"颁奖词

朵朵鲜花竞相争艳
阵阵掌声激起层层波澜
工人阶级伟大品格绘就宏伟画卷
各路群英意气风发凯歌高旋
登上今天盛大庆典的神圣舞台
陇原骄子光彩照人风流尽显
"五一劳动奖章"金光灿灿
这是劳模精神的崇高礼赞
"五一劳动奖章"是辛勤汗水的滴滴浇灌
承载着陇原建设功臣发奋图强的永恒信念
高扬建设中国特色社会主义的时代风帆
拳拳爱心指点甘肃崇山峻岭美好明天
长庆油田第二采油技术服务处处长雒继忠
扎根庆阳老区默默奉献矢志不变
给力建设西部大庆牢记使命在肩
创出科学开发低渗透油田新路
年产百万吨原油　撑起老区跨越发展半壁江山
"五一劳动奖章"为他人生写下壮丽诗篇
靖远煤业魏家地煤矿综掘一队队长张伟
青春之光在煤海深处灼灼点燃
奋战采掘一线倾洒汗水无悔无怨
年轻共产党员默默践行入党誓言
严抓细管的矿区典范名不虚传

"五一劳动奖章"让他的金色年华更加灿烂

嘉峪关市第一中学教师何军海

久负着陇原名师的桂冠

二十八载情洒三尺讲台

为人师表掏尽爱心育桃李

鞠躬尽瘁　辛勤园丁誉满雄关

"五一劳动奖章"为他光彩人生再添光环

甘肃省妇幼保健院副院长刘青

二十六年与无影灯默默作伴

探索妇幼保健科学始终走在前沿

上万例手术呕心沥血技术精湛

不愧妇产科领域的领军头衔

"五一劳动奖章"为白衣天使树立学习的模范

甘肃电力白银供电公司平川分公司副经理郑志威

别看参加工作刚满六年

却为当代大学生竖起了闪亮的标杆

社会责任在他年轻的心里高于蓝天

捐献造血干细胞的壮举让他名震中原

"五一劳动奖章"是对八〇后青年的激励与盛赞

金川公司选矿厂班长任成伟

敬业爱岗爱厂胜家是他行动的指南

干一行爱一行饱尝苦辣酸甜

技术比武身手不凡屡屡夺冠

抢险攻关从不畏惧冰雪严寒

"五一劳动奖章"激励"十佳"班长进行新的登攀

兰州市光大出租汽车公司司机吴永胜

助人为乐　扶老济弱　堪为金城"的哥"楷模

见义勇为斗歹徒　擒劫匪　大义凛然

人民大会堂捧回"英雄司机"的奖牌

文明兰州记载着他的卓越贡献
“五一劳动奖章”当之无愧挂在文明使者的胸前

“五一劳动奖章”金光灿灿
“五一劳动奖章”向我们发出新的召唤
比学赶帮　创模争先
英雄辈出的洪流势不可拦
中国特色社会主义任重道远
我们信心百倍意志更坚
万众一心誓叫陇原换新天

结　尾

五一劳动节正向我们走来
光荣传统穿越世纪本色不改
劳动光荣　知识崇高　人才宝贵　创造伟大
中国工人阶级为五一壮举增添新的色彩
朝着全面建设小康社会的目标
陇原职工奋力拼搏斗志不衰
劳模先进率先领跑　始终站在前排
引领我们努力开创更加美好的未来
“联村联户为民富民”我们责无旁贷
“进企业访职工”我们激情满怀
喜看今日陇原进入跨越发展新时代
前进的脚步铿锵有力雄壮豪迈
让甘肃的明天繁荣昌盛更加美好
这是我们共同的心愿　不懈的追求
让甘肃人民更加富裕幸福
这是我们坚定的信念　永远的期待
我们向工人阶级致敬
用丰硕成果向省第十二次党代会献礼

我们为劳模喝彩
以优异成绩迎接党的十八大胜利召开

特别令我难忘的是，近几年有关方面举办的一些大型活动，约请我撰写主持词的也越来越多，从中既使我增长了知识，也进一步密切了与企业的联系。

2010年，省总工会女职工委员会为纪念“三八”妇女节，不仅约我帮助策划了“激情玫瑰”文艺联欢演出，而且还特意让我撰写一首以歌颂我省先进女职工事迹为主要内容的朗诵诗。接受任务后，我认真阅读了一些女职工的先进事迹材料，深为她们无私奉献精神所感染，一个晚上便写出了一首以“生活因她们而美丽”为题的朗诵诗。

生活因她们而美丽

——“三八”国际劳动妇女节100周年抒怀

我们的生活为什么这样美丽
因为我们身边有一朵朵鲜红的玫瑰盛开
我们的生活为什么这样精彩
因为我们身边飘动着妇女姐妹姹紫嫣红的彩带
“三八”——一个举世庆典的伟大节日
开启了全世界妇女运动的新时代
走过百年岁月历史光辉弥久不衰
一双双纤手尽显托起九霄苍穹的气概
浩浩荡荡妇女大军走在历史前台
指点江山意气豪迈
巾帼风流挺立起一座座雄伟的山脉
山脉中陇原百万女职工闪耀着别样的风采
她们多姿多彩向我们走来
前进的脚步铿锵有力是何等气派
她们无私奉献的画卷一幅幅向我们展开

骄人的业绩与共和国建设的史诗一起承载
兰州市邮政函件局
五十五名女职工像美丽的鸿雁传送温馨传送期待
“三心”服务是情与爱的交响重奏
“千万营销法”让多少须眉万端感慨
兰州石化储运厂62泵房女子岗位
多少个春夏秋冬不懈不怠
六百个阀门跳跃着她们平凡生活的节拍
上百条输油管线连结着她们浑身的血脉
白银公司铜锌冶炼厂纯水站
十一名娘子军敢挑重担从不言败
攻难关、抓技改奉献与责任同在
四千天安全运行铸就洒满汗水的赫赫品牌
金川公司冶炼厂女职工委员会
三大工程搭建起展示女职工才华的舞台
扶贫帮困献给女工姐妹一枝一叶都是爱
仗义执言把为姐妹们维权的重任担起来
甘肃移动兰州公司中区营销中心
培育出二十一名巾帼新生代
月入网一千四百多户谁不喝彩
优质服务让客户一个个笑逐颜开
中石油西北销售永登公司女子计量化验班
祁连山麓十朵宝石花千姿百态
春夏秋冬与一座座油库默默相守
“五一巾帼奖”是心血与汗水浇铸的金牌
兰州大学二院重症医学科
二十五名女性无影灯下创造着生命奇迹
攻克医学尖端　填补科技空白
白衣天使兰心蕙手尽显风流奇才

一个个女职工先进集体像朵朵浪花汇成浩瀚大海
推动甘肃经济社会发展的大潮汹涌澎湃
更有一个个巾帼豪杰
万紫千红为飞天故乡增色添彩
她从铁人故乡走来
玉门精神浸润着她的整个血脉
站在甘肃首家五星级酒店总经理的舞台
李海霞为石油工人赢得了自豪与光环
她从六盘山下走来
“十佳服务明星”是百姓的奖赏和爱戴
小小供电所是她实现崇高理想和美好追求的最爱
黄茵乐把玫瑰余香永远留在客户胸怀
她从大漠深处和崇山峻岭走来
不管是水文调查还是抗震救灾
青藏高原烈日炙烤无所惧 黄土高坡悬崖峭壁脚下踩
金凌燕用生命演绎的地质队员之歌动人心魄
她从苦甲天下的定西走来
不愧是老红军的优秀后代
下岗失业追求理想的痴情矢志不改
蒋淑萍家政服务正昂首走向阳光地带
她从兰州铝业烈火熊熊的冶炼炉旁走来
技术标兵、操作能手是她敬业爱岗的全部记载
为了天空多一些蔚蓝蔚蓝的云彩
张俊琴把责任与奉献紧紧连在一块
她从共和国的石油摇篮走来
大学毕业就把人生交给巍巍祁连安排
石油河伴着她默默奉献的身影
赵雪梅为玉门油田播洒无尽的深情厚爱

她从甘南草原走来
迭部林区有她难割难舍的情缘
救死扶伤倾洒甘霖让一个个生命之花竞相绽开
齐凤兰暗香悠悠誉满藏区内外
她从横跨陕甘宁蒙的长庆油田走来
三十年工会岗位是她无怨无悔的选择
她像一团烈火,走到哪里就涌起暖流滚滚不衰
她是一片彩云,走到哪里道道霞光挂满人们的两腮
她把名利地位全都置之度外
满腔赤诚谱写出人间大爱
从陇东老区到内蒙古草原还有三秦大地宁夏边塞
周红霞的人格魅力深深印在长庆人的心怀
这就是我们陇人的铿锵玫瑰
这就是我们飞天故乡的女儿
我们的生活因她们而美丽
我们的生活因她们而精彩
她们从周祖故里　羲皇圣地
她们从黄河两岸　大漠雄关
沐浴着千里陇原蒸蒸日上的浩荡春风
踏着洒满阳光的丝绸古道
英姿勃发激情澎湃
迎着陇原喷薄而出的朝阳
披着和谐甘肃的缕缕霞光
昂首走向中国特色社会主义更加光辉灿烂的未来

这首诗经白银公司著名主持人姜永波和他的一位女搭档制作成配乐在现场朗诵后,引起在场姐妹们的强烈共鸣。

2011 年,中铁二十一局举办庆祝建党 90 周年职工文艺晚会,同样也约我帮助策划,并撰写主持词。我与二十一局党委副书记、工会主席张克勤是二十多年的老朋友,他出面相邀,我不能有些许推辞,便一口答应

下来。我们便一起策划了“和谐之声”文艺演出，我也以节目主线撰写了主持词：

“和谐之声”晚会主持词

今天我们豪情激荡
今天我们神采飞扬
滔滔黄河吟唱我们用汗水铸成的诗行
巍巍兰山弹拨我们用劳动号子谱写的乐章
我们万众一心挺起铁建人雄伟的脊梁
共同演绎没有共产党就没有新中国的豪迈交响

第一章　红色歌潮

九十载风雨洒满红色征程
一曲曲红歌唱响万里神州
红旗飘飘燃起势不可挡的燎原火种
红歌响起革命大军汇成滚滚铁流
南湖红船开天辟地跃出东方新星
镰刀斧头旗帜直插井冈山顶
遵义会议拨正中国革命航头
延安灯光把华夏大地照得通红
天安门巨声让整个世界震惊
东方睡狮昂起大山般的头颅
改革开放开创史无前例新的长征
中国特色社会主义崛起腾飞雄风
科学发展引领民族昌盛繁荣
和谐盛世泱泱中华山河锦绣
伟大光荣正确的中国共产党啊
红色歌潮激情奔涌震撼万代千秋

第二章 铁军风采

沐浴着共产党伟大旗帜的光辉
承载着中国特色社会主义勇往直前的航船
中铁二十一局迎着改革大潮异军突起
赫赫铁军高扬无往不胜无坚不摧的风帆
长城内外铸起一座座不朽丰碑
大江南北绘就一幅幅辉煌画卷
雪域天路创下举世奇迹
丝绸古道谱写宏伟诗篇
飞天故里铺架大显身手的广阔舞台
造福陇原把责任与使命始终扛在肩
第一工程公司鏖战宝兰线挺进大天山
驰骋吉尔吉斯、哈萨克斯威名盛传非等闲
第二工程公司鸿运润园一举夺得“詹天佑”奖牌
敦煌建站与飞天神女共舒长袖舞翩跹
第三工程公司风火山打通世界第一高隧
让西风图中国海拔最高铁路大桥巍然屹立青藏线
第四工程公司足迹踏遍陕青宁甘
哪有急难险重哪就有他们竖起的标杆

第五工程公司戈壁荒漠建高铁身手不凡
修路筑桥屡建奇功凯歌旋
电务电化公司奋战河西走廊不畏酷暑雪寒
确保大西北铁路通信畅通誉满嘉峪雄关
北京工程公司立足首都广辟经济增长点
三年承揽工程八十亿元是职工心血与智慧的彰显
路桥工程公司常年与铁路轨枕、桥梁作伴
一条条专线把忠诚与汗水洒满
德胜和公司逐鹿市场大潮进军房地产业
质量第一信誉至上捧回一项项桂冠
这就是英雄的中铁二十一局
这就是顶天立地的中国铁建
胡锦涛总书记为他们热情喝彩
深情复信是党和国家的崇高嘉勉
温家宝总理为他们热烈鼓掌
凝结着对铁军精神的无限盛赞
全国"五一劳动奖状"镌刻着铁军的功勋与奉献
南征北战攻坚克难中铁二十一局风采依然

第三章　和谐之声

滔滔江河作证
中铁二十一局乘风破浪一路春风
巍巍群山作证
中铁二十一局奏响和谐中国的雄壮音符
茫茫大地作证
中铁二十一局把社会责任铭记心中
日月星辰作证
中铁二十一局危难关头是抵御风险的钢铁长城
四川汶川大地震不愧抢险救灾的排头兵

都汶隧道上演惊心动魄生死大援救
爱心洒遍甘肃陇南灾区的崇山峻岭
建筑志愿者的旗帜与“工人先锋号”一起舞动
青海玉树地震冲锋陷阵走在前头
冒风险踩余震第一时间向震中靠拢
抢道路建车站确保生命线畅通
恢复重建至今使命神圣
甘肃舟曲泥石流胜似无声命令
救灾物资星夜奔袭送到灾民手中
为政府解难　为灾民排忧
一笔笔捐款化作一股股暖流
让国有大型企业的形象光彩夺目
让和谐之声成为时代强音社会共鸣

第四章　奋进旋律

中国特色社会主义指引航向
“十二五”奋斗目标灿烂辉煌
跨越发展的号角雄壮嘹亮
铁建人信心百倍豪情万丈
我们奋进　兰渝铁路建设锐不可当
我们奋进　兰青复线建设捷报飞扬
我们奋进　玉树精品工程让灾区改变模样
我们奋进　打造跨越发展航母　搏击国际市场再展锋芒
我们奋进　中铁二十一局插上腾飞翅膀
我们奋进　中铁二十一局意气风发高歌远航
为共和国的旗帜永远添彩增光
为工人阶级伟大品格书写崭新华章

※　※　※

庆祝中国共产党成立九十周年
一曲曲动人的红歌铿锵嘹亮

庆祝中国共产党成立九十周年
一张张幸福的笑脸激情与自豪一起荡漾
没有共产党就没有新中国
这是我们永远不变的信念
没有共产党就没有新中国
这是我们从胜利走向胜利的根本保障
看祖国山河壮丽江山多娇
共产党是我们心中永远不落的太阳
我们迎着太阳意志如钢
我们迎着太阳永远前进在社会主义康庄大道上

二十一局“和谐之声”文艺晚会在兰州金城大剧院演出后大获成功，局领导一个个兴奋不已，尤其是克勤主席总是说，晚会演出成功，主持词增色不少。能获得企业肯定，我也从心底里产生由衷的喜悦。

十七

记得在读过的一篇短文中有过这样一句话：人生在世，奋发向上是每个人美好追求的动力。多少年来我就是常常用这句话来激励自己。东郊巷三十多年的岁月，我与工会工作有着一种难以割舍的情缘，在对工会工作的宣传中，我也总是执著地追求着，潜心思考着，似乎总有一种动力督促我为工会工作的发展而鼓与呼。也正是在不懈的鼓与呼中，让我三十多年的工会生涯也多了一些精彩，留下了一段段美好的记忆。更感悟到："心境广阔界境明然，才能拥有惠美大成之人生。"东郊巷三十余年，我为能与工会工作结缘，幸也、福也！

从创办《甘肃工人报》的那天起，就注定了我这辈子的人生轨迹，那就是把工会工作的宣传作为永远追求的目标。因此，三十多年来，我几乎每天都在耕耘着，都在努力着，一门心思记录着甘肃工人运动与工会工作不平凡的里程。

2008 年，是甘肃省总工会率先在全国开展送温暖活动整整 20 周年。为了回顾 20 年来全省工会实施送温暖工程的情况，在省总工会领导的重视和支持下，我与省电视台的同志们一起策划制作了"大爱无垠"专题片，并为专题片撰写了解说词：

1988年至2008年的20年，在人类历史的长河中只不过是短暂的一瞬。

1988年至2008年的20年,在甘肃工会发展史上,却是一段值得纪念的岁月。

这20年中,甘肃工会依靠党的领导和政府的支持,坚持中国特色社会主义工会方向,肩负代表和维护职工合法权益的神圣使命,满怀对广大职工的深厚感情,在陇原大地燃起一团经久不息的“送温暖”活动之火,谱写了一幅幅情动人间、爱洒大地的历史画卷。

谨以此片献给甘肃工会实施送温暖工程20年……

大爱无垠

——甘肃省工会实施送温暖工程20年

第一部分

人们不会忘记,20世纪80年代在党的十一届三中全会精神指引下,我国国有企业改革踏上了由计划经济向社会主义市场经济转变的崭新里程。伴随着改革开放,地处内陆的甘肃和全国各地一样,国有企业和城市集体企业管理体制、经营模式、运行机制和生产发展产生巨大变化,呈现出前所未有的勃勃生机。同时,一些企业也出现了不少新情况、新矛盾、新问题。有的企业甚至经营效益下滑、职工生活困难。正是在这种情况下,甘肃省总工会按照省委、省政府提出的关于推进企业改革,稳定职工队伍,妥善安置困难职工生活的要求,对全省企业改革和职工生活状况进行了深入调查。根据调查情况,在及时向省委、省政府写出专题报告的同时,从1988年底起,在全省工会开展了向困难职工送温暖的活动,并通过《甘肃工人报》向全省各级工会发出了开展送温暖活动的通知。一时间,从省城兰州到河西走廊,从甘南草原到陇中大地,从陇南山区到陇东高原,由各级工会牵头组织的各种形式的送温暖活动,犹如缕缕春风,吹拂着陇原大地,把党和政府的关怀送到了千家万户,温暖了数以万计的劳动模范、工亡职工遗属、病伤残疾人员及各种生活困难职工。

弹指一挥间。由甘肃省总工会率先在全国工会倡导开展的向困难职工送温暖活动，已经坚持了整整20个春秋。20年来，送温暖活动不仅持之以恒，经久不衰，而且随着时代的发展，不断赋予了送温暖活动新的内涵。尤其是从1992年中华全国总工会根据党中央的精神，动员和组织全国各级工会实施“进万家门、知万家情、解万家难、暖万家心”的送温暖工程以来，使甘肃工会送温暖活动开始由单一的节日走访慰问、济贫助困，向帮助企业解困、职工脱贫转变，逐步形成了一项帮助困难企业和困难职工走出困境的社会化工程，显示出了更加旺盛的生命力。省总工会趁势而上，努力把送温暖活动融入全省改革发展稳定的大局，积极创新送温暖活动的领域，高度重视送温暖活动的效果。使送温暖活动成为工会组织发挥党和政府联系职工桥梁纽带作用的重要载体，成为工会组织为职工群众办好事办实事，密切与职工群众联系的载体，成为扩大工会社会影响的有效形式，架起了党和政府及社会各界与职工群众之间沟通、理解、信任、支持的桥梁。

就这样，20年间全省工会组织满怀对广大职工的殷殷深情，唱响了一曲曲送温暖的大爱之歌。

据甘肃省总工会统计，包括全省各市州、县区、省级产业系统和各企事业单位筹集的送温暖资金和慰问的职工在内，20年来———

全省送温暖慰问款总计达到5亿7780多万元；

累计走访慰问困难职工和劳动模范140多万人次；

慰问帮扶困难企业18590多户……

在省总工会的组织和带动下，全省各级地方工会、省级产业工会、各厂矿企业工会纷纷立足本地区、本系统、本企业的实际，把送温暖活动不断引向深入。

第二部分

从1994年起，甘肃各级工会把省委、省政府实施的“双带整推”发展战略引入送温暖活动之中，在全省工会系统开展了“以大带小、以企带地”为主要形式的帮厂扶贫工作，从而使工会系统的送温暖活动向帮扶困难企业延伸。为此，省总工会通过《甘肃工人报》开辟“愿人人都献出一片爱”专栏，发动社会各界纷纷向困难企业捐款捐物，扶持生产，奉献

爱心。

省总工会关于帮扶困难企业的倡议，从省委书记、省人大常委会主任、省长、省政协主席，到一些厅局、委办的领导都积极响应，带头捐款。省上不少从领导岗位退下来的老领导也纷纷慷慨解囊，奉献爱心。当时已 84 岁高龄的王世泰同志，曾把 1000 元送到省总工会领导手中，以支持工会开展的送温暖活动；曾任省政协主席的葛士英同志也带头捐款，并称赞省总工会开展向困难职工献爱心活动很好，是帮助政府分忧解难，是为困难职工办实事。

省总工会倡导的“向困难企业献爱心”活动，更是引起了社会各界的广泛关注。1994 年 4 月，出席甘肃人大和政协会议的秦大河等 27 名劳动模范和工人代表，向“两会”人大代表和政协委员发出关于响应省总工会号召，向困难企业献爱心的倡议。

一些外省驻兰企业，也积极加入到省总工会开展的“向困难企业献爱心”活动的行列，纷纷通过各种形式，向甘肃困难企业和困难职工伸出援助之手。省内不少非公经济人士也积极向困难企业捐款捐物。仅 1994 年，全省就有 160 多家包括非公企业在内的企事业单位和 40 多万职工向困难企业和困难职工捐款超过 100 万元。

随着向困难企业和职工献爱心活动的深入，甘肃省总工会把送温暖活动由物质帮扶向扶持企业发展生产，帮扶困难职工脱贫致富，变输血为造血的着力点转移。

很快，一个帮厂扶贫、双带整推的新一轮送温暖活动，在陇原大地兴起。长庆石油勘探局工会发动所属 8 个二级单位，与庆阳地区的 8 个县区总工会建立帮扶对子，支持当地一批困难企业走脱贫致富之路。

兰化公司、兰州炼油总厂、白银公司、甘肃化工机械厂、兰州机车厂、兰州铁路局、长庆油田、西北油漆厂、靖远煤业公司、兰州三毛集团及省电力系统一些企业也纷纷采取各种措施帮扶生产经营处于困境的企业，一时间双带整推、帮厂扶贫工作在全省遍地开花。

省总工会实施帮厂扶贫的做法，为已在全国开展的送温暖活动，又增添了新的内容，因而受到各级领导的极大关注和好评。

全国总工会党组书记、副主席、书记处第一书记张丁华说：帮厂扶贫是甘肃省总工会在送温暖活动中创造的又一新经验。

全国总工会副主席、书记处书记杨兴富说：甘肃省总工会牵线搭桥，结对帮助困难企业的做法，符合工人阶级走共同富裕之路的方向，是社会主义市场经济条件下，工会更好地维护职工利益、深入开展送温暖活动的新形式，值得全国各地借鉴。

省委、省政府也对省总工会采取结对子形式帮厂扶贫的做法给予肯定，时任甘肃省委书记的阎海旺称赞：企业结对，帮厂扶贫，充分体现了工人阶级团结互助的阶级友爱，是工会组织通过送温暖活动，促进企业发展的有效措施，值得发扬光大。到 1997 年，全省县以上工会牵线搭桥建立的 500 多户帮扶结对企业中有 100 多户企业实现了扭亏增盈，全省各级工会开展帮厂扶贫工作的信心进一步增强。

帮厂扶贫工作的成功经验，给省总工会领导以新的启示，在新形势下，如何使送温暖活动的有限资金真正花在刀刃上，于是，建立困难职工档案、设立送温暖基金，各级领导干部联系困难职工制度的新思路开始确立。号召一经发出，全省工会系统，尤其是各大型企业广为称赞，积极行动，甘肃的送温暖活动又进入了一个新的阶段。这一号召提出的 1997

年,全省就有1600多名工会干部与3500多户困难企业建立了帮扶联系点,建立困难职工档案14697多户,全省有6个市州、15个县市区和300多户企业设立了送温暖基金,基金总额达到2000多万元。

靖远煤业集团有限责任公司多年来积极实施扶贫帮困送温暖工程,建立送温暖长效机制。集团公司成立了以主要领导挂帅的送温暖领导小组,全公司26个基层单位都成立了送温暖工作机构。建立公司科以上干部每人联系一户特困职工的制度,直到现在全公司有680多名各级领导干部与1106户困难职工建立着联系,经常上门走访,及时帮扶救助,定期填写“联系情况登记表”,帮助解决工作生活中的各种实际问题和困难。

靖煤集团建立起职工互助储金会106个,储金总额达57.89万元,年运转34.62万元,成为扶贫济困、开展送温暖活动的重要补充。特别是从2005年起,靖煤集团公司行政一次性注入资金500万元,并计划每年注入100万元,集团公司工会注入30万元,广大职工捐款50多万元,建立了靖煤集团送温暖基金。到2007年底已向224名困难大学生,1560多名就读的中小学生发放救助金70多万元;为51名困难职工子女办理了贴息借款15万多元;向65户发生各种灾难的特殊困难职工家庭给予救助7.85万元。

兰州市总工会在全省率先建立困难职工送温暖基金,一开始就筹措资金60多万元,先后为15户困难企业,5名困难职工办理低息贷款300多万元,支持企业进行生产自救,帮助职工脱贫致富。

兰州市所属8个县区总工会都相继成立送温暖基金会,11个基层工会筹集送温暖基金146万元。兰州市委、市政府大力支持送温暖基金的滚动与发展,很快就使全市的送温暖基金达到1930多万元,扶持了一大批生产处于困境的企业,救助了1000多名困难职工。

第三部分

随着社会的转型和发展,甘肃省总工会把实施送温暖工程作为保障职工合法权益,维护企业稳定,推进各项改革顺利进行的重要举措,要求各级工会尤其是企业工会,立足实际,大胆创新,多形式、多渠道开展送温暖活动,努力为职工办好事、办实事,为企业改革改制创造良好环境。

省委、省政府也要求各级党委和政府支持工会组织，立足实际，切实建立送温暖长效机制，不断提高送温暖活动的水平。

酒钢集团公司工会针对企业实际，千方百计为下岗职工和伤残病亡职工遗属开辟新的就业岗位，减免水、电、暖等各种费用，帮助他们解决生产生活中的实际问题。同时，还积极配合公司党政有关部门，通过设立总经理热线电话、实行公司领导接待日、组织职工代表巡视等形式，促进一些涉及职工切身利益问题的解决，从而极大地丰富和深化了送温暖工程的内涵。

金川公司工会在创建送温暖工程中，在帮助职工脱贫致富上下功夫。根据企业内部职工子女待业较多的实际，他们积极开辟外部就业市场，通过多种渠道和形式，在经济发达城市为职工子女寻求就业门路，解决了不少职工子女就业难的问题。

长庆油田公司工会的送温暖工程则着眼于为职工在医疗、养老、住房等方面建立和完善保障体系，使每一个职工不同程度享受到了送温暖活动带来的实惠。

特别值得一提的是兰州铁路局工会自2006年以来，认真落实铁道部党组提出的“不让一名职工家庭生活在贫困线以下，不让一名职工看不起病，不让一名职工子女上不起学”的“三不让”承诺，在开展的各种送温暖活动中，紧紧盯着解决职工的“生活难、看病难、子女上学难”问题，“三不让”承诺也被广大职工亲切称为“解困工程”、“生命工程”、“希望工程”。

据统计，兰州铁路局工会实施“三不让”承诺以来：

为困难职工及特困遗属17820多人次支付救助金1405.2万元；

为患病职工13390多人支付救助金1242.2万元；

为困难职工子女3470多人支付助学补助408万元；

为81102名职工健康体检支付811.02万元。

进入新的世纪，我国经济社会进入新的发展时期，党中央提出全面建设小康社会的宏伟目标，特别是近两年，党中央提出了和谐社会共建、和谐成果共享的明确要求，既把工会工作推向了一个新的历史起点，又

为工会实施送温暖工程赋予了更加光荣和重要的责任。甘肃各级工会在省委、省政府的领导和支持下，顺应形势发展需要，积极创新送温暖活动新思路，拓展送温暖活动新领域，推进送温暖活动的社会化，扩大送温暖活动的覆盖面，把送温暖活动向就业帮扶、法律援助、医疗救助等领域拓展。同时加强了工会困难职工帮扶中心建设。

为此，省总工会专门制定了《甘肃省困难职工帮扶中心建设实施细则》，对各市州困难职工帮扶中心帮扶对象和帮扶项目、帮扶资金来源和管理、场地设施和工作环境、机构配置和人员待遇等都做了明确规定。

省委、省政府对困难职工帮扶中心的建设也给予了高度的重视和大力支持。2006 年，全国总工会支持地方困难职工帮扶中心建设专项资金到位后，省总工会及时向省委、省政府争取配套资金。自 2007 年起，省财政每年拨付省总工会 350 万元，专门用于困难职工帮扶中心帮扶困难职工，省总工会每年也自筹 100 万元，作为工会的配套资金，为帮扶中心开展各种救助帮扶困难职工的工作和活动提供了有力保障。兰州、天水、白银、酒泉、平凉、庆阳、甘南等市州政府也按要求配套了部分帮扶资金，使困难职工帮扶中心建设在全省形成了遍地开花的喜人景象。目前，全省各市州和 44 个县区建立了困难职工帮扶中心。

全省各困难职工帮扶中心共筹集资金 3954.36 万元，帮助困难职工 213624 人次；

发放补助款物 3418.05 万元；

对困难职工实施生活救助 66769 人次；

大病医疗救助 13346 人次；

助学救助 11268 人次……

兰州市总工会是全省工会建立困难职工帮扶中心最早的城市工会，也是帮扶活动开展得最为活跃的帮扶中心。他们立足于为职工办实事，解难事，通过年节送粮油、夏日送清凉、急病送医药以及为劳模免费送保险、为农民工免费送车票和帮助职工办理各种涉及切身利益的保险工作,深得职工欢迎和好评,也得到了全国总工会的充分肯定。

在送温暖活动中,全省各级工会女职工组织还开展了单亲困难女职工子女救助活动,通过捐赠书籍、学习用品,资助上学等形式,为单亲困难女职工及其子女提供了多方面的帮助。2004 年至 2007 年 4 年间,全省工会女职工组织先后救助单亲困难女职工子女 2560 多人,单亲农民工子女 22 人,救助资金达 892 万多元;还为 3 万多名单亲困难女职工子女捐赠书籍、衣物等用品 49000 多件。

第四部分

近年来,按照党中央的要求和全国总工会的部署,甘肃省各级党委政府和工会组织不仅切实加强了在广大农民工中组建工会的工作,而且把他们纳入了送温暖活动的范围。在省委、省政府的重视支持之下,省总工会带头并发动全省各级工会广泛开展各种形式的为农民工送温暖的活动,经常深入建设工地、农民工生产现场,为农民工送关怀、送温暖、送文化。

中石油兰州石化公司是目前西部地区最大的集炼油、化工、机械仪表制造、建筑安装工程、检维修服务为一体的石油化工企业,公司现有农民劳务工 3700 多人,是生产建设中的一支重要力量。长期以来,公司工会对农民工政治上一视同仁、经济上落实待遇、素质上给予培训、精神上激励需求、生活上关心帮助,使广大农民工切实感受到他们这个群体正在逐步受到党和政府的重视,感受到了工会组织的"特别关注"和温暖。

兰州石化公司尊重关爱农民工的做法,引起各级领导的极大关注。全国总工会副主席、书记处第一书记孙春兰视察后给予了充分肯定和高度评价,称赞他们的经验值得在全国推广。

正是由于兰州石化公司党政工组织的高度重视,目前兰州石化公司已经建立了 10 个以农民工工作区域为基础的基层工会组织;

全公司 3700 多名农民劳务工全部集体加入了工会组织;

有 5 名农民工被评为公司级劳模,268 名农民工被评为公司和厂级先进工作者;

有1名农民工荣获甘肃省“五一劳动奖章”,4名农民工加入了党团组织;

10名农民工享受了公费公假疗休养;

900多名农民工接受了不同专业的技术培训。

甘肃工会深化送温暖活动的又一亮点是“金秋助学”活动,这也是全国总工会近年来倡导的一项重要活动。全省各级工会通过开展金秋助学活动,帮助不少困难职工子女圆了上学之梦。

金昌市总工会早在10年前就率先开展了救助困难职工子女上大学的活动。经过10年时间的不懈努力,助学活动已经成为金昌市关注困难群体的一项社会化工程,各级党政机关、企事业单位、社会团体及职工个人,都踊跃加入到了助学活动的行列。现在“金秋助学”已经成为金昌市党委、政府、工会的一项共同任务。10年中,全市共筹措助学资金95万元,帮助600名困难职工子女圆了大学梦。

20年来,甘肃各级工会始终把各级各类劳动模范作为送温暖活动的重点,除每年在重大节日走访慰问,为他们送去党和政府的关怀外,还十分重视帮助劳模解决工作、学习、住房、就医、子女上学就业等方面的实际困难和具体问题。并以送温暖活动为载体,动员社会各界开展多种形式关爱劳模及各种先进人物的活动,努力在全社会营造劳动伟大、劳模光荣的良好风尚。

省委、省政府高度重视帮扶困难劳模的工作,从2005年起拨出专项资金用于解决省级劳模的生活困难。同时,全国总工会每年下拨一定资金,帮扶生活困难的全国劳动模范,从而为广大劳动模范筑起了一道牢固的生活保障线,既解除了困难劳模的后顾之忧,又大大激发了广大职工争创先进的热情。

李润兰是兰州市城关区环卫局一名清扫工，曾荣获“全国三八红旗手”、“全国劳模”等称号。1993年患上白血病之后，因巨额医疗费难以报销，长期处于困境之中。《甘肃工人报》将其情况报道之后，引起了省总工会领导的高度重视，很快发起了救助李润兰的活动，一时间全省上下纷纷向李润兰伸出援助之手，捐款4万多元，解了燃眉之急。之后，经省总工会牵线搭桥，又为李润兰已下岗的儿子找到了就业岗位。这段送爱劳模、救助劳模的故事，多年来一直在陇原大地广为流传。

……

据省总工会统计资料显示，仅2003年至2007年的5年间：

全省用于困难劳模的帮扶资金共2235万元，帮扶困难劳模1250多人；

发放全国劳模“三金”1035万元，帮扶困难全国劳模3096人次；

发放省级劳模生活困难补助金900万元，帮扶困难省级劳模6623人次；

全省各市州总工会、省级产业(系统)工会、省总工会直属基层工会帮扶困难劳模2804人次，发放帮扶资金300多万元。

第五部分

20年来，甘肃的送温暖活动之所以始终保持了旺盛的生命力，之所以送温暖活动的领域越来越宽，之所以能从工会一家唱独角戏，转化为送温暖活动社会化的大格局，关键在于省委、省政府对送温暖活动的高度重视和大力支持。

当送温暖活动刚刚起步时，就得到了省委、省政府领导的热切关注和支持。历任省委、省政府领导，都带头参与了省总工会组织的一系列走访困难企业，慰问困难职工，看望劳动模范的送温暖活动。并称赞说，省总工会开展的送温暖活动，对于加强党和政府同职工群众的联系，调动广大职工的生产积极性、维护社会稳定发挥了重要作用，成为甘肃工会的鲜明特色。1995年春节前夕，时任中共中央总书记、国家主席、中央军委主席江泽民，冒着严寒深入兰州三毛集团、兰州石油化工机器总厂慰问职工，极大地鼓舞了全省各级党委、政府和工会组织深入开展送温暖

活动的热情。省委、省政府把开展送温暖活动纳入了重要议事日程，从1995年起，每逢春节，省委省政府都要筹措专项资金，用于为困难企业和困难职工的送温暖活动。2002年省政府与省总工会召开第九次联席会议，就切实保障特困职工基本生活达成共识，提出把特困职工100%纳入低保范围。2004年，省政府与省总工会召开第十次联席会议，决定从2005年起，省财政每年拨付省总工会300万元，用于救助省级困难劳模。同时每年拨付省总工会100万元，用于工会开展经常性的送温暖活动。2007年，省政府、省总工会第十一次联席会议又决定，每年由省财政拨付省总工会350万元，支持工会帮扶困难职工。

甘肃工会的送温暖活动，不仅受到了省委、省政府的关注和支持，也受到了中华全国总工会的极大关注和高度评价。

自1992年以来，全国总工会每年都派出慰问团来甘肃，走访困难企业，慰问职工家庭，把党中央的关怀和温暖送进千家万户。

凡是到过甘肃的全国总工会领导，无不对甘肃工会率先开展的送温暖活动给予充分肯定，称赞说：甘肃省总工会的送温暖活动常抓不懈，持之以恒，整个工作有广度、有深度、有力度，年年有新发展，年年有新内容，走在了全国工会系统的前列。

曾任全国总工会副主席、书记处第一书记的张丁华高度评价说：送温暖活动，甘肃省总工会在全国工会系统是最早开展的，摸索出了不少好形式、好经验，特别是把送温暖活动与帮厂扶贫有机结合的做法，更是升华了送温暖活动的意义。

20年来,甘肃工会持之以恒开展的送温暖活动,把党和政府对广大职工无比关怀的殷殷深情,播撒到了陇原大地,谱写出了一曲曲大爱无垠的动人乐章,传诵着一段段催人泪下、感人肺腑的美好佳话,彰显着荡气回肠、催人奋进的传统美德和人间正气!

2007年春节,中共中央总书记、国家主席胡锦涛来到甘肃,看望和慰问了战斗在生产一线的广大职工群众,与他们一起欢度春节,使全省人民倍感亲切,倍感温暖,极大地激发了全省工会干部深入开展送温暖活动的热情。

党的十七大提出了加快推进以改善民生为重点的社会建设的目标,强调要使全体人民学有所教、劳有所得、病有所医、老有所养、住有所居,这就为工会系统开展的送温暖活动进一步指明了方向,提出了更新更高的要求。各级工会通过认真学习党的十七大精神,进一步认识到在新形势下,送温暖活动责任更加重大,使命更加光荣,更加满怀信心,站在新的历史起点上,把送温暖活动推向新阶段,提高到新水平,使之在社会主义和谐社会建设中发挥更大作用。

2008年新年前夕,胡锦涛总书记视察了天津市困难职工帮扶中心,他称赞职工帮扶中心是一个创举。帮扶中心急困难职工之所急,帮困难职工之所需,解困难职工之所难,给困难职工带来了党和政府的关怀,带来了社会大家庭的温暖。殷切希望各级工会再接再厉,拓展帮扶范围,完善帮扶方式,提高帮扶水平,使帮扶中心成为充满爱心、充满阳光的困难职工之家。

甘肃省总工会组织广大工会干部认真学习胡锦涛总书记的这些重要指示,对深入开展送温暖活动,做好困难职工帮扶中心工作更加充满信心。全省各级工会在省总工会的统一筹划和部署下,绘制着全覆盖困难职工帮扶工作的新蓝图,满怀豪情,迎接充分展示工会组织作为新时期的到来!

2008年5月12日,一场发生在四川汶川突如其来的8级地震,震撼了整个中国,也波及甘肃10个市州、50多个县区,从而也把抗震救灾、扶危助困、奉献爱心的艰巨任务摆在了甘肃各级工会组织面前，为工会的送温暖活动提出了新的要求。

一时间，全省各级工会按照省总工会的统一部署和要求，动员和组织广大职工积极投身抗震救灾活动，爱心涌动，善举空前，一场前所未有的大规模向地震灾区送温暖活动在全省工会系统展开。

一时间，省总工会召开紧急会议，发出紧急通知，把动员各级工会和广大职工抗震救灾的一项项具体部署，迅速传递到各级工会，把我省灾情和工会系统抗震救灾的信息源源不断地传往四面八方；

一时间，省总工会的领导，一个个急切切赶往地震灾区，察灾情，看职工，把温暖送到了受灾职工之中；

一时间，从省总工会到各市州、各产业、各企事业单位，把募集的一笔又一笔捐款，通过各种渠道，送到了灾区，为灾区人民奉献了一片爱心；

一时间，省总工会把动员和组织全省各企事业单位职工群众捐赠的价值3000多万元、总计50多万件的装载上百辆汽车的救灾物资，一次次运往地震灾区，掀起了一波又一波工会组织送温暖的热潮；

一时间，甘肃省的地震灾情也引起了中华全国总工会的高度关注，先后拨来救灾款和救灾物资达1800多万元，还送来了2000多顶帐篷，又派出了慰问团赴我省灾区慰问，把党中央国务院和全国总工会的亲切关怀，带给了我省灾区广大职工。

在抗震救灾的伟大斗争中，甘肃各级工会又一次写下了送温暖活动的感人篇章。正像全国总工会领导所称赞的：甘肃工会抗震救灾有力、有序、有效，在关键时刻充分发挥了工会组织的作用！

回顾过去20年，甘肃工会开展的送温暖活动，在陇原大地树起了一块闪亮的丰碑！

面对当前，甘肃工会送温暖活动必将在伟大的抗震救灾精神的感召下，在灾区恢复重建，关爱受灾职工中展示新作为，做出新贡献！

展望未来，甘肃工会送温暖活动任重道远，领域更加宽广，前景更加美好！

愿甘肃工会送温暖活动，沐浴着党的十七大春风，在和谐社会共建、和谐成果共享的新陇原焕发出新的勃勃生机！

2009年8月，甘肃省工会第十一次代表大会召开前夕，由我撰写解说词和电视脚本的电视专题片《奋进》，系统介绍了省工会十大以来全省工会工作发展情况，经甘肃电视台制作播放后，在工会系统产生了广泛影响。下面是我撰写的电视脚本：

这是2003年深秋。沐浴着党的十六大胜利召开的春风，中国工会第十四次全国代表大会胜利召开，从而把工会工作推向了新的历史发展阶段。

这是2004年的春夏之交，在中国工会十四大精神的指引下，承载着260万职工重托和期盼的甘肃省工会第十次代表大会隆重召开，从此，甘肃工人运动和工会工作，进入了全面创新发展的新时期。

谨以此片献给甘肃省工会第十一次代表大会。

奋　进

——甘肃省工会第十次代表大会以来工作回眸

（一）

甘肃省工会第十次代表大会以来，全省各级工会高举中国特色社会主义伟大旗帜，以邓小平理论和“三个代表”重要思想为指导，深入贯彻落实科学发展观，坚持走中国特色社会主义工会发展道路，全面实施“组织起来，切实维权”的工作方针，在促进甘肃经济社会又好又快发展中发挥了重要作用。

甘肃省工会第十次代表大会以来的5年，是全省工会组织在各级党委、政府的高度重视和社会各界的大力支持下，解放思想、开拓创新的5年；是

工会服务全省工作大局成绩显著、社会作用更加突出的5年;是工会组织覆盖面不断扩大、工会组织凝聚力进一步增强的5年;是工会维权机制不断完善、服务职工能力明显提升的5年。5年来,全省各级工会组织和广大工会干部,在沿着中国特色社会主义工会发展道路奋发前进的征程上,以高度的社会责任感和使命感,在继承中发展,在创新中提高,谱写了甘肃工会工作的新篇章。

中国特色社会主义工会理论体系,是对中国工会80年来,特别是改革开放30年理论探索和实践经验的深刻总结。甘肃工会十大以来,省总工会带领全省各级工会组织,认真贯彻和践行这一理论,摸索并形成了富有鲜明特色的甘肃工会工作思路,开创了全省工会工作的历史最好发展时期。

面对新世纪新阶段建设小康社会这一全党全国人民的历史任务和中国工人运动的主题,全国总工会确立了"组织起来,切实维权"的工作方针;提出了"以职工为本,主动依法科学维权"的社会主义工会维权观;做出了《关于坚持走中国特色社会主义工会发展道路的决议》,从而形成了完整的中国特色社会主义工会理论体系。

正是沐浴着中国特色社会主义工会理论的春风,2004年4月13日,甘肃省工会第十次代表大会隆重召开。这次大会以中国特色社会主义工会理论为指导,认真谋划了全省工会工作。积极推动工会的组织创新、体制创新、工作创新,不断探索和总结具有甘肃特色的、与时代发展相适应的工会工作新思路。

为使中国特色社会主义工会理论贯穿于整个工会工作的全过程,省总工会在全省工会系统大兴理论学习和研究之风。5年来先后开展了一系列大调研活动,形成了20多项理论研讨成果。还通过举办专题讲座、研讨会、座谈会、下基层巡回宣讲等形式,组织工会干部和广大职工群众认真学习中国特色社会主义工会理论。并对全省各市州、县区、大型企业工会干部,进行全面系统的中国特色社会主义工会理论培训,5年间共举办各类学习培训班133期,培训各级各类工会干部8400多人次。

正是由于中国特色社会主义工会理论的正确指引,全省各级工会以

积极进取和扎实有效的工作业绩，努力争取各级党委政府对工会工作的领导、重视和支持。省委专门召开了工会工作会议，就加强党对工会工作领导向全省各级党委提出了要求。还先后批转了《省总工会关于进一步加强企业工会工作的意见》和《省总工会加强县区工会工作的意见》,支持工会依照法律和章程独立自主开展工作,为工会工作创造了良好的外部环境。

中国工会十五大的胜利召开,把我省各级工会学习贯彻中国特色社会主义工会理论推向了新的阶段。全省各级工会认真学习贯彻中国工会十五大精神,更加明确了关于中国特色社会主义工会发展道路的科学内涵。

正是在中国特色社会主义工会发展道路理论的指引下,省工会十大以来的5年间,我省工会工作走出了一条创新之路,发展之路。在各级党委和政府的正确领导、全力支持、社会各界的热情关注之下,经过全省各级工会组织立足实际、开拓进取、顽强拼搏、真抓实干、勇于探索、积极实践,摸索和形成了具有甘肃特色的转变观念、突出维权、分类指导,积极创新,强化措施,狠抓落实,着力提高职工队伍技能素质,着力构建和谐劳动关系,着力增强帮扶救助能力,不断加强工会自身建设,全面提升工会工作水平，为推动全省经济社会又好又快发展而奋斗的总体工作思路,在中国特色社会主义工会发展道路上留下了一行行坚实而又辉煌的脚印,书写了一篇篇精彩华章,谱写了一曲曲奋进之歌!

（二）

甘肃工会第十次代表大会以来的5年间,全省各级工会团结动员广大职工,紧紧围绕推进全省经济社会发展中心,服务全省改革发展稳定大局,勤奋工作,锐意创新,艰苦奋斗,勇于奉献,充分发挥了工人阶级在推动我省社会主义现代化建设中的主力军作用。

省工会十大以来,省总工会把依靠主力军、建设主力军、发展主力军作为一切工作的出发点和落脚点,努力营造“工人伟大、劳动光荣、人才宝贵、创造崇高”的良好社会氛围。省委、省政府领导多次就宣传工人阶级、宣传劳动模范的有关问题做出重要批示，每逢年关节日，省委、省人大、省政府、省政协领导，纷纷带头深入企业看望一线职工，慰问劳动模范，带头推动党的全心全意依靠工人阶级方针的落实。

全省各级工会高度重视选树劳模、关爱劳模、宣传劳模的工作。2005年，省委、省政府隆重召开省劳模表彰大会，省委宣传部、省总工会联合制定关于加强新时期工人阶级宣传工作的意见。从2005年起，每年从省财政列支300万元，用于解决劳模工作、生活中的实际困难。省总工会坚持每年评选表彰全国“五一劳动奖状”和“五一劳动奖章”的工作。从2005年起，经省委批准，省总工会又专门设立了“甘肃省五一劳动奖状”和“甘肃省五一劳动奖章”。近两年，又开展了“全国工人先锋号”和“甘肃省工人先锋号”的评选活动，极大地激发了广大职工争先进、创标兵、当劳模的热情。省总工会还联合省委宣传部、省经委等部门坚持多年开展了评选全省、全国职业道德先进集体和先进个人十佳标兵的活动。据统计，省工会十大以来的5年间，全省共评选表彰：

全国劳动模范和先进生产工作者56人；

全省劳动模范和先进工作者350人；

全国“五一劳动奖状”45个；

全国“五一劳动奖章”84人；

甘肃省“五一劳动奖状”229个；

甘肃省“五一劳动奖章”238人；

全国“工人先锋号”73个；

甘肃省“工人先锋号”130个；

全省职业道德“十佳”单位40个；

全省职业道德“十佳”标兵40个；

全国职业道德建设“十佳”单位1个；

全国职业道德建设“十佳”标兵2个。

中铁二十一局在青藏铁路建设中做出了突出贡献，中共中央总书记、国家主席胡锦涛不仅给予了热情称赞，并在建设工地亲切接见了一线职工。党的十七大前夕,受到胡锦涛总书记接见的5位青年技术人员,给总书记写信汇报自己的工作后,胡锦涛总书记专门给5位青年技术人员复信,勉励他们为我国铁路建设再立新功。省委书记陆浩、省长徐守盛等领导对此高度重视,省委专门召开座谈会,学习总书记复信,号召全省职工牢记总书记重托,为发展甘肃经济建功立业。

全国劳动模范、全国十大杰出工人、兰州通用机器厂高级工人技师芦巨才发明创造、技术革新的事迹,引起省委领导高度重视,省委书记陆浩专门就宣传学习芦巨才先进事迹做出批示。省总工会认真落实省委领导批示,及时召开有省经委、省委宣传部、省科技厅、兰州通用机器厂等方面参加的座谈会,就芦巨才刀具技术宣传推广进行了安排部署。

近年来,兰州、平凉、天水、庆阳、临夏、嘉峪关、定西、武威、金昌、陇南等市州都相继召开了劳动模范表彰大会。不少大中型企业在贯彻依靠工人阶级方针中,更是创造了许许多多富有时代特色的新鲜经验:中国石油兰州石化公司提出了一切依靠职工,一切为着职工,一切服务职工,一切有利职工的工作原则, 让职工最大程度享受了企业改革发展的成果;工会利用各种阵地和形式大张旗鼓表彰先进模范事迹,使劳模宣传在企业内部长年不断常抓常新。

玉门油田工会开展每年评选100名最具责任感员工的活动,中国石油西北销售公司以实施安居工程、人才培养工程、就业扶助工程、健康工程“四大工程”为载体,把依靠工人阶级的方针真正落到了实处。

随着党的全心全意依靠工人阶级指导方针的贯彻落实,全省各族职工投身社会主义现代化建设的热情空前高涨。从2004年起,省总工会以实施经济创新工程为载体,动员和组织广大职工大力开展“当好主力军,建功十一五,和谐奔小康”等竞赛活动,职工中的小革新、小发明、小创造、小设计、小创新活动持久不衰。金川公司工会每年举办职工经济技术创新成果展览,并拿出100万元对优秀成果进行奖励,形成了尊重知识、尊重劳动、尊重人才、尊重创造的良好氛围。兰石集团、长庆油田、兰州机车工厂、靖远煤业集团、窑街煤电集团、兰州铁路局等企业都采取职工生产运动会、劳动竞赛打擂、企业技术难题攻关招标、百千万合理化建议等形式,使得经济技术创新活动充满生机活力。全省各级工会女职工组织近5年来,共动员近100万人次的女职工投身建功立业活动,开展岗位竞赛、技术比武3万多场次,开展技术革新、技术攻关1.2万多项,提出各类合理化建议17.84万条,采纳实施6.18万条。

据不完全统计,省工会十大以来的5年间,全省各级工会通过实施经济技术创新工程,开展技术攻关84400多项,创造经济效益5.6亿元;技术革新技术改造34900多项,实现效益8.55亿元;推广先进技术2890多项,创造节约价值5.63亿元;提合理化建议389700多项,实施66290多项,节约和创造价值10.64亿元。

从2004年开始,省总工会又联合省经委、省劳动和社会保障厅等部门在全省范围内广泛开展了百万职工技能素质提升活动,创出了新时期培养和造就学习型、知识型、技能型职工队伍的新路子。中华全国总工会副主席、书记处第一书记孙春兰热情称赞说:甘肃省这项工作抓到了点子上,是从根本上维护职工合法权益的基础性工作。据统计,近5年来,除省总工会组织举办25个工种的省级技能决赛外,全省各市州、省级产业系统和各大企业集团累计组织开展了332项和269个工种的技能大赛,参赛职工达252万人次;举办了各类人员的技术培训班11000多期,培训职工200多万人次,培训项目涉及200多个通用工种和110个特殊工种,涌现出一大批技术标兵、操作能手。

兰州西固热电厂工人技师马晓东就是技能大赛脱颖而出的技术标兵。

兰石集团工人邹斌同样是在技能大赛一举夺冠而荣获全国"五一劳动奖章"殊荣的。

马晓东、邹斌只是职工技能素质提升活动中涌现出的突出代表。通过技能素质提升活动,全省共有:

300多名职工获"甘肃省技术能手"称号;

1260多名职工被命名为"甘肃省技术标兵";

1000多名职工被评为优秀技术选手;

48名职工破格晋升为高级技师;

403 名职工晋升为技师；

12 万名职工晋升了技术等级。

同时，全省各级工会以“创建学习型组织、争做知识型职工”，建设“职工书屋”，组织开展读书自学和各种丰富多彩文化体育活动，激发职工的主人翁积极性。

面对 2008 年下半年开始的全球性金融危机的严重影响，全省各级工会紧紧抓住开展“同舟共济保增长、建功立业促发展”劳动竞赛，实施千万农民工援助和企业、工会、职工“共同约定”行动，深化了职工技能素质提升活动。省电力工会为应对金融危机，在全公司职工中开展的以“节约一张纸、节约一分钱、节约一寸导线”为内容的“三节约”活动就赋予了职工技能素质提升活动新的内涵。

（三）

党的十七大以来，党中央提出了工会要“扩大覆盖面，增强凝聚力”的要求。全省各级工会把加强工会组织建设，扩大会员队伍作为重中之重，创新工会组织形式，拓宽工会组建领域，使全省工会组建和会员发展实现了历史性突破。

省工会十大以来，省总工会积极探索适应社会主义市场经济条件下工会组织建设的新思路、新途径，并以贯彻落实新修订的《工会法》和甘肃省《〈工会法〉实施办法》为契机，以非公经济组织、外商投资企业、乡镇、街道、社区组建工会和发展农民工加入工会为突破口，以规范国有改制企业工会组织为重点，采取硬措施，确定硬指标，建立责任制，使全省工会组织建设呈现蓬勃发展态势。

从 2006 年起，省总工会在全省部署开展了“基层工会组织建设年”活动，提出了全省工会组织整顿、建设的三年工作目标，制定下发了《关于开展工会基层组织建设年活动的安排意见》。全省各市州及一些行业系统、党委、政府也都对本地区、本系统工会组织建设年活动做出安排部署。

由于全省各级党委、政府、企事业单位行政的重视、支持，各级工会组织的不懈努力，在全省范围内开展的工会基层组织建设年活动取得了显著成绩。截至 2009 年 3 月底：

全省工会组织数由 2006 年的 20328 个增长到 25055 个，净增 4727 个，增长率达到 23%以上；

全省工会会员净增 61.1 万名，达到 286.45 万名，增长 27.11%。

在开展工会基层组织建设年活动中，全省各级工会都把加强企业工会工作放在十分突出的地位。不少大型企业集团在实施破产兼并、改制重组一系列改革中，坚持做到了工会组织的同步加强，同步完善，工会干部的同步配备，保证了企业工会工作的健康、正常开展。

省总工会抓住这一有利时机，提请省委、省政府批转了省总工会《关于进一步加强企业工会工作的意见》，下发了《关于进一步加强企业改制中工会工作的通知》，形成了配套完善的企业工会工作政策体系。省总工会坚持每年召开一次大企业工会工作会议，商讨做好新时期企业工会工作的新思路、新途径、新对策，对全省企业工会工作产生了重要推动和指导作用。省总工会还通过《甘肃工人报》举办了《企业工会工作条例》知识竞赛，全省 120 多家企业的近万名职工参与了竞赛活动，有力推动了《企业工会工作条例》的贯彻落实。

省总工会又从 2007 年起在全省开展了“以党政重视支持好、干部队伍建设好、履行基本职责好、服务职工群众好、经费经管使用好”为主要内容的“五好”县区工会创建活动，一举把全省县区工会工作推向新的阶段。

为引导“五好”县区工会创建活动的健康发展，省总工会联合省委组织部、省委统战部、省劳动和社会保障厅、省建设厅等单位制定出台了《组织农民工加入工会实施办法》、《关于进一步加强外商投资企业工会组建工作的通知》、《关于加强乡镇街道工会规范化建设的意见》等文件。

兰州市总工会积极推行“党建带工建，工建促党建，党工共建”工会基层组织建设思路，探索形成了具有兰州特色的基层工会组建新模式。现在兰州市就有近 100 个街道和乡镇社区建立了工会联合会。到 2008 年底，全市共组建各种类型的基层工会联合会 228 个，涵盖独立法人单位 4800 多家，会员达到 148700 多人。

金昌市总工会经过几年的“五好”县区工会创建活动，截至目前，已建立基层工会组织 695 个，比 5 年前增加近一倍；会员总数达到 12.8 万人，较 5 年前净增 5 万人；近 4 万名农民工成为工会组织新成员，全市实现了乡镇、街道、社区、企业和乡村工会的全覆盖。

地处庆阳革命老区庆城县驿马镇是庆阳市发展乡镇街道、社区工会组织的先进典型。

在庆阳市总工会指导下，驿马镇党委把加强工会组织建设摆在突出地位，专门成立了组建工会领导小组，采取干部分片包村、调查摸底、上门宣传等方法，制定《驿马镇民营企业基层工会组织建设规划》，强力推进该镇工会基层组织建设。经过 3 年时间的努力工作，现在全镇已建立工会组织 94 个，发展会员 8084 人，建会率和职工入会率分别达到 92%和 94.6%。

全省工会组织的蓬勃发展和会员队伍的不断壮大，为全省各级工会组织的自身建设也提出了新的更高要求。省工会十大以来，省委切实加强了对工会工作的领导，先后几次调整、充实、加强了省总工会领导班子，把政治素质好、业务能力强的优秀干部选拔到了省总工会领导岗位。特别是曾先后选派两位副省级干部，经选举后担任省总工会主席，为工会在更高层次上参政议政提供了强有力的政治和组织保证。

在省委的重视和省总工会的大力推动下，全省各级工会领导班子都得到明显加强，相当一部分企业，尤其是大型企业，都按同级党政副职配备了工会主席；有的市州分别由市委常委、市人大常委会副主任职级的领导干部担任工会主席。目前全省已有 21 个县区的工会主席由同级党政副职担任，不少县区还为乡镇街道、系统工会配备了专职工会主席或工作人员。

在各级工会领导班子普遍得到加强的同时，工会的各项基础工作也有了新的发展。省总工会在全省工会系统全面推进企业工会经费税务代收、行政事业单位工会经费财政统一划拨的财务制度改革，使工会经费收缴率逐年上升，为全省工会工作的顺利开展提供了强力支撑。

省工会十大以来，全省工会对外交流工作也有了新的发展。省总工会职工对外交流中心先后 26 次组织甘肃省工会代表团赴意大利、瑞士、英国、德国、加拿大、澳大利亚、芬兰等国家和地区进行考察和培训，还邀请和接待了来自挪威、奥地利、美国、日本、瑞典、丹麦等国家和地区的 9 个工会友好访问团。特别是近年来，省总工会加大了与港澳台地区工会的交往，先后 5 次组团走进台湾，多次邀请台湾一些行业工会代表团来我省访问，增进了两岸工会之间的友谊。同时，省总工会职工旅行社也从实际出发，大力开展对外交流业务，5 年来，先后组织 230 多个代表团共 1600 多人次赴国外学习考察。还组织了 550 多个团队共 3880 多名各类先进模范在国内各地旅游观光，开阔了眼界，增长了知识，展示了全省工会系统的对外交流工作的特色与活力。

省总工会的经费审查、职工疗休养等各项工作和事业也都有了长足发展。

工会工作的创新发展，使全省广大工会干部的精神面貌更是发生了深刻变化。尤其是通过开展党员先进性教育和深入实践科学发展观活动，热爱工会岗位，关心职工冷暖，工作求真务实，勇于探索创新，已经成为广大工会干部的自觉行动。

（四）

全省各级工会抓住发展和谐劳动关系这条主线，把坚持和深化以职工代表大会为基本形式的企业民主管理和厂务公开，代表和维护职工合法权益贯穿于推动改革、促进发展，积极参与、大力帮扶困难职工的全过程，有力地促进了社会和谐，维护了职工队伍稳定。

面对企业改革改制不断深化，多种用工制度并存，劳动关系日趋复杂的新形势，全省各级工会抓住劳动合同、集体合同与职代会三个关键环节，加强企业的民主管理和民主监督工作。全省共有 10895 户企事业单位建立了职代会制度。建立厂务公开制度的国有、集体及其控股企业达 1923 户，占总数的 94.3%；建立厂务公开制度的非公企业有 4217 户。

全省各级工会还建立了劳动关系三方协调机制，积极推进劳动合同三年行动计划。省总工会会同政府劳动监察部门，开展了整治非法用工专项行动，配合劳动、建设等部门推进和规范工资监控、备案和企业欠薪报告制度，参与了农民工工资清欠监督检查工作，开展了"劳动关系和谐企业创建活动"和《劳动合同法》宣传活动，促进了企业劳动关系的和谐稳定。

省建设工会从建筑行业的实际出发，以《劳动合同法》为武器，以清欠工人工资为突破口，积极开展创建和谐劳动关系的工作，大力推进集体合同、劳动合同制度，维护了广大农民工的合法权益。现在全省共签订集体合同 8393 份，覆盖各类企业 8465 户，覆盖职工 133.4 万多人。签订劳动合同的企事业单位有 5000 多家。全省各级工会女职工组织还大力推进女职工权益保护专项合同的签订工作，目前已签订合同 4000 多份，覆盖女职工 37 万多人，签订率达到 92.6%。

全省各级工会把帮扶困难职工作为维护稳定、促进和谐的重要工作来抓。兰州、天水、白银、金昌、嘉峪关、武威、张掖、平凉、临夏、甘南、陇南、定西、张掖、庆阳 14 个市州和 86 个县区都已建立了困难职工帮扶中心。目前全省 60%以上县区做到了按 1:1 配套帮扶中心资金。省财政配套资金由原来的 450 万元增加到 1000 万元。据统计，2008 年全省各级困难帮扶中心筹集使用帮扶资金达到 3395 万元，帮扶各类困难职工 9.2

万余人次。

各市州和县区困难职工帮扶中心把劳务输出、下岗职工和农民工就业技能培训作为帮扶的重点工作，以帮扶中心为载体，配合劳务输转部门先后举办了各类实用技术培训班，介绍了一批又一批农民工外出务工，帮助不少下岗职工走上了创业发展之路，大大拓展了帮扶活动的内容。

各级工会以帮扶中心为载体，进一步广泛开展送温暖活动，不断赋予全省已经开展了20多年送温暖活动新的内容。省工会十大以来的5年间，全省工会系统共筹措金秋助学、劳模慰问、困难帮扶、农民工救助等送温暖资金近3.36亿元，慰问困难企业达14500多户，慰问困难职工111.15万人次，仅慰问省部级劳模的资金就达1500多万元。从2006年开始，全省各级工会把农民工纳入帮扶和送温暖的范围，用于帮扶农民工的专项资金就达508万元，受助农民工达15万多人。

全省各级工会把源头参与和法律援助，作为新形势下履行工会维护职能的重要措施和手段。目前，全省工会系统已建立劳动法律监督组织57个，有监督员300多人。受理涉及劳动法律投诉的职工3400多人，其中拖欠农民工工资案件78件，涉及金额近500万元。省总工会专门成立了法律援助中心，积极开展了劳动争议案件的处理和法律援助工作。5年来，先后接待来访案件8300多件，涉及职工15.3万多人次。

（五）

甘肃工会十大以来的5年间，在我国全面推进和谐社会建设的伟大进程中，大事多、喜事多，难事也多。全省各级工会组织围绕中心，服务大局，勇于担当，不负重托，以卓有成效的工作把党的主张、政府的愿望和社会的要求变成广大职工群众的自觉行动，彰显了重要社会支柱作用。

2008年春节前夕，一场罕见雨雪冰冻灾害，造成我国广东、湖南、广西、贵州等南方数省区铁路瘫痪，公路中断，电网受损，灾情十分严重。兰州铁路局、甘肃电力公司迅速组织救援队伍，分别赶赴广东、湖南等灾区，支援抗击冰雪战斗。省总工会及时向兰州铁路局、省电力公司发出慰问电，慰问奋战在抗击冰雪一线的干部职工。还专门派出慰问团赴湖南灾区,慰问抗击冰雪一线的我省电力职工,极大地鼓舞了抢险救灾职工的士气和热情。

2008 年 3 月,受西藏拉萨出现的打砸抢事件影响,我省甘南藏区也相继出现不稳定情况。省总工会紧急组织慰问团赶赴甘南慰问受影响的职工群众,看望维护当地社会治安的公安干警,充分履行了工会组织应有的社会责任。

2008 年 5 月 12 日,震惊世界的四川省汶川 8 级大地震发生并波及我省陇南、甘南、天水等十几个市县后,省总工会领导先后多次深入灾区了解灾情,慰问受灾职工。同时还通知召开大企业工会主席会议,通过组织抗震救灾、重建家园奉献爱心大行动,创建抗震救灾"工人先锋号",组织建筑志愿者服务队等形式,开展了声势浩大的抗震救灾工作。据统计,抗震救灾期间,全省工会系统救灾物资折合金额达 2000 多万元。

2008 年 8 月, 在我国北京举办的第二十九届奥运会是实现中华民族百年梦想的历史性盛会。我省各级工会动员和组织广大职工,通过开展各种丰富多彩的活动喜迎奥运盛会,省总工会举办"我们与奥运同行"——全省第四届职工运动会、"奥运之光" 大型职工文体表演、"黄河潮声"大型职工文艺演出,为奥运会营造浓厚氛围。

同时,全省各级工会组织还充分发挥自身优势,以强烈的社会责任感,围绕社会治安综合治理、禁毒斗争和预防艾滋病等,开展了大量卓有成效的工作和有声有色的活动。

(六)

甘肃工会十大以来,我省工会工作以创新发展、拼搏奋进的业绩,赢得了中华全国总工会的极大关注和高度评价,也赢得了省委、省政府领导的充分肯定。

在中国工会十五大期间,中共中央政治局委员、全国人大常委会副委员长、全国总工会主席王兆国亲切接见省人大常委会副主任、省总工会主席孙效东,了解甘肃工会的工作情况。在这次会议上,孙效东还当选为中华全国总工会主席团成员,是甘肃工会成立近 60 年来,甘肃省工会领导第一次进入全国总工会最高领导层。在这次会议上,孙效东还出席了中共中央总书记、国家主席、中央军委主席胡锦涛与全总新一届领导班子的座谈会并发言，介绍了甘肃工会工作情况。2009 年 5 月，省总工会主要领导又应邀参加全国总工会、人民日报社、求是杂志社联合举办的坚定不移地走中国特色社会主义工会发展道路理论与实践研讨会，充分表明全国总工会对我省工会工作的关注。中华全国总工会副主席、书记处第一书记孙春兰以及乔传秀、孙宝树、张鸣起、董力等全总领导多次来我省视察、调研，对我省开展的经济技术创新、百万职工技能素质提升、坚持 20 多年的送温暖活动、创建"五好"县区工会、抗震救灾等工作都给予了热情称赞，《工人日报》、《中国工运》等全国性工会报刊多次报道我省工会工作。

省委、省政府领导对我省工会工作取得的成绩同样给予充分肯定。省委书记、省人大常委会主任陆浩多次听取工会工作汇报，出席工会召开的重要会议，亲切看望、接见劳动模范和工会干部代表，使全省工会干部倍受鼓舞。省委副书记、省长徐守盛多次主持召开省总工会与省政府联席会议，听取工会工作的意见和要求，解决工会工作中的实际问题。省委副书记刘伟平多次与省总工会领导一起共谋工会发展大计，每下市州调研，专门看望基层工会干部，了解工会工作情况。省人大、省政协同样也对工会工作给予了大力支持和热情关怀。

尾声

弹指一挥间。满载着省工会十大以来全省工会工作创新取得的丰硕成果，我们又迎来了甘肃工会第十一次代表大会的胜利召开，标志着我省工会进入了又一个新的发展阶段。新的任务、新的目标又在召唤着我们。使命光荣、责任重大，我们要进一步振奋精神，积极奋进，不断开创甘肃工会事业的广阔前景，为甘肃经济发展社会进步做出新的更大贡献。

5 年，在人类历史的长河中，只不过是一朵小小的浪花，而甘肃工会十大以来的 5 年，却激起了层层涟漪，留下了浓墨重彩。

这 5 年，陇原大地到处留下了广大工会干部为扩大工会覆盖面，不辞辛劳的忙碌身影；

这5年，陇原大地到处听到了广大工会干部为维护职工合法权益仗义执言奔走呼号的声音；

这5年，陇原大地到处响彻着工会组织顽强拼搏、锐意创新的奋进旋律！

正是在这高亢铿锵的奋进旋律中，我省各级工会继承发扬甘肃工会近60年发展里程中所形成的光荣传统，经过近5年的积极探索，努力实践，丰富完善，总结出了以“围绕一个中心，强化两个基础，深化三项服务，突出四个重点，落实五项措施，不断推动工会工作迈上新台阶”为内容的，新时期、新阶段甘肃工会工作的总体思路。我们相信围绕这一总体思路，全省各级工会必将在中国工会十五大精神指引下，满怀迎接新中国成立60周年的豪情，肩负起动员和组织广大职工建设中国特色社会主义伟大事业的崇高使命和促进甘肃经济社会又好又快发展的光荣任务，在中国特色社会主义工会发展道路上再创辉煌，勇往直前，唱响更加嘹亮雄壮的奋进之歌。

2008年5月12日，四川汶川发生特大地震并波及我省陇南、甘南等地，省总工会动员和组织全省各级工会与广大职工群众积极投入抗震救灾的战斗，书写了许许多多可歌可泣的感人事迹，激动之时，我用诗歌记录下了一幅幅感人肺腑的场景……

在工会的旗帜下……

亲爱的朋友，也许你还没有忘记
没有忘记2008年5月12日
那个让全世界震惊，让全中国悲泣的日子

亲爱的同胞,也许此时此刻你仍然在伤悲
仍然在为四川汶川大地震中遇难的同胞流泪
不能忘啊,不能忘
不能忘从 2008 年 5 月 12 日 14 时 28 分的那一刻起
一场八级特大地震突然降临
顷刻间天在崩,地在裂
一座座房舍变成了废墟
无数的同胞在废墟中呻吟
顷刻间,整个中国在颤抖
严重的灾情撕裂着全中国人民的心
甘肃十个市州遭遇危困
七十个县区灾情频频
陇南甘南灾情危急
通讯中断,电网受损,道路被毁
灾情严重,怵目惊心
多少人无家可归
多少孩子没有了父母
多少家庭失去了亲人
灾情就是命令
时间就是生命
省委发出抗震救灾的紧急命令
省政府做出抗震救灾的一个个部署
白衣天使星夜兼程向灾区挺进
在简易的帐篷里把无数垂危的生命挽回
公路、电力、电信职工迅速向灾区集结
顾不上山体滑坡,巨石飞滚
顾不上频频发生的强烈余震
抢通的一条条生命线向灾区延伸
把倒毁的电塔一个个重新竖起

冒着生命危险恢复中断的通讯
把党和政府与灾区人民的心连得更紧
从陇南山区到甘南草地
汇集起抗震救灾的浩荡大军
抗震救灾中工会的旗帜熠熠生辉
旗帜下凝聚的力量无坚不摧
工会时刻听从党的召唤
带领职工按党指引的方向奋勇前进
2008 年 5 月 13 日
汶川大地震最为危急的时分
这天晚上夜是那样的深沉
甘肃省总工会办公楼上
通明的灯光久久不息
省总工会党组正在紧急开会
运筹工会抗震救灾的一个个大计
成立抗震救灾领导小组
对全省工会抗震救灾加强领导科学指挥
发出工会抗震救灾紧急通知
肩负起工会组织抗震救灾的历史责任
紧急筹集慰问资金
送往一个个重灾区
把各行各业的职工动员起来
把各企事业单位的工会组织起来
形成抗震救灾的巨大合力
万众一心向灾区人民伸出援助之手
这是工会旗帜下的铿锵号令
这是工会旗帜下的赫赫雄风
大型企业工会主席抗震救灾紧急会议亮出一道独特风景
抗震救灾的共同任务让各企业向着省总工会靠拢

兰州铁路局来了
金川集团公司来了
中石油西北销售公司来了
甘肃电力公司来了
长庆油田公司来了
中铁二十一局来了
中石油兰州石化公司来了
兰州铝业公司来了
远在陇东的庆阳石化公司来了
一些民营企业也来了
来了,来了,大家都来了
大家怀着对灾区人民深深的牵挂
赴灾区、抢险情、献爱心、伸援手
成了每个企业气壮山河的共同心声
看啊
一个个企业把为灾区捐款的牌子在会场上高擎
听啊
“我们与灾区人民永远在一起”的庄严誓言
胜似滔滔黄河汹涌奔腾
省总工会发出号召
先进企业要当好抗震救灾排头兵
劳动模范要走在为灾区捐款的最前头
这号召
让全省各企业抗震救灾激情涌动
这号召
让陇原广大职工慷慨解囊热血沸腾
看啊
在工会的旗帜下
一个个职工抗震救灾突击队向灾区开赴

职工中涌动着一股股为灾区捐款的热流
他们当中
有企业的党政领导
有劳动模范先进标兵
八零后的青工更是不甘落后
还有那白发苍苍的离退休职工
有的职工自家的生活处于困境
也把仅有的一些钱放进了捐款箱中
这就是中华民族生生不息的传统美德
这一切的一切啊
这一切都在向全社会证明
工会旗帜下永远响着引领时代前进的脚步声
严重的地震灾情
让省总工会领导一个个心急如焚
多少个夜晚难以入睡
多少个夜晚心绪不宁
灾区倒塌的房舍,毁坏的公路……
一幕幕情景时刻都在眼前浮动
孤儿的哭喊,老人的呻吟……
耳边仿佛不停响着抢救生命的呼声
到灾区去,到灾区去
去看看受灾的职工
去安抚灾区群众悲伤的心灵
成为省总工会领导急切的心声
一个个急燎燎踏上赶赴灾区的征程
5月14日
离汶川大地震还不足48个小时
省总工会慰问团已经是在赶往灾区的途中
管什么余震不断

管什么山体滑坡道路难行
紧急关头受灾企业就有省总工会领导的身影
就在天水一些企业受灾职工临时居住的帐篷
省总工会慰问团的同志了解灾情慰问职工
满怀深情把慰问金送到职工手中
有党和政府的关怀
有全国人民的支持
困难一定能渡过
莫为重建美好家园发愁
临走省总工会领导紧紧拉着职工的手
深情的话语叮咛了又叮咛
近黄昏,暮色浓
省总工会慰问团的心早就飞到陇南大山中
因为那里灾情最重最重
在成县医院救助伤员的帐篷里
慰问团的同志俯身在伤员的床头
一边察看每个伤员的伤情
一边安慰他们好好养伤早日康复
看见有的伤员席地而睡
领导们心里格外地痛
连声说尽快想办法为伤员找到过渡房
千万不能耽误了救治伤情
冒着连连发生的余震
绕过地震后横沟泥泞
省总工会领导又走进康县
走进灾情最为严重的窦坪
特意来到窦坪小学
看望这里受灾的师生
尽管校舍已经变成一片废墟

满目惨景让人不忍目睹
听说一百四十八名学生一个个安然无恙
欣喜掠过领导心头
是十名老师危急关头舍身抢救
百余名学生才全部死里逃生
“救了这么多的孩子,真是个奇迹”
“你们为人民立了大功”
抓住教师们的手
省总工会领导高兴地夸个不够
还把三万元慰问金交到校长手中
勉励老师们灾后重建再显身手
甘南州的灾情同样让省总工会领导牵挂
茫茫草原上哪里灾情最重
哪里就有工会组织送来的温暖
哪里就有工会干部深情的问候
工会财产有没有受损
工会干部每个人是否安宁
这一切的一切啊
哪一点不让省总工会领导挂在心头
走一路灾区,洒一路深情
工会的责任显得是何等神圣
就在抗震救灾最为紧张的关头
省总工会的领导一个接着一个
一回接着一回
都来到了灾区
来到了受灾的企业
来到了受灾职工之中
看望受灾的劳动模范
慰问受灾的工会干部

看望救死扶伤的白衣天使
慰问抗震救灾的子弟兵
大灾当前工会把一切都抛在脑后
方便面就是最好的食品
汽车上打个盹就算休息
多少个夜晚都住在震区的帐篷中
工人们一个个为之动容
这是娘家人到了咱灾区啊
和我们工人一样同甘共苦
甘肃紧紧连着北京
全国总工会领导时刻牵挂着甘肃灾情
一千三百多万元救济金送到了甘肃
五百万元救灾物资及时发到灾民手中
送来了不少活动板房
还有不远万里送到灾区的两千多项帐篷
又派来全国总工会慰问团

查看灾情,慰问职工
带来了党中央的温暖与关怀
在陇原大地播下缕缕春风
就是在工会的旗帜下
汇集起抗震救灾势不可挡的滚滚洪流
重建家园,奉献爱心
省总工会再次发起抗震救灾大行动
那空前的规模
那非凡的声势
是工会伟大力量的象征
更是广大职工对祖国和人民的忠诚
八十五辆满载物资的货车
价值三千多万元的五十三万多件物品
送往遭受地震灾害的各个地方
一路上车轮滚滚
一路上车队浩浩荡荡
微风中飘动着工会的旗帜
召唤着陇原职工向着灾区
发起抗震救灾重建家园的总攻
看啊,灾区无处不见救灾职工的身影
听啊,雄壮的劳动号子声回荡在灾区上空
千军万马拧成一股绳
把一片片废墟正在唤醒
"工人先锋号"的旗帜是那样的鲜红
那是抗震救灾英雄群体无上的光荣
"五一劳动奖章"熠熠生辉
那是我们工人兄弟在抗震救灾的伟大斗争中
为祖国为人民又立下了赫赫战功
当着抗震救灾取得阶段性胜利

恢复重建更是道远任重
工会的旗帜关键时刻又一次高擎
百名建筑志愿者服务队
开始在工会旗帜下集中
电工、瓦工、钢筋工
还有项目经理,高级技工
争先恐后为灾区重建
建筑志愿者服务队的旗帜
在陇南灾区的几十个村庄飘动
红旗下建起了一座座新屋
尽管酷暑难耐
尽管困难重重
再苦再累绝无怨声
流血流汗也甜在心中
虽然时间很短
却为灾区建起标准房一栋接一栋
写下了我们建筑志愿者的无限真诚
也把工会的丰碑铸在了灾区人民的心中
2008 年啊
中华民族发展史上难忘的春秋
抗震救灾打响了一场感天动地的战斗
工会的旗帜在战斗中洗礼得分外鲜红
紧紧跟着党旗指引的方向前行
鲜红的工会旗帜啊
您又一次用自己不同凡响的作为向全社会证明
工会旗帜下汇集的工人阶级大军
永远成为共和国战胜一切困难的砥柱中流
永远是在共产党的领导下
坚持走中国特色社会主义道路的开路先锋

十八

人生什么最重要呢？各人有各自不同的说法。要我说，人生最重要的莫过于有一个幸福温暖的家庭，有一个令你在工作和繁忙之余可供安身休闲的温馨港湾，有搀扶和陪伴你走过风风雨雨的家人。三十多年来，我在东郊巷能一直矢志不渝地走下来，除了组织的培养，领导的关心，同事们的帮助支持，一个很重要的原因，就是家人给了我无尽的温暖，甚至是做出了不少牺牲，一直默默支持着我一步一步向前走……

在走进东郊巷的第四个年头，我终于有了自己的小家庭。从此它就像一棵大树，为我遮风挡雨，与我一起度过了有喜有忧有苦有乐的一个又一个春夏秋冬。

我是经人介绍与夫人安郑凤相识的。记得那还是1977年初春的一天晚上，我应约来到一位同事家里。一进门同事夫妇都连忙站了起来。同事的夫人指着站在简易沙发旁边的一位年轻姑娘说："这是我们单位的同事。"我们彼此都看了看，并微笑着点了点头，算是打了招呼。我心里明白这就是给我介绍的对象。

同事夫妇十分热情，又是沏茶，又是拿糖果。趁着闲聊的当儿，我也不时打量着就坐在我对面的年轻姑娘：个头不高，一身深灰色的卡衣裤，穿一双偏带方口布鞋，显得格外朴实大方。圆乎乎的脸庞上透出挡不住的善良祥和气，尤其是一双又大又亮的眼睛给我留下了深刻印象。就在我的目光不时停留在她身上时，我也注意到了她也在不时地看着我，有几次我们俩人的目光相撞时，她便情不自禁地把头低了下来。

约摸过了二十来分钟,她便站了起来告辞,说是晚上还要值夜班。临走时我们彼此也点头示意,算是告别。同事的夫人一直把她送到楼下,半个多小时后才回来。一进门便问我:“怎么样,看上人了吧?”我一时语塞,只能说:“看人家的态度吧!”“她说了,晚上考虑一下,明天再说。”听同事的夫人这么一说,我便说:“那就等人家明天答复了再定吧。”说着同事的夫人向我详细介绍了她的一些情况:她叫安郑凤,是兰州市电信局长话台的话务员。由于服务态度好,工作认真,多次被评为先进,曾参加过全国邮电系统的先进模范座谈会和甘肃省工业学大庆先进表彰大会。为了抢救广州一位危重病人的生命, 她电话联系只有兰州才有的一种药品,及时送到广州的事迹,还上了《羊城晚报》、《广州日报》等报纸,兰州电信局的宣传栏上曾悬挂她的大幅照片,号召全局职工向她学习……同事夫人绘声绘色的介绍,让我增添了对她的好感,油然而生出这是一个“好人”的感觉。

离开同事家回到宿舍后,我的心总是静不下来。说实话,这是我从部队到地方工作后,热心的同事和朋友给我介绍的第三个对象。前两次也都是见个面,走了走“相亲”的过场而已,过后在心里并没有留下些什么,更不要说迸出什么火花来,以至于到现在,我连曾经相过亲的前两个人姓啥名谁都说不清楚了。可这次“相亲”还真让我有点动心,整整一个晚上,她的影子总是在我眼前晃动,挥之不去的不仅是她是单位的优秀职工,是先进模范,最重要的还是她那一身朴实无华的穿着,一双又大又亮的眼睛和那张溢满福气祥和的面庞,内心深处似乎隐隐感到:这不就是我所期盼的那种爱情吗?

尽管“安郑凤”三个字不时在心头撞击让我一夜都没有入睡,但第二天清晨我还是起了个大早,似乎觉得这天格外有精气神。与往日一样,我走进院内的小花园里散起步来。那时正值阳春三四月间,花园里一些草木开始泛绿,刚刚抽枝的树梢上不时传来喜鹊的叫声,在潜意识中我总感到这天会有佳音传来。也许这就是谈恋爱的魅力,整整一天我的心里都有着过去从未有过的喜悦和兴奋。终于等到中午临下班那阵,同事的夫人传过话来,对方表示愿意接触。这让我一颗悬着的心总算放了下来。

中午下班后我连饭也没顾上吃，便来到那位热心同事家里。一进门同事的夫人便兴冲冲说："小安同意，现在就看你的态度了。"我忙说："我同意，我同意。"同事的夫人笑着说："找上小安可是你的福气啊，她人好，心

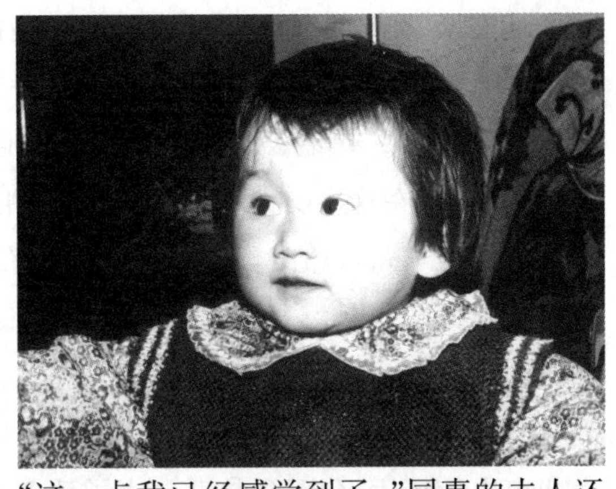

善良，非常朴实。"我接过话茬："这一点我已经感觉到了。"同事的夫人还冒出一句话来：小安还做得一手好饭哩，如果谈成了你就等着享福吧。一番话更把我的心里说得热乎乎的，一时只是摸着头也不知说啥好。

就这样，我开始了走进东郊巷之后真正的谈恋爱。第二次与安郑凤见面，也是在一天傍晚。初春的兰州仍然寒意料峭，不到下午7点钟夜幕已经笼罩了整个城市。我们通过电话约定，7时30分在农民巷口，也就是现在的东郊巷口见面。还不到7点钟的时候，我就到了巷口等候。约摸过了二十来分钟，只见安郑凤不紧不慢地向东郊巷口走来。她还是一身深灰色的衣裤，与上次不同的是多了一条银灰色的围巾和一个黑色的挎包。我连忙迎了上去，她似乎也早就看见我，一见面我俩彼此点头一笑算是打了招呼。这次倒是她先开口："我没有迟到吧？今天上下午班，6点钟才下的班。"我忙说没迟到，没迟到，按约定的时间还差十多分钟。这当儿只见她脸上泛起一片红晕，嘴角露出一丝笑容。我们肩并肩走进了东郊巷，又走进省总工会大院，走进了当时我那间不足8平方米的单身宿舍。想起来那个时候也真傻，头一回约请女朋友到我的宿舍，竟然连个糖果也没有准备。由于房间太小，整个房子也只有一把椅子，安郑凤只能坐在床边上。我沏好一杯茶递到她的手里后，她顺手放在了床边的床头柜上，接着就从随身带的包里拿起一团毛线打起毛衣来，脸上挂着一丝淡淡笑容，显得那样恬静，流淌着一股挡不住的祥和。我也注意到她不时会抬起头来，一双有神的大眼不时从我身上扫过，当与我的目光碰撞时，便略显羞涩地低下头去，始终没有放下手中正在编织的毛衣。我们便你一言我

一语地交谈起来。我简单说了自己的一些情况，说到了曾在部队的生活，说到了老家亲人的情况，说到了我当下的工作。就在我说着这些的时候，她始终没有问一句话，只是偶尔点点头，但我能感觉到她听得还是很认真的。也就是在这次交谈中，我知道了她祖籍河北省邯郸地区武安市，父亲原在河南郑州铁路工作。1958 年我国在河西走廊建设核工业基地时，全家人随父亲一起由郑州来到了位于茫茫戈壁新建的四〇四厂。父母亲和兄弟姐妹共七口人，从此便把根扎在了大西北河西走廊西端的大漠深处，父亲、哥哥、弟弟、姐姐、妹妹都在四〇四厂工作。她是 1970 年招工到兰州市电信局后，分配到长话台当了话务员，参加工作时刚满 17 岁。交谈间，我说到了她转接长途电话，到处联系药品，抢救危重病人的事儿，她也只是淡然一笑说，那种事谁遇到了都会去做，正好也就让我遇到了。话说得不温不火，更让我感受到了她的朴实与憨厚。

时间过得真快，不知不觉已到了晚上 9 点钟。只见她收起手中的毛线，一边装进包里一边站起来说，时间不早了我该走了。我忙说那我送送你，她却笑着说不用了，离这又不远。说着我们俩便一起出门，我还是坚持要送送她。走出东郊巷后，我们肩并肩朝着位于兰州市东方红广场西口的兰州市电信局走去，路过广场时，只见人来车往，华灯闪烁。我们一直向前走着，也许是头一次接触，免不了有些拘谨，我俩谁也没有说句话。直到走到兰州市电信局门口，她才对我说了声谢谢。我猛地冒出话来：那我们下次何时再见面啊？她稍稍沉思后说，再联系吧。就在她要进入电信局大门时又扭过头来说，那就打电话联系，电话就打到长话台上，明天上午我当班。说完头也不回地就进了电信局的院子。我还一直站在门口望着她的背影。就在我正准备离开时，看见已经走在院子中央的她又扭过头来朝大门张望，也许是看见了我，她似乎加快了脚步，一溜烟就在我视线中消失了……

有了这一次的接触，我们彼此之间的电话与来往也多了起来。那时她上倒班，不是上白班，就是上夜班，甚至还有什么大夜班、小夜班的。而我的一年到头都是上行政班，往往是我有时间时她却在上班，很难遇到一个星期天或假日，我们双方都有时间一起相聚的。我与安郑凤一样都

是把工作看得很重的人,虽说是自从第一次接触后来往多了一些,但现在回想起来,来往的次数实在是少得可怜。说起来也许有人不会相信,就在我们谈恋爱期间,竟然两人没有逛过一次公园或商店,更不要说一起下馆子吃饭了,能想起的也只有两人一起看过几场电影。在我的印象里,就在我们谈恋爱的那段日子里,安郑凤从来就没有穿过一件鲜亮的衣服,常常都是全身上下一套深灰色的卡装,偶尔穿过几次的也只是件当时较为时兴的紫红色对襟便装,看上去朴素又大方。我也曾提出买点什么时兴衣料,总是被她谢绝了。直到我们婚后三十多年的生活中,安郑凤也很少提出过要给自己添置点什么好衣服或其他什么装饰品。

经过一年多时间的交往,我们终于商定,1979年阴历正月十四结婚。想起当年的结婚,更让我又一次深深感受到了安郑凤的朴实与单纯,也为我们结婚时的"寒酸"而汗颜。

按一般习俗,姑娘要出嫁了,女婿总得先见见老丈人和丈母娘。也许是家在外地的缘故,从我们谈恋爱起,我从未见过老丈人和丈母娘的面,就在结婚时也没有上过老丈人家的门,安郑凤也从来没有提出一起回家看看,更不要说给丈人家送些什么"财礼"了。可以说我真是白拣了个媳妇。

眼看离结婚的日子越来越近了,安郑凤竟然什么要求都没有提出来,就连买几件结婚时的衣服她也没有要求。当时在兰州结婚,还讲究着什么三转一响、多少条腿等等一些风俗,安郑凤压根就没有这些想法。每

当说起举办婚礼，她总是说你看着办吧，怎么都行。一个难得的星期天，她下夜班后白天休息，我们约好上街买点结婚用的东西。记得当天在南关什字百货大楼给她买了件红缎棉袄，又买了几米蓝色毛料，打算给我们两人做条结婚时穿的裤子。本想给我买件中山装的上衣，可跑了几个商店都没有选上合适的。无奈，结婚那天，我连件新衣服都没能穿上，只好把原有的一件呢子上衣熨了熨就算作结婚服了，安郑凤知道后也只是笑了笑什么也没有说。结婚的房子也是省总工会腾出了一间原作为库房的房子，约十多平方米。我们一起上街买了付双人床架，一把折叠椅和一个方桌，这也就是我们当时的新房全部摆设，就连床板也是找来几块板子凑合的。看到这些，安郑凤仍然没有说半个不字，总是满脸布满笑容，似乎对她来说什么都不在意，更不要说买结婚戒指、项链、手表等等，她从来都没有提过，就连个结婚合影照也没有照。用那个年代的时髦话说，真是移风易俗，来了个革命化结婚。

正月十四，是我们结婚的日子。

这天，兰州天气格外的好，平常灰蒙蒙、雾腾腾的天不仅阳光灿烂，而现露出平日很难见到的湛蓝天空和一朵朵云彩。正好第二天又是元宵节，到处还弥漫着春节的喜庆气氛，城区到处张灯结彩，就连东郊巷几家机关、单位、学校也挂起了大红灯笼，不时会响起一阵接着一阵的鞭炮声。我的心里禁不住漾起丝丝甜蜜，一大早就起床，把头天晚上几位同事帮忙布置的新房里里外外看了一遍，然后又找到当天帮忙的同事，细细商量了一番，生怕生出一些不周到的事来。整整一个上午忙前忙后没有个停点的时候，记得当天中午连饭也忘了吃，机关食堂的老王师傅喊了几次让去吃饭都没能顾得上。

安郑凤是头天上的大夜班，这天清晨下夜班后，几个姐妹们才张罗着给打扮了一番。那阵子我们满脑子都是新事新办，下午 3 时，省总工会派了辆小轿车和一辆大面包车。我坐上小车去兰州市电信局接亲，面包

车上坐满了安郑凤单位的领导和同事，她们是作为“娘家人”送亲的。我与安郑凤一起坐在了接亲的小车上。上车后，我禁不住打量了一番“新娘”：头上的两个小辫上两朵由红绸扎成的蝴蝶结格外鲜艳，配上那件黄里透红的外衣，浑身都透出一股喜气。汽车驶出兰州市电信局大院，穿过东方红广场，不到十分钟开进省总工会的院子时，几位同事放起了一阵经久不息的鞭炮。婚礼是在省总工会办公楼的一楼会议室举行的。婚礼现场十分简单，除了几盘糖果、瓜子、香烟和茶水外，其他什么也没有，压根就没有想到要摆什么酒席。现在想起当时那个“寒酸”劲，恐怕是让今天的人无法思议的。婚礼是单位的一位热心同事主持的，虽说仪式简朴，但却热闹隆重，婚礼现场里里外外，祝贺的同事们挤了个满满当当。婚礼结束后，有不少同事朋友都称赞说，婚礼办得很有新意。等送走一拨拨前来祝贺的客人，已经到了下午5点来钟。甘肃日报社著名摄影记者田萍是我多年的老朋友，这天他一大早就赶了过来，在婚礼现场为我们照了不少像。等到婚礼结束，送走最后一拨客人后，老田又特意把我与安郑凤叫到院子的花园内，为我们照了张合影照。结婚时我们也没有去照像馆照个像，老田照的这个合影照也就成了我们唯一的结婚纪念照。

参加婚礼的客人一一离去后，已经落下一层薄薄的夜幕。那时我们还没有自己开伙做饭的准备，因此，机关食堂热心的王师傅一直等我们到晚上7点钟以后，我们结婚当天的晚饭，也就在机关食堂里随便吃了一点，与平常并没有什么两样。

吃过晚饭不大一会儿，来了几位闹房的同事，省总工会几位领导也先后前来看望，不大的新房里坐着的站着的满都是人。正月十四的晚上，高高挂在天上的月亮又大又圆，溶溶月光洒在我们新房的粉红色窗帘上，与屋内的灯光交相辉映，整个新房浸润在浓浓喜气之中。一缕甜丝丝

的幸福不时在我心头拂动，目光也不时随着窗外圆圆的月亮而游移，一种我们的婚姻犹如当晚的月亮一样圆满的感动不时在我心头升腾。当我的目光停留在安郑凤脸庞时，却似乎看到在淡淡的笑容中，眉宇间露出些许隐忧。我禁不住问她是否有什么心事，她嘴角划过一丝微笑说，能有什么心事。说话间眼里却闪动着泪花。经不住我再三询问，她才一边擦着眼睛，一边带着微笑说：就是有点想父母。经她这么一说，我的心顿时也沉了起来，两人相对无语，我也真不知该拿什么话来安慰她。

我心里明白，从我们相识到结婚，我一直都没有见到过她的父母。只是她告诉我说，父母她对的婚事非常关心，但一切都尊重女儿的意见，只要她满意家里人就满意。尽管我们的婚礼她的家人都没能到兰州来参加，但还是给我们带来了衣料等礼物，特别是岳母还特意为我做了棉袄，至今想起来令人倍感温暖。

说起岳父母，在我心里总免不了泛起深深的愧意。上门看望岳父母已经是我们结婚后三四年的时间。记得那是一年春节的时候，我们一家三口专程赶往地处嘉峪关以西的四〇四厂过年。这既是我头一回上岳父母家门，也是唯一一次与岳父母一家一起过年。我们是腊月二十九日清晨到达地窝铺火车站的。郑凤的哥哥、弟弟都到火车站来接我们。这也是我头一次见到她的家人。那时，进入四〇四厂的保密规定还非常严格。下火车后我们是乘四〇四厂的通勤车进厂的，就在汽车进入厂区时，还接受了值勤解放军的检查，让我对地处戈壁沙漠深处的四〇四厂更有了几分神秘的感觉。车过检查站不到十分钟，汽车就停到了一个站点上，说是停车站，其实就是在一片空荡荡的戈壁滩上。当我们走下车时，寒风中一个中等个儿的老人就朝着汽车走了过来。郑凤还没下车就大声喊了声“爸”，我便知道他就是老岳父了。我自从12岁父亲去世后，“爸爸”的称呼已经在我生活中消失了。一见到老岳父，竟让我一时喊不出“爸爸”二字，只好对抱在怀里的女儿说：“快叫姥爷。”女儿文晶甜甜地叫了声“姥爷”，老岳父乐得连忙答应着，还从我怀里把孩子接了过去。趁这当儿，我也看了看老岳父，满脸布满幸福的笑容，眉宇间、嘴角边溢满着和善与慈祥，看上去身板还挺硬朗。跟着岳父我们向家里走去。穿过一条马路之后，映入眼帘的便是一排紧挨一排的楼房，四周便是望不到尽头的茫茫戈壁，四〇四厂俨然就像守护在戈壁滩上的一个孤岛，荒凉、偏僻、艰苦就像一股冷风不断掠过我的心头。唯一坐落于厂俱乐部前的毛主席挥手的巨型雕像，仿佛让我感受到了一些城市的气息。

我们一家三口的到来，给岳父母一家增添了不少欢乐，尤其是女儿文晶，那时才三四岁，正是逗人喜欢的时候，一家人几乎都在围着她转。过年那几天，老岳父更是忙得不亦乐乎，常常是亲自下厨为我们又是包饺子，又是炒菜，每顿饭都是七碟八碗，生怕我们吃不好。知道我是陕西人喜欢吃面条，老岳父总是变着花样给我做面条吃。记得他专门为我做的他最拿手的，就是河北风味的蒸面，现在回忆起来，仍觉余味悠长。老岳母身体不大好，也不善言谈，听说我们回家过年，岳母特意缝了新里新面新棉花的被子、褥子，从我们一进家门就拿出来，让郑凤看了又看，说了又说，让我自父母去世之后，又重新感受到了浓浓的父母之爱。

四〇四厂虽地处偏僻、荒凉，但春节还是很热闹的。工厂举办了放焰火、耍社火、猜灯谜等一系列文化活动，厂俱乐部每天晚上都放电影，因此，在这里过春节不仅不寂寞，反而感到别有一番情趣。大年初七，我便告别了岳父母一家回到兰州，郑凤与女儿仍留下来住了一段时间。这也是我唯一的一次在老岳父母家过春节，虽然三十多年过去了，回想起来就像发生在昨天的事一样，还令人感到温暖亲切。也许我从 16 岁离开家乡后，从来没有与亲人在一起过春节的原因，这次去和岳父母一起过春节，在我心里留下了抹不去的记忆。可让我总感到有些愧疚的是，与岳父母的温馨相聚也仅仅就这么一次。在后来的日子里，由于总是忙于工作，当老岳母病重在床的时候，我没能伺奉在身旁，直到去世我也因

为工作离不开、女儿上学，只有郑凤一人赶回去料理后事，这在我心里同样留下了终生的遗憾。在老岳父病重的时候，我也同样因为忙于工作，而没能前去探望与照顾。那时，岳父就在四〇四厂职工医院住院，一天我给老人家打电话询问病情，电话里我喊了声“爸”后，老岳父那头笑呵呵地说：“你就安心上班，我的病没大问题。”谁料这竟是我与老岳父说的最后一句话，没有多长时间老岳父便离开人世。同样还是郑凤赶了回去，我仍然留下来照顾女儿，并忙于自己的工作。现在每当想起在岳父母临走时，我都没能见上一面，我的心里总是很难平静……

这些年来，我常常对一些朋友说：我之所以长期能够一心扑在工作上，能在东郊巷一步一步坚持走下来，关键在于有一个贤惠、善良，一直支持着我的好妻子。真应了那句话：成功的男人后面必定站着一个默默奉献的女人。尽管我算不上什么成功之人，但夫人给予我事业上的全力支持，却是令我为之感动的。

刚谈恋爱那阵，我就知道安郑凤是单位上的先进人物。之所以先进，就是因为她把全部心思都用在了工作上，而且以周到热情的服务，赢得了用户的赞誉。这一点我在婚后的生活中有着深深的感受。郑凤从不会因个人私事而耽误工作，即就是生病头天晚上发着高烧，第二天连床也起不了，可到了下午上班的时间，她硬是爬起床也要去上班。一次，上班途中被一位骑自行车的青年撞倒在地，脸上、手上都是伤，即便如此，她还是带着伤去上班。还有一次上班时，在单位的楼梯上不慎摔倒，顿时腰、腿疼痛难忍，可她还是坚持上完了班。在我的记忆里，多少年来，她几乎没有因病因事耽误过一次上班，实在有事要办也只是找同事调换个班次，生怕影响了工作。有了孩子后，也往往是把孩子锁在家里，也不会因

孩子小、要喂奶等原因而误了上班。对用户她更是倾注了一腔热情。有的用户从外地打来长途电话，往往由于受话人不在家无法接通。安郑凤便问清具体地址,家中门牌号码,下班以后便找上门去通告受话人，有时干脆就向受话人转告长途电话的内容,使之及时与亲人取得了联系。这样的情况对她来说似乎习以为常,往往有时下班后回家晚了,我也会猜到她八成又是上门为用户传话去了。

郑凤对她的工作是这样一丝不苟,对我在工作上的支持,更是倾注了全部的心血,可以说付出了许多,奉献了许多,牺牲了许多。一些熟悉的朋友常夸我有一个纯朴厚道的好老婆,这话一点儿也不假。说实话自打我们结婚以后,我们这个家全靠郑凤经营了。我一年四季早出晚归,整天都奔忙于工作上,家里的事儿压根就没有在心上放过。毫不夸张地说,三十来年了,我几乎没有做过一顿饭,没有洗过一次衣服,大大小小的家务活,全都落在了郑凤一个人的身上。有了女儿后,照料孩子的事也全都让她承包了。就连孩子或她本人有病住院,我也很难抽个时间去陪陪。没有退休前,郑凤一年到头都上倒班,但不管上什么班,上班前总是把饭做好,等到我下班回到家时,她人虽然上班去了,做好的饭菜都摆放在桌子上。按照郑凤在单位的表现,她也曾有过上学深造,或者寻求更好工作岗位的机会,可她为了支持我的工作,为了抚养女儿,为了经营好家庭,都一次次放弃了。为此她也后悔过,埋怨过,也说过自从嫁给了我她就一落千丈了,可说归说,怨归怨,她从来都没有在我的工作上拉过半点后腿。凡是工作上的事,她除了给我打气,就是鼓劲,即就是自己再苦再累也没有半点怨言。

人常说,家有贤妻金不换。对我而言,安郑凤堪称得上一位贤妻。她不仅仁厚、宽容、大度,一门心思操持着家务,而且在生活上从不计较,一切都是那样平平淡淡,简简单单。在我们家里从来没有因为钱多钱少而闹矛盾,她也从不过问我的工资有多少,尽管每当单位发了钱我都会说给她听，她也只是淡然一听了之。而她的工资竟然承担了我们全家日常生活的全部支出，就在她退休后，仍然如此。平常她极少提出要给自己买这买那的，倒是我和女儿有时提出给她买件衣服什么的，往往也都被她推掉了。相反，亲戚、朋友有个什么困难，需要我们接济或帮助一下时，她却显得格外大方，一再要动员我尽可能多给些。每到年关节日，都是她催着我给老家的亲人寄点钱去，或给有的亲人送些过年的礼物。每到此时，我虽当面不说什么，可从内心深处对她的善良不得不感叹和佩服。更让我感动的是，郑凤有着一般女人少有的胸怀，这些年来她在我的耳边没有少吹过风，时时都在叮咛着，生活过得去，平平安安就是最大的幸福，千万别贪那些不该属于自己的蝇头小利，绝不能利用工作或职务之便占公家的便宜。在甘肃工人报社担任了二十多年领导，这个紧箍咒她给我整整念了二十多年，从而也让我在廉洁自律方面始终做到了警钟长鸣。

近几年，郑凤的身体明显不比前些年，也曾住过几次医院，她显得很坦然，我却常常有点担心。有时我真不敢想：她真病倒了，我们的家该如何经营，我们又该怎么生活……

女儿文晶的出生，是我们精神的寄托，也给我们带来了无尽的欢乐。从小我就对女儿有点溺爱，郑凤却对她疼爱中又不乏严格。小的时候，由

于我们都忙于工作，只好经常把孩子一个人锁在家里，稍大一点基本上就是郑凤每天送着她上托儿所，进幼儿园，风里来雨里去，孩子从小受了不少苦。

在女儿身上，吸收了我对工作的执著和拼搏精神，也吸收了她母亲善良、宽容的品质。大学毕业后，按说在兰州找个不错的工作还是能够办到的，有的单位本来一毕业就可以去上班，可她却硬是要到外地去闯一闯，说是不能光依靠父母给自己把一切路都铺好，于是只身一人到了北京。先后在人民日报社、新华总社实习过，后来便到了新华社工作。自从走上工作岗位，女儿和我们一样，心思都操在了工作上，我能感到女儿在工作上是尽力拼搏的，因而表现出了十分优秀的品质，对此我与夫人都十分宽慰。唯一让我们至今心里都不能安稳的是，直到现在女儿还住在租用的一间房子里，没有一个能属于自己的栖身之地。为此，女儿也没少埋怨过我，因为早些年，当北京房子几千元一平方米时，也曾提出过买房子。可那时一则我的观念落后，二则女儿的工作还没有确定，买房一事也就拖了下来，以致错过了机会。再说，尽管那时看是几千元一平米，可那时我们的收入很低啊，每月只有几百元工资，拿出几十万买房子同样买不起啊。尽管如此，女儿对我们的孝敬常让我感动不已。自从有了工作，女儿每次回家都会把当年的积蓄交给我们，每当此时我们总会说："我们不缺钱，你自己的钱留着自己用。"可女儿总会甜甜地说："你们不缺钱那是你们的，这钱是我孝敬你们的，不一样啊！"听女儿这么说，我难免眼睛里都会闪起泪花来。

更让我们高兴的是，女儿找了一个忠厚老实，又极具机灵和精明之气的好女婿，他不仅对女儿疼爱有加，对我们也非常孝

顺。女婿韩炜是女儿文晶上中学时的同学,现在北京中国石油总公司工作。小伙子知情达理,富有爱心。我们能感觉到小两口十分恩爱,尽管比不上一些富裕人家,生活倒也美满幸福,我与夫人也常为此感到高兴。俗话说一个女婿半个儿,可我们感到女婿待我们孝敬、关心、体贴,时常打电话问寒问暖,有时也忘不了给我们买这买那,能感受到小伙子是把我们放在心上的,把女儿托付给他我与夫人都会放心的。我现在唯一的愿望就是孩子们早日能有个属于自己的房子,夫人能有一个健康硬朗的身体,让我们一家幸幸福福、平平安安,尽享天伦之乐的美好时光,为我在东郊巷三十余年走下来画上一个圆满的句号!

有许多和我相识的人都曾经说过,是夫人给我带来了福气,我虽然往往只是淡然一笑,但从内心却还是有些默认的。有几次朋友们一起聚餐,甚至外桌有的人专门走过来,当着郑凤的面说:“这位大姐一副福相呀!”有几次走上街头,有些老人专门赶上来拉着郑凤的手说:“你的耳垂好大,真有福气啊!”不管这些人说些什么,但我还是笃信,是郑凤的一片爱心,经营着我们的幸福之家,她确实是给我带来福气的人。

2012 年 10 月 16 日, 郑凤 59 岁生日是在北京与女儿女婿一起度过的,女儿打来电话说,他们带着妈妈专门去作了美容,还办了祝贺母亲生日的宴会。看到女儿用手机发来的照片,其情其景让我感慨万千,也通过手机短信发出小诗一首,算是对夫人生日的祝贺:清风育金凤,兰心吐芳菲,淡若上善水,慈情惠福临。也以此表达了我的感激之情。

访日散记

（一）

2009年岁末，我有幸随中国教科文卫体工会代表团对日本进行了为时六天的友好访问。在短短几天内，对日本教职员组合的组织体系、会员发展、工会干部选举、经费来源、活动方式等进行了深入考察，并与日教组的朋友们进行了广泛交流，所到之处让人深深感受到了中日两国人民之间一衣带水的友好情谊。虽然出访已经过去了一段时日，但一些美好的记忆总是久久难以忘怀……

有资料记载，早在20世纪50年代初，中国教育工会就与日本教职员组合建立了友好交往的关系。1995年，中国教育工会与日本教职员组合签订了隔年互访的协议。这次以中国科教文卫体工会副主席万明东同志为团长的中国科教文卫体工会访日代表团，既是一次隔年两会之间的互访活动，又要互商庆祝2010年双访签订隔年互访协议15周年相关事宜。

这次访日代表团由6人组成，除团长万明东外，还有山东省教育工会主席李崇岗、湖北省教育工会常务副主席马建才、中国教科文卫体工会调研员石建民、全国总工会国际联络部培训处正处级调研员兼代表团翻译高晓梅。我作为甘肃省总工会的代表有幸参加了这次出访活动。

按照外事活动规定，代表团出访前都要进行有关情况介绍和必要的学习教育。2009年12月10日上午，我们参加出访的几个人来到全国总工会,参加出访前的相关学习。主要听取随团翻译高晓梅同志介绍日本的有关情况及出访期间应该注意的事项。

高晓梅同志俨然是一个"日本通"。万明东副主席告诉我们,高晓梅长期从事中日两国工会之间友好往来工作,先后到过日本三十多次,说起有关日本的情况可谓是胸有成竹。她竟然手头片纸未拿,一口气把个日本国的历史文化、自然风光、民俗风情说了个头头是道。她说:日本国的国名意为日出之国,誉之为"樱花之国"。传说日本是太阳神所创造,其国旗为太阳旗也来源于此。从自然地理位置上看,日本位于太平洋西岸,是一个由东北向西南延伸的弧形岛国。西隔东海、黄海、朝鲜海峡、日本海,与中国、朝鲜、韩国、俄罗斯相望。陆地面积37.7万多平方公里,包括北海道、本州、四国、九州4个大岛和其他6800多个小岛屿。领海面积31万多平方公里。中日两国是一衣带水的邻邦。

高晓梅介绍说,中日两国工会之间的友好往来起源于20世纪50年代。中日交往中的许多重大事件大都是从两国工会之间的交往开始的。目前日本有三大工会:日本工会联合会、全日本劳动组合联合会和全日本劳动者权益协会。特别是全日本劳动者权益协会,对中国非常友好。说到我们这次主要访问的日本教职员组合,高晓梅介绍道,成立于1947年的日教组,主要会员为中小学教师,从1953年就与全国总工会建立了联系。1962年当日教组所属的一些教职工发不出工资时,全国总工会还资助5万美元,帮助渡过难关,在整个日教组产生了十分广泛的影响。

从高晓梅翻译的介绍中,我们也了解到,日本教职员组合现有会员35万多人,作为颇有影响的工会组织,其主要职能是为提高教职工待遇、改善教职工福利,寻求社会公平、公正而努力。在日本国内所有教师均为公务员,所办学校多为民营教育。同时,日本国内产业工会有着举足轻重的作用,地方工会力量相对比较薄弱,各类企业工会在整个工会工作中起着主导作用。像日教组这样的产业工会,往往就涉及教职工福利、工资等具体利益的问题与政府谈判、协商,积极为谋取教职工的正当权益而奔走呼号,因而深受广大教职工信任,也在日本政界和社会上颇具影响。

翻译还告诉我们，我国与日本的年贸易额2700多亿美元，成为日本的第一贸易大国。现在日本市场上到处都有中国制造的产品，而且近几年中日关系越来越密切，中日两国之间共有233个城市结为友好关系，来华访问的日本人达到240多万人次。中国经济发展在日本朝野和广大民众中有着十分强烈而又巨大的反响。日本作为经济发达国家，高科技、社会服务等方面有着相当高的水平，特别是日本高度重视教育，是全世界唯一没有文盲的国家，90%以上的国民都受过高等教育，70%以上的人都为大学生。因为有着良好的教育，日本人非常敬业，做任何事都非常认真。说到这里，高晓梅还提醒我们，出访日本，男士必须每天刮胡子，每天必须换衬衣、换领带，否则就会被认为是头天晚上没有回家的人。在公共场所乘坐电梯，必须靠在一面，不得几个人并排，与人交流不得用手指着对方，日本人就是这样注重每一个细节。听着翻译的这些颇有意味的介绍，不禁平添了我们对日本岛国的兴趣和向往……

（二）

2009年12月11日，出访团的同志们都起了个大早。7时整，我们一行六人，乘坐全国总工会安排的一辆面包车，向首都机场赶去。

约莫四十来分钟，我们就来到首都机场，进入一号航站楼办理登机手续。从登机牌办理到行李托运，让我们真切感受到了高晓梅翻译办事的利落和处事的果断，不得不从内心里赞叹：真是个外事活动的行家里手。办理完一切登机手续，通过安检进入候机大厅后，高晓梅翻译还特意对万明东团长和我说："按全国总工会有关外事活动的规定，你们两个登机后坐公务舱。"这时我才拿出登机牌仔细看了看：北京首都机场至日本东京羽田机场，CA181航班E34号，并连连向高翻译点头致谢。

就在我们等候登机的当儿，全国教育工会的石建民处长也许从讲话的口音中得知我是陕西人，便互相聊了起来。原来她也曾在青海工作过，还是曾任青海省省委书记的儿媳妇，公公家也是陕西礼泉县人，和我同属咸阳市二个辖区，自然多了一些乡党的亲情。特别是她在西宁工作多年，对甘肃、对兰州也多有了解，说起兰州的牛肉面、灰豆子、酿皮子等地方小吃和五泉山、白塔山、黄河铁桥等景点，真是如数家珍，活脱脱一个“老兰州”。后因公公工作调动，她也离开青海到了北京，分配到全国总工会工作。正当我们交谈得热火之时，高晓梅翻译忙完手头的事也凑了过来。真是奇了，这位高翻译也曾在青海生活过，她的父亲曾担任青海省委书记，祖籍竟然是陕北清涧县，当高翻译说到这里，我禁不住连连说：我们单位有个司机也是清涧人，简直太巧了，太巧了。高翻译接着说，“文革”结束后，她的父亲调到吉林工作，她也随父亲到了东北。从吉林大学日语专业毕业后，先是分配到国家体委工作，后又调到全国总工会从事外事工作，主要负责中日两国工会之间友好交往活动。说到这儿，我们三个人不约而同地都笑了。高翻译快人快语：我们访问团里三个老陕，真是奇了。就连团长万明东也禁不住说：这就叫缘分啊！

当我们每个人都发出阵阵笑声时，传来了机场工作人员甜美而又清脆的声音：乘坐北京至日本的CA181次航班的旅客开始登机，我情不自禁看了看手表：8:40。通过廊桥，我们登上了中国航空公司的CA181次国际航班。一走进机舱，就犹如一股春风扑面而来，服务员的甜甜细语、周到服务，真令人有点宾至如归的感觉。我与万明东主席坐在了机舱的第一排，当我们刚一坐定，服务员先是送上一条热毛巾，又送上饮料、茶水，不大一会儿又拿来菜食谱，征询我们的意见，我与万主席分别点了我们所需的食品，服务员还专门送上了精美的果盘，真是照顾得无微不至。在4个多小时的飞行中，我几乎毫无睡意，一直在翻阅着面前的报栏里放着

的十多种报刊,在不知不觉中到达了东京羽田机场。

一走出机场,迎接我们的是日本教职员组的国际部长赤池浩章先生和秘书狩野卓先生。因为他们两位都多次访问过中国,与高晓梅翻译非常熟悉,所以一见面显得格外热情。日方朋友考虑得非常周到,还专门为我们代表团邀请了一位中方翻译。一上汽车这位中方翻译就自我介绍她叫郑虹。只见她一头短发,瓜子脸,大眼睛,配上黑色短风衣,落落大方,颇有些气质。也许是他国遇故人的原因,她言语间抑制不住激动之情,用地道的普通话连连欢迎来自祖国的朋友。从她深情的话语和眼神中,我仿佛能隐隐感受到她对家乡、对祖国的悠悠思念之情。

羽田机场离东京都大约一个多小时的车程，是近两年才扩建开放,离东京市区最近的一个机场,目前只飞北京、上海和韩国。在前往东京都的一个多小时的车程中,车辆中速行驶,向窗外望去,映入眼帘的是一望无际的大海,更吸引我们的是沿途上许许多多的标牌上,尽是各种各样的像我们的汉字又并非汉字的标识,有的标牌上的字简直与汉字一模一样,这倒让我们对日本这个岛国多了几分亲切,少了些许陌生。郑虹翻译也不时把沿途的风景介绍给我们,什么东京湾彩虹大桥、东芝公司本部、东芝浦桥等一个个标志性的景点,她都一一介绍给我们。从填海造田到许多工厂建在地下,从市区严禁抽烟到公务员乘公共汽车或骑自行车上班,她讲得非常认真,生怕漏掉一点大家关心的问题。就这样在郑虹翻译滔滔不绝的介绍中,我们知道了东京塔的来历。这个塔位于东京市内,建成于1958年,塔高333米。这座日本最高的独立铁塔上部装有东京7个电视台、21个电视中转台和广播台的无线电发射天线。在100米高的地方,建有一个二层楼高的大玻璃窗,窗向外倾斜。站在展望台上可俯瞰东京市容,全市景观尽收眼底。塔的下部为铁塔大楼,一楼为休息厅,二楼有商场,三楼是规模居日本及远东第一的蜡像馆,四楼是近代科学馆和电视摄影棚,五楼是电台发射台。日本人把东京塔与法国巴黎的埃菲尔铁塔相媲美。听着郑虹绘声绘色的介绍,我们更对东京塔多了几分向往。车进入市区,郑虹又忙不迭地把东京塔指给我们看,还说若到晚上,东京塔流光溢彩,十分壮观。我们凭窗望去,东京塔果然巍然耸立,气势不凡。

汽车缓缓进入东京市区。真不愧为国际大都市,东京市的繁华、现代不得不令人叹服。来往车辆如梭,沿途高楼林立,行人来往匆匆。市区街道不算宽畅,尽管见不到有交警指挥,但不管是车辆还是行人,都是各行其道,更见不到有行人吸烟。我们的车辆穿过了日本首相官邸,穿过了日本天皇的王宫等地后,来到了东京都木田代区。日教组的朋友安排我们代表团一行在一家颇有名气的格龙五星级酒店下榻。一走进大厅,入住的有关手续已经送到我们每个人的面前,一个小小信封袋里,装有门房的门卡,写有客人姓名及房号,不得不让我们为日本人办事之周到和高效率而折服。我被安排在了22楼的6号房间。当我刚进入房间,服务人员已经非常有礼貌地几乎是90度的鞠躬,把行李送了进来,尽管听不懂她们说什么,但能感受到她们的热情和亲切。

当服务员刚离去,郑虹翻译又来到房间,告知我们下午的活动安排。交谈中,我又惊讶地知道,她也是来自我们老家陕西西安。她祖籍福建,父母亲都是支援大西北三线建设时,在陕西的国际工业系统的企业从事科研工作。她生在西安,长在西安,西北工业大学外语系毕业后,公派到日本工作,后来又留在日本工作了。现在已经在东京结婚生子,在日本已经工作生活了二十多年,当过小学教师,现在从事导游工作。虽然身处异国,但时刻都想念着祖国。她说随着中国的强大,他们在国外也觉得扬眉吐气,能为来自祖国的客人当导游,她感到十分高兴和幸福……

望着郑虹离去的身影,我禁不住泛起一股难以抑制的激动之情:难得啊,日本之行竟然让我遇上了三个与我的家乡陕西有关的人,真是难得的机缘啊!

(三)

虽说早晨起了个大早,又坐了近五个小时的飞机,可当入住格龙大酒店时,室内优雅的环境、一应俱全的用品令人没有丝毫的倦意。凭着宽敞明亮的窗户极目眺望,映入眼帘的尽是一座座摩天高楼,目所能及的道路上,来往车辆仿佛一条条彩色飘带在缓缓飘动,看上去十分壮观。

随着一阵清脆的门铃声响起,传来高晓梅翻译的声音:“现在下楼乘车，下午与日本教职员组合会谈。”我抬起手看了看表，是下午当地时间4时整。当我们来到一楼大厅时，日教组的赤池部长和狩野先生及郑虹翻译已经等候着我们，一见面便给我们每人递过一把雨伞，并告知说下雨了。

别看下起了小雨，可东京的气温还是很高的。我们几个男士都穿着西装，打着领带，还真有点闷热。倒是高晓梅翻译，一件得体的紫红色碎花衬衫，透出几分凉爽。石建民处长一身黑色西式短裙套装显出典雅、飘逸。

走出宾馆大厅，下着淅淅沥沥的细雨。一辆面包车停在门前，只见一位日方朋友撑着雨伞，以深深的鞠躬礼把我们一个个迎上汽车后，才坐到了驾驶员的位置上，此时我们也才知道他就是汽车司机。车还未开，司机师傅先是站在车的前方，双手平放在膝盖上又是一个深深鞠躬，还满脸笑容嘴里一个劲地说着。郑虹翻译连忙翻译：他说非常欢迎来自中国的朋友，非常荣幸有机会为大家服务……顷刻间车厢里响起一片掌声。陪同我们的狩野先生和郑虹翻译用日语说了一阵后，郑翻译笑着告诉我们：狩野先生说，日教组没有自己的汽车，今天大家坐的这辆车是从一家汽车公司租用的。汽车在路上缓缓行驶，虽然下着雨，东京街头还是车来人往，一片繁华景象。

日本教职员组合总部所在地距我们下榻的格龙大酒店没有多远，汽车一直沿着宽敞的马路前行，不到30分钟就到了日教组的所在地。车门一打开，就有几个日方朋友撑着雨伞又是为我们遮雨，又是深深鞠躬表示欢迎。在日教组几位朋友的陪同下，我们乘电梯来到位于4楼的日教组总部。看得出这是一座有着好些个单位办公的综合大楼，

墙上的各种标牌、广告琳琅满目。当我们走进日教组总部时，眼前的情景让人为之一惊：偌大的一间如同会议室的场所，被隔成几十个办公区域，到处都堆放着各类书籍、报刊，宛若一个大型图书市场。看着我们一行人走了进来，工作台前的日本朋友一个个都站了起来，有的点头向我们致意，有的弯腰鞠躬表示欢迎。

穿过一个个工作区域，我们在赤池部长的陪同下走进一间十多平方米大的会客室。说是会客室，其实设施非常简单，一张长型会议桌，十几把折叠椅就是室内的全部摆设，桌子上摆放着一些矿泉水、饮料。唯有一排橱柜里展示的一些国外工会组织相互交流中赠送的礼品或纪念品，非常引人注目，其中也不乏中国的礼品。

就在我们观赏着橱柜内的各类礼品的当儿，日教组的中村让委员长、冈本书记长、冈岛教文局长、野川生活书记和翻译平田敦子女士在赤池部长和狩野先生的陪同下，一个个西装革履、满面笑容走进会客室。一见面，在赤池部长的引见下，中村让委员长等日方朋友和我们一一交换名片，平田翻译用流利的汉语把中村让委员长等一一介绍给我们，又用日语把我们每个人介绍给日本朋友。我们访问团与日本教职员组合的会谈在此开始进行。

会谈前就听高晓梅翻译说，日教组中村让委员长是个中国通，对中国文化尤其中国唐诗宋词颇有些研究。果然名不虚传，在与万明东主席握手时，他就冒出一句地道的中国话："有朋自远方来，不亦乐乎。"接着便说，欢迎中国教育工会访问团各位先生的到来。他还饶有兴致地说：我曾多次访问过贵国，对中国人民的友好留下许多难忘的记忆。特别是2008年两次到过中国，一次是奥运会之前，一次是奥运会之后，深深感受到了中国改革发展的巨大变化。2009年中国经济发展速度超过了日本，已经名列全世界第二，这让全世界都感到震惊。我们日本教职员组合与中国科教文卫体工会早在50年前就建立了友好关系，1995年又签订了隔年互访的备忘录，15年来我们之间进行了许多有益的互访交流活动。2010年是互访交流活动备忘录签订的15周年，贵国代表团这次来访，我们将共商庆祝建立友好互访关系15年的具体事项。相信随着中日两国政

界、经济界高层频繁交往，我们日教组与中国教科文卫体工会之间的友好关系会越来越紧密。我们要抓住友好交流15年庆祝活动的有利时机，珍惜这种友好关系，通过工会之间的交往，对推进两国教育工作发展产生应有作用。我们也欢迎有更多的中国朋友到日本来，到我们日教组来访问交流。

中村让委员长的一席话，让我们访问团的每个人都深为感动，万明东团长也发表了热情洋溢的讲话。他说，虽然天下着小雨，但日教组朋友的热情，完全可以融化丝丝凉意。中村让委员长致辞中关于继续加强日教组与中国教科文卫体工会之间友好交流，并搞好友好关系建立15周年纪念活动的建议我们完全赞同。万明东团长还对日教组在我国四川发生特大地震后，给予的无私援助表示衷心感谢。并向日教组的朋友们介绍了中国工会组织发展以及中国教科文卫体工会工作的开展情况，特别是在应对2009年全球金融危机时，中国工会开展了“共同约定行动”和实施“千万农民工援助行动”，还开展了“同舟共济保增长，建功立业促发展”劳动竞赛的情况，引起日教组朋友的极大兴趣，不断点头表示赞许。

会谈中，我们与日教组的朋友们进行了广泛交流。日教组的朋友向我们详细介绍了日教组的组织状况，告诉我们日教组是目前日本最大的教职员团体，全日本100万教职工中，有30多万人加盟了日教组，主要会员组织是由幼儿园、小学、中学、大学、职专的教职工组成，一共有78个基层工会。日教组还是国际工会总联合会日本联合会的会员组织，也是教育国际的会员组织，现任中村让委员长是教育国际的执行委员及亚太区域组织的议长。听到这些介绍，我们对日教组在日本工会工作中的地位和作用更多了一些了解。

会谈进行了近两个小时，双方互赠了礼品。就在举行互赠礼品仪式时，中村让委员长看到万明东团长竟戴着一枚日教组早年的会徽，不禁发出惊叹，还通过平田翻译说：这枚会徽是20世纪50年代就有的，现在可以进博物馆了。万明东团长笑着说，这是中国教育工会的老主席送给他的，这次访问日教组就戴上了。说着，中村让委员长把他身上戴的一枚日教组会徽亲手戴在万明东身上，在场的人便不约而同地鼓起掌来。

就这样，在我们出访团与日教组各位朋友的合影中结束了我们出访日本的第一次会谈交流。

（四）

结束了与日教组的会谈已是东京当地时间下午6时30分。赤池部长通过平田翻译告诉我们，中村让委员长等日教组的领导，晚上在东京一家最具日本特色和风味的餐馆宴请我们。平田翻译的话音刚落，中村让委员长又笑着说起了一连串的日语。尽管我们听不懂他在说些什么，但从他眉飞色舞的神情上，我们能感受到他发自内心的喜悦和激动。平田翻译和在场的日方朋友顷刻间都不约而同地发出笑声。平田翻译一边笑着，一边对我们说："中村委员长说，我们去中国，你们拿出最好的茅台酒招待我们，让我们一喝就是十多杯，今天晚上也要让中国朋友尝尝我们日本清酒的味道，也得像中国朋友说的一醉方休。"听着平田翻译的话，我们也都笑了起来，万明东团长还连连说：感谢中村委员长的一片盛情……

在一片欢声笑语中，中村让委员长一行陪同我们走出了日教组总部。这时雨下得比中午更大了，狩野先生和几个日本朋友，又都撑着五颜六色的雨伞，把我们每个人一一迎上汽车。上车后我们发现司机又换了另外一个人，他同样站在车前，深深鞠躬迎候我们上车。

雨似乎越下越大，我们乘坐的汽车在雨幕中缓缓行驶，凡有车辆相会，或遇行人较多之处，汽车都放缓速度，我们能感觉到司机是担心雨水溅到行人和其他车辆身上。夜幕已经笼罩了整个东京城，可透过雨雾我们仍然看到华灯璀璨，异彩纷呈，途经之地全是灯与光浑然一体的画面，让人眼花缭乱。曾在中国留学七年之久的平田翻译真是一个热心人，一路上不停地用一口流利的汉语时时向我们介绍着途经之地，一会儿指着路旁气势恢弘的摩天大楼说，这是日本警视厅；一会儿又指着一片四周被翠绿树木包围的花园说，这是日本天皇的皇宫，现在住在这里的是日本国的第130位天皇。天皇作为日本的象征一直延续下来，日本的建国纪念日2月11日就是传说中第一代天皇即位的日子。平田还说，日本国国名的释意就是日出之国，誉称樱花之国。传说日本是太阳神所创造，天皇是天照大神的儿子。看得出平田女士是想把日本那些最美好的故事尽可能多地介绍给我们。

汽车在缓缓行进中，突然车头的玻璃窗上泛起一道道五光十色的光影，平田翻译连声说：快看，快看，那就是东京塔。尽管中午穿城而过时，郑虹翻译已给我们介绍了东京塔的雄伟壮观，可观其夜景更是别有景致。只见赤、橙、黄、绿、青、蓝、紫各色灯柱，时而如道道彩虹腾空飞舞，时而又像朵朵彩云横空出世，真是变幻莫测，整个东京城仿佛淹没在了流光溢彩之中……

雨还在不停地下着，街道上的行人比我们中午穿城而过时多了许多，满街都是色彩鲜艳的雨伞，加上街道两边的店铺，各式各样的广告、橱窗、标牌，一条不宽的街道简直成了花的海洋。郑虹翻译说：这里是东京都六本木区，是东京最繁华的风味食品夜市，如同中国的食品一条街。不大一会儿，我们的汽车就停在街道边上，刚一打开车门，只见几位年轻女士，身着华丽的和服，足蹬木屐，打着雨伞，弯腰鞠躬迎接我们的到来。随着她们，我们一行来到距停车点约50米远的地方，平田翻译介绍这是格兰皇宫，是东京最有名的一家餐馆，也是接待重要客人的地方，日本首相也常在这里接待各方政要。其实格兰皇宫看起来并不显眼，几乎连个门脸都没有，更不要说有什么豪华装饰了。倒是门边一个“篁”字标牌格外显眼。

格兰皇宫坐落在一块高坡上，我们沿着不足10米宽的一条石阶拾级而上，两边全是树木花草，看上去仿佛进入了一个天然的石窟。再往前走几步，石窟便露出了庐山真面目：里边一个大型宴会厅富丽堂皇，古朴典雅极富情调。在一个长形的宴会厅门口，几位日本女士一字跪着，为我们每个人脱下了鞋子，连连颔首迎送我们步入大厅。走进宴会厅，一排低矮的长条桌上已经摆满有几十种菜肴，看上去就是一个巨型花盘，尽管我们难以说上菜名，但看上去精致极了。在长条桌的两边摆放着一个个漂亮坐垫，宾主双方都盘腿坐在两边。中村让委员长一番热情洋溢的祝酒词，一下子拉近了大家之间的距离。他高高举起斟满日本清酒的高脚酒杯后又一次用汉语吟诵着“有朋自远方来，不亦乐乎”、“劝君更进一杯酒”、“葡萄美酒夜光杯”等诗句，并连连与我们每个人碰杯，说着中国话“干杯”，把现场气氛顷刻间推向高潮。日本朋友的热情好客，让我们每个人心里都热乎乎的。

就在这天晚上，我趁机向坐在一边的日本朋友了解他们开展工会工作的情况，郑虹女士也一直在为我们当着翻译。我饶有兴趣地向日本朋友提出了一个个问题：日教组用什么方式表达工会的主张和建议、反映教职员的愿望和呼声，日教组的会员如何发展，日教组的会费如何收取、工会活动经费的主要来源，工会干部如何产生，工会会员是否加入其他党派，工会费用支出如何监督，工会与政府的关系，工会干部是否专职，日教组向上级工会是否交纳会费等等。也许是受我的这些兴趣的感染，几位日教组的朋友也显得格外兴奋，你一言我一语，争相回答我提的问题，倒是让郑虹翻译忙个不迭，平田女士也不时做起了翻译。从他们的回答中我们知道了日本工会的一些基本情况：

在日本各市县都有工会组织,日本的县相当于我们的省,市属于县管辖。比如日教组在各县市、区乃至学校都有工会组织,可以逐级逐层收集意见上报日教组,再由日教组向政府有关方面反映,像日教组关于增加教职员工资的意见就是这样反映和表达的。

日教组的30多万工会会员都是个人自愿加入,不需要进行组织发动,基本上每个学校都有工会,教职员大都是工会会员,但副校长以上人员不能加入工会,因为他们要由工会来监督。

日教组规定,每个工会会员都必须交纳会费,交费标准由日教组统一制定,基本上是每人每月交1000日元会费,但每个学校也可适当提高,超出部分用于开展基层活动。基层工会收取的会费要上交日教组,由日教组再按比例分配县市日教组。

日本的工会经费的来源主要靠会员交纳的会费,不存在政府拨款。工会干部的工资也从会费中开支,其工资费用要占到会费的30%。工会干部工资参照教师的工资标准,在日本,教师的工资标准高于公务员2.67%。

日教组的工会干部全部为会员选举产生,先由各县市选出300名工会委员,再从委员中选举正副委员长,不提候选人员,进行直接竞选,竞选时要实行竞选演讲,由委员投票选举。

凡参加工会的人员,基本上不再加入其他任何党派,但可以支持某一党派。同在一个工会组织之中,支持哪一党派会员可自行选择。

日教组的工会费用支出要接受会计人员总监督,除30%支付人员工资外,要为每个会员订阅一份杂志,每年要为会员提供二十多项涉及工资、生活福利、社会就业、政策规定等方面的信息资料。

在日本,工会与政府平等存在,不存在谁领导谁,工会可以向政府提出意见和建议,日本教育委员会也要接受日教组的监督甚至制约。

日教组作为日本工会联合会的成员单位,必须向日本工会联合会上交一定会费,大约为占到所收会费的3%。日本的工会干部也都为专职,没有兼职干工会的现象……

宴会进行了大约三个小时,我总算了解了不少情况,可难为了郑虹

翻译,她几乎连饭也没顾上吃,倒让我心头有了一些歉意。离开格兰皇宫时,雨越下越大,当我们沿石阶而下时,却看见台阶下方停着几台灯光通明的车辆,还有不少扛着摄像机的人员。上车后,赤池部长告诉我们,日本首相鸠山由纪夫当晚也在这里接待客人,因而引来了不少的新闻记者。

这天晚上回到宾馆后,虽然已是当地时间晚10时许,可我睡意全无,日本朋友介绍的有关工会工作情况,总是在脑际久久地、久久地回现着……

由于辗转难眠,躺在床上打开了电视,出乎意料地却搜索到香港的凤凰中文台,先是播放发生在国内的一些时政类新闻,还有中国台湾栏目,播放台湾岛内的一些消息,也看到了王刚主持的“收藏天下”以及著名歌星那英访谈等节目,后来播放的是电视剧《勇者无敌》。我就是看着电视剧直到凌晨4点多,才渐渐有了一些睡意……

(五)

按照日程安排,12月12日我们将到日本最南面的长崎市访问。这天早上我们又起了个大早,当地早晨6时30分,就在住地宾馆的二楼自助餐厅吃早饭。吃过早饭后,我们的行李已被服务员送到了汽车上。赤池部长和我们在车前握手告别,并把我们每个人送上汽车,还让郑虹翻译告诉我们,今天就由狩野先生陪同我们到长崎访问,过两天他又会到静冈市陪同大家。于是我们乘坐的汽车缓缓驶出格龙酒店直奔羽田机场。

这天,东京是雨后放晴,金灿灿的阳光洒满大地。在去羽田机场的途中,凭窗望去,一幢幢摩天大楼掠在车后,望不到尽头的深绿色海洋与瓦蓝瓦蓝的天空仿佛连在了一起,让人心旷神怡。大家都在尽情享受着这难得的自然风光,有人还不时凭着车窗进行拍照。我却通过郑虹翻译与狩野先生交谈起来,了解了有关日本员工的医疗卫生、养老保险,日本女员工的权益保障、日本退休员工的生活保障以及日本员工的住房保障，在日本加入工会与不加入工会有什么区别等情况。狩野先生一一回答了我提出的问题。从他的介绍中，我们知道了在日本，员工全部享受医疗保险，平时有病就医个人只负担费用的30%，并且实行男女平等对待；同时，日本鼓励多生孩子，对多生孩子还给予奖励，每个孩子每月可拿到1万日元的奖励；日本建立了员工失业金保障制度，凡员工失业3个月内就可以领到300%的失业金，员工退休则可享受到年工资60%的退休年金；凡年收入在300万日元以下的人可申请购买经济房，如果确实有困难买不起房子，可申请住公寓，每月交租金4万日元；在日本凡进入企业工作的员工都会加入工会，只要加入了工会就会享受到医疗、住房等有关方面的福利优待，因此，加入不加入工会在日本是有区别的。狩野先生还通过翻译告诉我们，近几年日本就业非常困难，好多大学生毕业后都靠打工维持生计。陪同我们到长崎的日方大西一郎翻译，小伙子长型脸，瘦高个，留一头长发，说起话来总是一脸笑容，特别是两个酒窝更增添了几分英气。他通过郑虹对我们说，他今年32岁，大学毕业后在一家旅游公司打工，由于买不起房子，现在只能住在公司的公寓里，他还说现在像他这样的大学生在日本很多。

由于一直听着狩野先生和翻译你一言我一语回答着我提出的一个又一个问题，我连去羽田机场沿途的风光也顾不上浏览，不知不觉便到了羽田机场。狩野先生与郑虹和大西一郎两个翻译，忙着为我们办理羽田至长崎的登机手续。办完登机的一切手续后，离12时50分起飞还有近两个小时的时间。狩野先生让翻译告诉我们，可在机场的商店里购物或参观，一个小时后大家在机场大厅的一个大钟前面集合。狩野先生和万明东团长趁机到机场设置的吸烟区去过烟瘾，而我们几个人有的随着郑虹翻译，有的随着高晓梅翻译，走进了机场的一个又一个商店，有卖水果的，有卖巧克力的，有卖衣服的，有卖各种图书的，有卖香烟的，还有卖各种纪念品的，真是应有尽有。高晓梅翻译还提醒我们这里的不少商品，虽然挂着日文牌子，其实却是中国制造，购买时一定要注意。我们在机场谁也没有买一样东西。

12时整，经过安检我们终于登上了羽田飞往长崎市的班机。12时50分飞机准点起飞。机舱的服务员均为日本女士，不论是送饮料，还是送食品，总是半跪式服务，而且人人脸上都挂着灿烂的笑容。经过1个小时的飞行，我们就到了长崎机场。狩野先生介绍说，长崎位于日本的西北角，是著名的港口城市，四周全被大海包绕，也属于日本的九州岛辖区。1941年太平洋战争爆发后，1945年8月，美国军队曾在日本两次投放原子弹，一是在日本的广岛，另一为日本的长崎，长崎也因此闻名全世界。狩野先生还告诉我们，我们到达的长崎机场，实际上是在大海上削平小岛后建立的。

当我们还未下飞机时，看到外面下着大雨，可走出机场时，却是阳光普照，道路清洁如洗。只不过位于大海边上，飘着丝丝凉风，显然长崎的气温要比东京低得多，恰似我国的深秋气候。汽车把我们一直拉到长崎市城区内的一个叫三本木的餐馆吃午饭，所有菜点全是日本风味，非常精致。令我们喜出望外的是，餐馆的正中挂着一幅中国油画，可见主人对中国文化的情有独钟。

离开三本木餐馆，我们就驱车向长崎和平公园赶去。汽车穿城而过时，我不禁对马路上红、黄、绿三种颜色感到奇怪，开车的司机通过翻译告诉我们，红色是救火车紧急抢险救灾车道，绿色是医院的救护车专门车道，黄色则是平常上下班人员的车道。

大约2小时车程，我们终于到达了长崎的和平公园。这里还是长崎原子弹资料馆，位于长崎市平野町7番8号。我们怀着一种难以名状的心理，走进和平公园。首先看到的是一个和平祈念像，出乎意料的是这里竟有中文介绍，给我们参观提供了很大方便。只见祈念像上写着：为了祈求世界恒久的和平，并作为人类最高希望的象征，和平祈念像建设赞助会广泛募集资金经过5年岁月，在原子弹爆炸10周年时建成。右手表示原子弹，左手表示和平，像高9.7米，台座高3.9米。离开祈念像区，我们又参观了原子弹资料馆。展馆的序言中同样用中文写着："1945年(昭和20年)8月9日上午8点2分，长崎投下了一颗原子弹，几乎所有建筑均被破坏，并夺走了众多人的生命，即使是幸存下来的人也遭受到了心灵和身体的巨大伤痛，众多遭受核爆的人至今仍深受其害。”这里的图表和史料表明，原子弹使长崎约75000人受伤，74000人死亡，以原子弹爆炸地区为中心，约有2.5公里的地区被夷为平地，长崎街道成了废墟。长崎原子弹史料馆作为长崎市遭受原子弹爆炸50周年纪念之一，于1996年由一直展示核爆炸资料的长崎国际文化会馆改建而成。史料馆通过核爆炸残留物品、核爆资料、核爆炸惨状图片及影像资料等展示，详细介绍了长崎因原子弹爆炸所遭受的巨大创伤。当我们走出史料馆时，不仅了解到核爆炸带给长崎的种种惨状，心里又为核武器给人类造成的危害产生了几分沉重。

夜幕已经落下，整个长崎市一片灯火辉煌。我们又经过2个小时的车程，来到了位于海边的一个叫云仙温泉的宾馆。当我们吃过晚饭回到入住的房间后，干净整洁的榻榻米已经铺设在房子中间，一套洗浴的日本和服摆放在床铺上。狩野先生告诉我们，到这里一定得泡泡温泉，这是日本最有名的温泉，也是日本政要和天皇来的地方。也许是经过一天的奔波疲劳，泡过温泉后，躺在软软的榻榻米上，我竟然美美睡了一觉。

（六）

2009年12月13日，是我们访问日本的第三天。这天早上当地时间5点30分我们就起了床。刚一打开房门，一份塑料纸包装的报纸放在门前。打开一看，是一份4开28版的《每日新闻》报纸，内容涉及社会、企画、芸能、地域、国际、广告等。尽管看不懂日文，但从一些汉字上，也能揣摸报纸上的一些消息，比如就能在这份报纸上看到中共中央政治局常委、国家副主席习近平访问日本期间，与日本首相鸠山由纪夫会谈和会见日本天皇的有关消息。

这天我们要赶往静冈县进行访问。头天晚上，狩野先生就告诉我们，由于长崎没有直

达静冈的飞机，我们必须乘汽车赶往福冈，再乘飞机前往静冈。所以这天早晨我们一大早就在云仙温泉吃了早餐，乘汽车向福冈机场赶去。在去福冈机场的沿途，汽车几乎在大海边的山路上盘旋行进，道路两边常能看到连片的房舍，有的房屋与农田连在一起，也有的房舍开办出售各类食品、饮料、果品的商部，还能看不少田地里，人们正在收获着橘子、土豆等产品，并有不少运送这些产品的车辆，放在田头的产品几乎都已装进了清一色的纸箱，不断被人们装上汽车运走。翻译告诉说，日本现在从事农业的人很少，农民大都进城务工，即使务农的农民，大都是搞蔬菜和瓜果经营，并且都实行了产销一条龙专业化。

在去福冈机场的路上，在高晓梅翻译的建议下，司机把我们送往一个市场参观购物。说是一个超市，其实面积也就只有30多平方米，货架上都是一些日用小商品。郑虹翻译说，像这种百元店在日本各个城市几乎都有。所谓百元店就是所有商品不论大件小件一律为100日元售价。因为是到日本后第一次逛商场，我们每个人都颇有兴致，也都想选购一些商品。可当我们选了诸如化妆品、削果刀以及各式手提包后，热心的郑虹翻译给我们当起了参谋，她一个个看了商标后，告诉我们说：这些东西的产地可全都在中国啊，于是大家不约而同地又把一些选好的商品放回了原处。这里的服务人员对我们的做法并没有丝毫的不满，反而当我们离开商店时，服务员还向我们频频弯腰鞠躬以示欢送。

回到汽车上，狩野先生就和郑虹翻译说了起来。原来狩野先生是在说，这些年中国的经济发展速度很快，有不少先进技术和产品都打入了国际市场，特别是在日本占很大的贸易份额，日本市场上不少产品的生产地就在中国。他要郑虹提醒我们，在日本买商品时，尤其是服装、小电器、小工艺品，一定要很留心，防止把在中国加工生产的商品再买回中国去。这一番话让我们大家都笑了起来。

大约过了一个小时后，我们终于来到了福冈机场。当地时间上午10时40分，我们又从这里乘飞机赶往静冈县参观访问。狩野先生在候机时就告诉我们，这天到静冈，一是为了让大家能看到富士山，二是为了12月14日参观访问静冈的一所学校。在福冈机场登机前，郑虹翻译还特意买了一些巧克力、糕团等日本食品让我们品尝。这些食品包装非常精致，我品尝了一个包装考究的糕团，其实就是用米饭包着的红薯。说实话日本食品看起来精美，吃起来还真难合我们的口味。开始登机时，我们看到从服务人员到每个乘客都很有礼貌，总是让老年人和残疾人先行，相互同行都会点头示意。

日本当地时间中午12时，我们抵达静冈机场，一下飞机，一辆客车便迎候着我们。车旁一位矮矮个头的瘦小老头，已经弯腰站着迎接我们上车。我通过郑虹翻译了解到，老头今年已经65岁，受雇于一家运输公司。上车后，狩野先生告诉我们说，因为富士山现在处于封山期，游人不能上去，为了让我们能看到富士山，午饭特意安排到了静冈湾的一个平台宾馆，在那里坐在餐厅吃饭就可以看到富士山。经他这么一说，我们顿时来了兴致。趁着我们的兴头，狩野先生通过翻译向我们滔滔不绝讲起了富士山的由来。从他的介绍中，我们知道了富士山为日本的名胜，位于日本本州岛的中南部，海拔3776米，是日本的最高峰，日本人奉之为“圣山”，是日本民族的象征。距日本首都东京只有80公里，跨静冈、山梨两县，面积为90.76平方公里。整个山体呈圆锥状，山顶终年积雪。坐落在顶峰上的圣庙——久领神社和浅间神社是富士山的主要景区，是国内外游人的必到之地。说起富士山的来由，狩野先生如数家珍，他说，日本位于亚欧大陆东端，是一个四面临海的岛国，自东北向西南呈弧状延伸。由于日本境内多山，又位于太平洋火山地震带上，火山活动频繁，但在火山分布地区，景色优美，温泉资源丰富，成为著名的观光疗养胜地，富士山就是火山爆发留下的遗迹。

富士山的神奇吸引着我们每一个人，约一个小时后，我们来到一个名叫平台的宾馆，我们的餐厅与富士山遥遥相对。据说，平常在这里对富士山可一览无余，谁料这天山上大雾，怎么也看不到富士山的影子。当我们为此深表遗憾之时，在静冈机场就开始陪同我们的翻译大西先生告诉我们，现在看不到富士山，今晚下榻的宾馆，在入住的房间便能看到富士山。听大西这么一说，我们对看富士山又充满了希望。吃过午餐后，在宾馆院内发现这里有一个很大的后花园，草木葱茏，鲜花怒放，又紧靠海边，非常幽静。一群男男女女穿着色彩鲜艳华丽的日本和服正在花园拍照、录像，经翻译打问，原来是一对新婚夫妇刚刚举行完婚礼。观此情景，仿佛觉得日本结婚与我们国家的婚礼习俗又何其相似。

乘车后，大西先生既是翻译又是导游，陪同我们去了一个当地的大型超市。这里购物的人非常多，市场规模也很大，楼上楼下分成几十个商业区。就如同我们国内的一些市场一样，叫卖声也是此起彼伏，几乎所有的商品都在打折出售。狩野先生对我们说，2009年金融危机使日本经济不景气、市场萧条，因此有不少商家只能靠打折降价促销。我们看到诸如服装家电一类的商品，在这里价格要比我们国内低得多。尽管如此，我们在这里也多为开开眼界，了解点日本市场行情，很少有人买什么东西，因为高晓梅翻译再三叮咛我们到东京后专门给大家购物的时间。

晚上6时多，大西先生又安排我们来到位于海边的松风阁温泉宾馆。我被安排在宾馆702房间，仍然是一个非常温馨的榻榻米木屋。大西告诉我们第二天一大早在住的房间就可看到富士山。房子窗下就是一望无垠的浩瀚大海，入住此间真有点不是仙境胜似仙境的感觉。晚餐更是十分丰盛、精致。大西先生跑前跑后忙个不迭，那种敬业精神让我们还真为之赞叹。趁吃饭时与他相聊，得知大西曾在我国台湾从事导游工作10年，还曾到过我国香港、上海，是前两年才回到日本的，用他的话说，他对中国有一份特殊感情。

（七）

因为一心想着看富士山，12月14日我们仍然起了个大早，谁料不仅天阴，而且还下着小雨，看富士山的愿望又没有实现。

早饭时，大西导游便笑着说，看来富士山有意躲着我们。传说中的富士山是女神的化身，只要见到漂亮的美女，富士山就不会显身，因为我们访问团中有非常漂亮的女士，所以富士山不敢露出倩影。郑虹翻译一边翻译着一边又和我们一起笑了起来。大西导游又很认真地说，虽然在松风阁没有看到富士山，中午我们就要赶到富士山脚下，在那里看富士山会看得更清楚。

9时许，我们又乘车离开了松风阁，向静冈县的静冈市赶去。说来也怪，上车时还阴雨密布，雨下个不停，宾馆的服务人员撑着雨伞送我们上车，并一直目送着我们乘坐的汽车缓缓离去。车行驶不到20分钟，云也散了，雨也停了，太阳也出来了。汽车沿着海边一条平坦而并不宽阔的公路稳稳行驶，我们每个人都不时凭着车窗向外眺望，一边是大海碧波荡漾，一望无际；一边是山崖突兀，草木蔽日。除过一些来往满载货物的车辆，几乎没有见到一个行人。倒是沿途一些商品店、加油站、安全防护区、紧急救险区时有可见。经过两个多小时车程，11时30分我们到了静冈市富士山脚下的富士川乐座，其实就是一个餐厅。我们一下车，司机先生就一边比划着，一边嘴里不停地说着。原来他是说，这个地方是看富士山最好的地方，还把我们领到路边一个地势较高的地方。果然看到对面的山顶一片云雾缭绕的地方，先能影影绰绰看到露出一个三角形状的银白色山体，随着云雾渐渐散去，三角形的白色山体越来越清楚。大西导游连声高兴地喊着，郑虹翻译也连声说，那就是富士山，我们都忙着照像。然而还不到一分钟的样子，富士山又躲进了厚厚的云层之中，大家等了许久，再也没有看到富士山的影子。尽管这样，我们每个人心里都有说不出的高兴，因为在这里总算看到了富士山的模样。

这天中午就在这家富士川乐座午餐。一走进室内，这里的一楼大厅俨然一个大超市，各种商品应有应有。我们被安排在三楼的一间优雅的餐房，四周全为玻璃，远远望去仅能看到与富士山连在一起的山脉，于是我们大家都盼着富士山能再露出脸来。午餐依然十分丰盛精致，饭间狩野先生还专门自己买了冰淇淋招待我们，几天相处让我们成了很好的朋友。当天下午，我们要赶到静冈县的富士山宫市第三中学访问，因此，吃过午饭我们就急

匆匆向富士山宫市赶去。

来到富士山宫市第三中学，是当地时间下午2点整。汽车停稳后，就看到日教组的赤池部长和平田翻译已在门前迎候我们，他们是专门从东京赶来陪同我们到第三中学访问的。静冈县日教组、富士山宫市日教组以及第三中学的有关负责人也在门口一起欢迎我们的到来，我们代表团的名单也贴在教学楼的橱窗里，充分体现了友好和欢迎之情。

穿过教学大楼一楼走廊，我们每个人都换上了拖鞋，并在学校会议室里进行了座谈。赤池部长一开始就说，下着雨与大家分别，今天下午又和大家见面，感到格外高兴。参观访问富士山宫市第三中学是中国朋友这次访问的最重要活动，因此我受中村让委员长委派，专门从东京赶来陪同大家。接着，富士山宫市第三中学校长田中先生，代表学校对我们的到来表示欢迎，并向我们介绍了学校的一些情况。他说，富士山宫市第三中学位于市域的西面，地势较高，是个非常有灵气的地方。2009年是学校创办整整62年，现有在校学生370名，共设有12个班级，学校的教学目标是：有着丰富内心世界，与其他同学共同向上，丰富孩子们心灵世界，德智体三方面都得到发展，把学校办成响亮歌声的学校。座谈会上，我们还就学校的教学和工会工作进行了广泛交流。当我们问道，学校是否实行文理分科，教务主任佐野先生说，初中阶段不分文理科，共同学习语文、数学、历史、音乐、体育、美术，到高中才分科。升入高中时要实行全市统考，要考语文、数学、社会常识等科目，初中毕业后基本都能上高中。高中毕业后考入大学的能占到50%，而且多为私立学校，考入公办大学的较少。考试不分私立公立，统一考试。谈到教师问题时，佐野先生说，学校有工会，教师都加入工会，但学校副校长以上领导不能加入工会组织。学校没有专职工会工作人员，由所属工会支部的人来学校开展工会工作。

座谈交流结束后，我们还参观了7个班级的教学活动。在参观中我们看到，有的学生正在进行化学试验，有的学生正在进行手工练习，有的学生正在进行雕刻和绘画，有的学生正在音乐课上集体学唱歌曲。特别是在语文课堂参观时，我们看到教室正前方写着贴有校训的标牌：像富士山那样宽广，爬上富士山有很多路，每天望着富士山刻苦学习，富士山象征着我们的精神。在富士山宫市第三中学我们度过了整整两个小时，这里教学的严谨和实用，都给我们留下了深刻印象。

离开富士山宫市三中，我们经过一个来小时的车程，又来到静冈县，入住静冈县火车站对面的静冈世纪饭店。这是一家五星级饭店，地处静冈县中心区，看上去十分繁华。我被安排在2014房间，站在窗前望去，静冈县全景一览无余。尤其是对面的火车站雄伟壮观，看得真真切切。当天晚上，静冈县教职员组合的加藤委员长，斋藤、山口副委员长等10人设宴招待我们访问团一行，饭菜也全为中国风味。在晚宴上，通过相互交流，我又了解到，静冈县教职员组合有15个支部，也就是15个基层工会，全县共有17000名会员。县教职员组合有20多名专职干部，15个支部每个支部有1至2名专职办事人员。县教职员组合的委员长由自己报名后，经过参加演讲，由全县17000名会员直接选举产生。整个选举工作由全县15个工会支部人员组成的委员会负责进行。当选的委员长要报日本教职员组合。县教职员组合的工作人员的工资从收取的工会会费中开支，几乎要用去会员所交会费的50%，其余会费用于开展各项工会活动。加入教职员组合的会员每月需交会费1700日元，占到本人工资的4%左右。每个县教职员组合需向日本教职员组合上交一定比例的会费，上交多少由日教组根据各县实际情况核定。

晚宴结束后，平田翻译又带着我们游览了静冈县市容，还参观了静

冈火车站。在这期间，我与平田翻译交谈起来，她高兴地对我说，她对中国一直十分留恋，因为曾在北京留学6年，先后在北京大学、北京语言文化大学学习汉语。当她得知我来自甘肃时，显得格外激动，并说留学期间她曾经3次到过甘肃的兰州市和定西。她还说，胡锦涛总书记、温家宝总理都曾在甘肃工作过，甘肃是个了不起的地方。我也欢迎她有机会再到甘肃来，看看甘肃的敦煌壁画、嘉峪雄关和甘南大草原。平田翻译顿时高兴得双手合十，连连说有机会一定再去甘肃游览举世闻名的敦煌莫高窟，那可是日本人都向往的圣地……

（八）

2009年12月15日，是我们结束在日本东部访问返回东京的日子。这天早晨天气格外晴朗，真是万里晴空碧蓝如洗，习习海风带着丝丝清凉，令人倍感惬意。

8时15分，我们便离开宾馆直奔就在对面的静冈县火车站。头天晚上平田翻译就告诉我们，要乘坐新干线的火车返回东京，让大家领略日本高速铁路的风采。虽然对于日本的新干线大家并不陌生，但要亲身乘火车体验还真感到有点新鲜。由于宾馆距火车站很近，我们自带行李，穿过一个封闭的空中走廊，十多分钟就到了火车站，再乘电梯将我们送到了火车站的入站口。陪同我们的导游先生，很快为每个人递上车票。我看到我们乘坐的为一等车，在8号车厢，我的座位为5排D座。进站检票全为电脑操作，乘客鱼贯而入，井然有序。我们走进站台不大一会儿，随着一声长鸣，开往东京的火车便呼啸而来，我情不自禁数了数长龙般的火车，共有54节车厢，银灰色车体上红色线条蔚为壮观。走进车厢后更让我们眼前为之一亮：整个座位均为软皮沙发，宽畅舒服。车厢内并没有服务人员，乘客们均自觉对号入座，无人吸烟，无人喧哗，显得优雅、清静。

列车徐徐开出车站后，狩野先生便为我们饶有兴致地说起了日本的新干线。从他的介绍中，我们了解到日本新干线静冈到东京火车开行已经40年，全长180公里，火车时速为320公里，平均时速270公里，静冈到东京还用不了一个小时。

透过车厢厚厚的玻璃窗向外望去，铁路沿线都是连片的农田和低矮的房舍，而且多为两层木板房，一排又一排，一片又一片都被飞快的火车甩在后面。从横滨—东京站牌开始，我暗暗数起了沿途经过的车站：新富士站—三岛车站—直海车站—小田原车站—大玉明车站—新横车站—品川车站，一路下来，共经过了7个车站。不知不觉我们就到达终点站东京，当时时间为10时20分，距我们离静冈车站时的9时20分，恰好是一个小时。

在东京的品川车站下车后，在大西导游的带领下我们乘电梯来到东京站南面，一辆客车早已在此等候我们。司机先生通过翻译告诉我们，他叫成田，是一家观光公司的雇员，现在就由他陪同大家游览东京市容。汽车沿着东京市区缓缓行进，游览了东京湾，参观了东京的开发新区和高速公路。郑虹翻译告诉我们，日本高速公路发展很快，1994年亚运会时建成的东京都高速公路现在已经发展到各个商业街。大西介绍说，开发新区全是围海造田，现在东京有1200万人口，原住居民只占到20%，多为外来人口。在游览市区中，我们也看到了不少写有中国料理的餐馆和酒店，一种特有的亲情便油然而生。中午，狩野先生又安排在一家东京很有风味的餐馆吃牛排。因为大家都急着参观东京的商业街，所以吃完午餐，在高晓梅和郑虹两位翻译的带领下，我们便来到位于东京闹市区的电气一条街，这里有不少的百元店，也就是说店内所有商品都是100日元。在这一条街上，我们看到几乎每个店铺门前都挂着降价打折的牌子，门前也站着招揽顾客的服务人员，与我们国内一些商店的促销形式十分相似。在一个名叫秋叶源的电器商场，照相机、摄像机等电器产品应有尽有。郑虹告诉我们这是东京最大的电器市场，价格相对便宜，凡到日本来的外国人，大都会光顾这里。当我们一走进秋叶源商场，便有不少服务人员围拢过来，其中有不少还是来自中国的女孩。在与一个女服务员闲聊中，她告诉我她来自北京，在东京一家学校留学，课余时间出来打点零工，以维持自己的费用。她还告诉我，从她们了解的情况来看，中国现在有30多万人在日本，多为经营服装、餐饮和旅游业，也有少数人从事电脑等高科技业务，有不少留学日本的大学生，靠打工来补贴自己的学习和生活费用。

近两年日本经济萧条，打工也不那么容易，像她们做商业促销工作也有不少困难。一边介绍着这些情况，一边又帮我们推荐着一些商品。离开秋叶源后，我们又来到一家卖化妆品的百元店，还未进门，有个女服务员便迎上来。我们一看就是中国人，经询问她是来自我国沈阳，也是在东京一家大学自费留学，为了挣点学费，减轻家庭负担，来这里打工的。她还说来日本已经3年了，曾经当过导游，也当过小学老师，还在有的观光公司当过翻译，每当看到来自国内的客人，她就非常想家，想念亲人。谈到这里我看到她眼里似乎闪着泪花，可立刻又露出了笑容，带着我们走进了店内。

就这样，我们整整一个下午徜徉在东京的各个繁华区，等到走进东京银座时，已是华灯初上。这里就像北京的王府井，是日本最繁华最豪华的商业区，商店林立、游人如织、霓虹闪烁，十分热闹。为了让我们对东京都有一个全面了解，高晓梅翻译带着我们又是乘坐市内公交车，又是乘坐地铁，等回到当晚下榻的东京多幕饭店时，已经是当地晚上6点钟了。就在我们等候入住房间时，在饭店的一楼大厅，我惊喜地发现，大厅正中的墙壁上悬挂着我们敦煌飞天神女的巨幅彩画，我忙向几位自豪地说这就是我们甘肃的敦煌飞天。多幕饭店是专门接待各国运动员的指定饭店，所以在这里我们也见到了许多肤色各异、穿着多样的各国运动员。

当晚日教组就在这家饭店举行欢送宴会，祝贺我们这次访问成功。中村让委员长等日教组的15位领导出席宴会。中村让委员长致词说，各位在短短5天中对东京、长崎、静冈、福冈等地进行了友好访问，中国教科文卫体工会和日本教职员组合两会之间的距离越来越近了，关系越来越密切了，希望两会之间的关系进一步发展，永远发展下去。日教组的山本副委员长在祝酒时激动地说，我曾多次访问过中国，到过杭州、上海、北京，也参观过中国的一些学校，至今让人记忆犹新。特别是近几年中国经济发展很快，令全世界瞩目，作为邻国我们为中国的发展而高兴。万明东团长也代表我们致答谢词，再三感谢日教组对我们访问团的友好接待，并表示要以迎接两会友好关系建立15周年为契机，友好合作，共同为发展中日两国和人民之间的关系做出贡献！

在一片亲切友好的气氛中，我们与日教组的朋友们依依话别，也为我们这次访问日本画上了圆满句号。

后 记

人世间的许多事情有时候让人难以捉摸，但仔细想来，又是偶然中孕育着必然，这是生活的辩证法，亦是人生中耐人寻味的缘分。万万没有想到，祖祖辈辈都在秦地渭北高原养身生息的我，竟与陇上金城一隅的东郊巷结下不解之缘，并沿着巷间小道整整走了近四十春秋，几乎度过了我大半人生。更没有想到的，就是在东郊巷我找到为之喜欢的一份事业，最终走上了作为甘肃工人阶级喉舌的《甘肃工人报》总编的岗位，并在这个岗位上度过了在我看来称得上有滋有味、有声有色、又颇感幸福的激情年华。又有谁能说这不是一段十分难得而又无法割舍的缘分呢？

大凡人都会有这种感觉，随着年龄的增长，回忆往事成了日子里不可失去的内容。往往总是喜欢自己与往事干杯，品尝岁月留下的苦酒甜酒，尽管有时会一杯比一杯醇香，也不乏有时一杯比一杯苦涩，一杯比一杯浓烈，但总是品不完的往事，喝不醉的记忆。于是，人们也才会在回首往事中，深深体味到：曾经有过的生活也许都已经远去，可人生中有的可以忘记，有的不该忘记；有的可以悄悄地录入笔记，有的可能只是一杯就要喝干的酒；有的可以谱写成一首不老的歌曲，有的最好让它随波逐流而去。缘于此，就有了我的这本《东郊巷记忆》。之所以把书名定为《东郊巷记忆》，这不是灵感，也不是地域的记录，而是源于我对培养我成长的甘肃省总工会，赐予我演绎人生精彩舞台的《甘肃工人报》，帮助、支持、提携我在人生征途上一路前行的领导、同仁，尤其是工会系统诸多良师益友的拳拳感念之情。多少次我伏案掩卷，默默思索能为我所置身的东郊巷留下些什么呢？几经思量，就留下一些作为一个普通人为事业而奋斗的散页印记吧。而这些散页印记中，浸淫的却是众多企业家，不少工会工作者，为甘肃经济社会兴旺发达，为甘肃的工人运动和工会事业长足发展而无私奉献，锐意拼搏之魂；渗透的都是一直关心、帮助、支持我的工作，并给我许许多多关爱的工会界、企业界的诸多劳模先进、精英人士的涓涓深情。书里述说的每一个人都是有恩于我的人，书里记载的每一段事，也都是与一些心心相印的同仁、朋友共同谋划、一起经历的事。在东郊巷近四十年的冬去春来，夏至秋归，我能这样平平淡淡、洒洒脱脱一路走来，没有书中记录的所有人的帮衬是断然不行的。他们必然在我大脑终生记忆的屏幕上，留下永远不会忘却的记忆。这就是我要写下《东郊巷记忆》一书的一点希冀。也谨以此作为我对所有关心、帮助、支持、提携我的领导、同仁、朋友感恩的寄托。

有位诗人吟道："爱的执著，派生着辛苦，爱而知渺小，做而知不足。"我出身寒门，家道清贫。幼年丧父，慈母含辛抓养，胞兄资供就学。寒窗时节，尚勤奋刻苦，尤喜学文，曾期尔后以文为业。后应征从戎，虽学习医道，从业军卫工作，但热爱文学之心未泯，幸蒙组织栽培，又与新闻工作结缘。转业地方即走进兰州市东郊巷，供职于甘肃省总工会，参与创办《甘肃工人报》，终于实现以文为业之夙愿。投身甘肃工人报三十有年，我痴情于这份我喜欢的工作，我更珍重愈久弥深的工会情缘。在《甘肃工人报》这片沃土上，我领悟到了工会是取之不竭的新闻富矿，是实现我人生追求与梦想的神圣殿堂。因此，几十年来，我把自己的所思、所想、所爱、所求，都紧紧与《甘肃工人报》连在了一起，我看着她犹如嫩株幼苗破土而出；看着她由小到大，由少到多，茁壮成长；看着她迎着改革大潮，栉风沐雨，挺立前行，跻身全省乃至全国工人报刊之林。我为之而呕心沥血，我为之而拼搏奋斗，我为之而坚守不二，我为之而不懈不怠，我为之而不离不弃。可以说我为我喜欢的这份职业，献出了全部的情爱。回想起来，付出了多少心血，牺牲了多少亲情，流下了多少汗水，历经了多少磨难，个中酸甜苦辣只有己知，却也苦中有乐，回味无穷。这期间有过多少个人进退的机缘，又有过多少个人发展的空间，然而，终没能因为《甘肃工人报》的"魅力"而让我为之动摇。在我的灵魂深处，在我的潜意识里，《甘肃工人报》已经深深渗透进了我的全部血液，这辈子断然与《甘肃工人报》是难舍难分。2012 年金秋，有幸游览佛教圣地九华山，置身此间心头不禁涌出一番感慨:“九华圣名悠,奇峰秀芙蓉,胜境惹人醉,百阶兴登临。盘旋上绝顶,洞天别有情,佛仙知何在,不尽古今流。遥思望苍穹,幽林独倚楼,莫为浮名累,淡胜百岁秋。”这正是我从业《甘肃工人报》几十年间的心境流露,真可谓雪落无声,浸润有情啊!

时下,人们常会说到的一个话题就是幸福。诚然,人生一世,草木一秋,能够幸福地活一生,是每个人心中的梦想。但是怎样才能求得幸福呢,那就是要清醒地知道幸福之道的根本在人们自己。我常在想,对一个人来说,最大的幸福莫过于干了自己所喜欢的工作。也正像有人所说的,一个人生活在世上,渺小如大海的一滴水,但只要对自己所从事的事业,真心真意地付出,即使是一滴水,也能成为最美丽的风景,而自己也会在奉献中体会到快乐与幸福。正是由于三十余年在《甘肃工人报》的耕耘与磨砺中,让我品尝到了一个人为自己所热爱的事业锲而不舍、默默奉献所获得的幸福。之所以写下《东郊巷记忆》一书,既是我对人生幸福的阐释,也是对我在《甘肃工人报》工作并快乐着这种幸福的溢泻,更是想以此,感恩那些带给我这一快乐和幸福的人们。因为我深深懂得:拥有感恩之心的人,定能更好地体验生活的幸福,收获更多的快乐。

哲人说,生活需要一颗感恩的心来创造,一颗感恩的心需要生活来滋养。感恩是蕴藏在人内心深处的一种情感,感恩的意思并不是感谢恩人这么简单,其中更包含着对生活赐予自己一切的一种感激。但愿《东郊巷记忆》能寄托对赐予我快乐与幸福的甘肃省总工会、《甘肃工人报》和一切同仁朋友深切的感激,我将从这终生的感激中获得更多的快乐与幸福。

《东郊巷记忆》付梓之际,我深情感谢全国著名劳动模范、庆阳市人大常委会副主任、中石油庆阳石化公司总经理张栋杰拨冗为拙作赋序;深情感谢省总工会副巡视员范康,窑街煤电公司党委常委、工会主席何明星,白银公司党委副书记温克立,中石油长庆油田公司工会副主席张玉平,画家卢森诸位领导和朋友或欣然命笔撰文,或赋诗题词,或泼墨作画热情祝贺;深情感谢长庆油田公司工会常务副主席张文锦挥毫题写书名。并对甘肃工人报社副总编金圣杰的关心、帮助,一并表示衷心谢忱。

文志祥

2012年秋于兰州